U0692740

中国文化老了吗？

金克木 ……………… 著

中華書局

图书在版编目(CIP)数据

中国文化老了吗?/金克木著. —北京:中华书局,2016.3
(2016.11 重印)
ISBN 978-7-101-11419-5

Ⅰ.中…　Ⅱ.金…　Ⅲ.中华文化-文集　Ⅳ.K203-53

中国版本图书馆 CIP 数据核字(2015)第 306011 号

书　　名　中国文化老了吗?
著　　者　金克木
编　　者　夏成绮
责任编辑　曹　静　方韶毅
出版发行　中华书局
　　　　　(北京市丰台区太平桥西里 38 号　100073)
　　　　　http://www.zhbc.com.cn
　　　　　E-mail:zhbc@zhbc.com.cn
印　　刷　北京瑞古冠中印刷厂
版　　次　2016 年 3 月北京第 1 版
　　　　　2016 年 11 月北京第 3 次印刷
规　　格　开本/880×1230 毫米　1/32
　　　　　印张 14¼　插页 4　字数 280 千字
印　　数　13001-18000 册
国际书号　ISBN 978-7-101-11419-5
定　　价　48.00 元

金克木晚年照

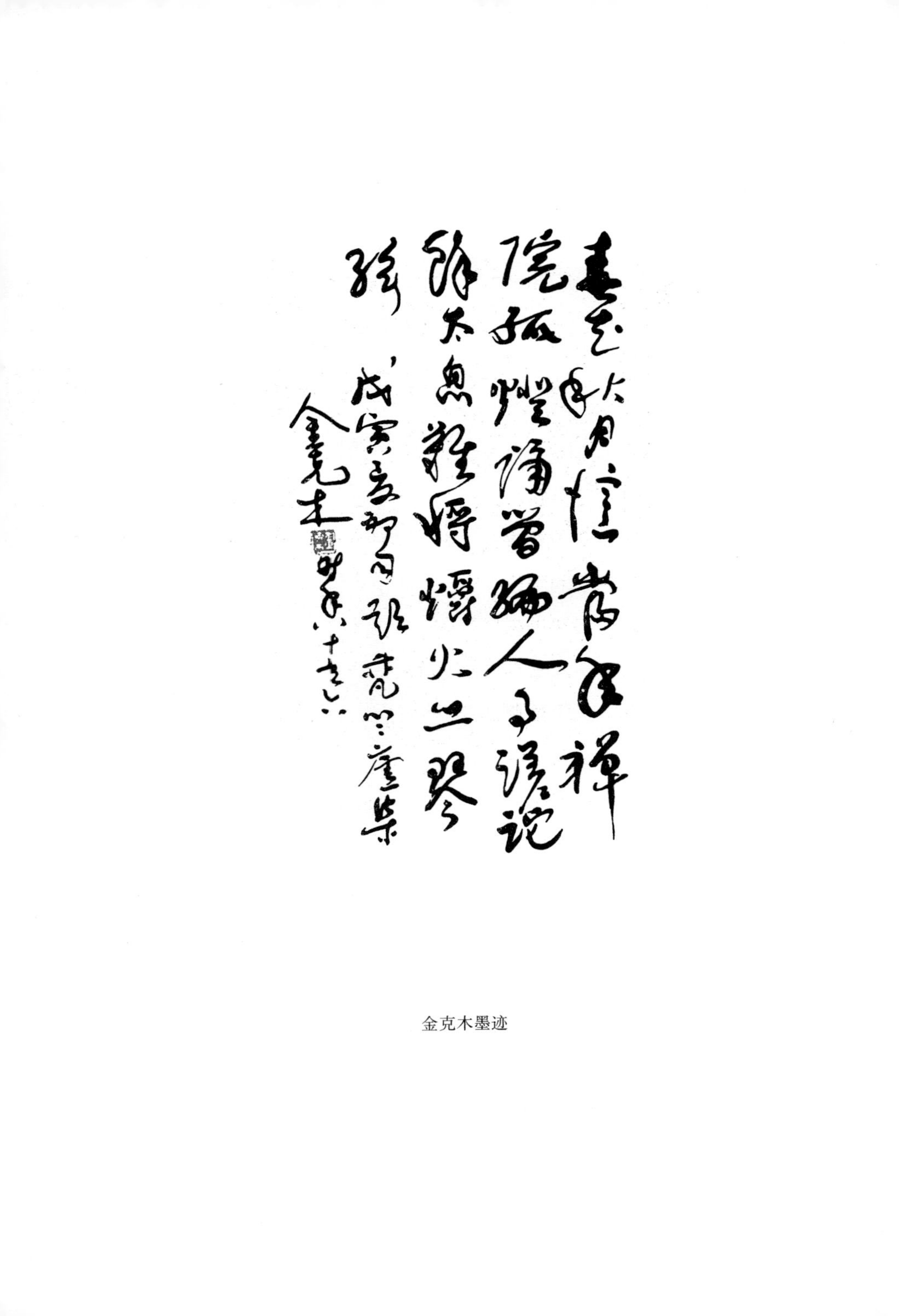

金克木墨迹

编选说明

金克木（一九一二至二〇〇〇年），祖籍安徽寿县，出生在江西。金克木一生的读书经历颇为传奇，三岁开始读书，开蒙老师是他的大嫂，教他读书的还有他的两位母亲。后来家庭变故，游学京城，出入旧书店和书摊子，在北京大学图书馆做了短期的馆员。一九三八年赴香港任《立报》国际新闻编辑。一九三九年落脚于湖南，曾在中学和大学里任教。二十世纪四十年代到印度学习梵文和佛学，直到抗战结束后才回国。回国后在武汉大学和北京大学任教，开始了“小学生大教授”的教书生涯。

金克木受过旧时私塾教育，传统文化的功底深厚，后来又历经曲折，沉浮人生，如他在“自撰火化铭”中自嘲的那样：“先生于农、工、商、军一一涉足而无以立足，于是以书生始，以书生终。”他做过多个行业，见识过各阶层人物，所以对“无文”文化也非常了解。金克木不仅精通传统文化，而且还精通梵文、佛学等。说金克木是通人是不为过的，像他那样能将古今中外各种文化、各个学科融会贯通的，近代以来很少见。读金克木论传统文化的文字，尤其会有这样的感受。

中国文化博大精深，但金克木却有着惊人的披沙拣金的能力，他拨开重重迷雾，将中国传统文化分为两部分，一是看得见的有文献记载的文化，二是看不见的隐文化即无文的文化。本书辑一将金克木探寻文献之根的文字做了一个汇总，他认为中国文化经过了与外来文化的结合，所以有两个根：一是中国本土思想的部分，也就是六部经；另外一个是外来的佛教部分，主要是翻译出来并流行的经中六部。这两个根是中国传统文化中有文文化之根。本书辑二将金克木关于传统文化中的“无文”文化的文章汇集一起，从中我们可以读到中国文化中的那些文字中没有记载或者说在文字之外，却是必须要了解的传统文化。金克木认为，传统文化中还有一些是隐文化、潜文化和无文的文化，那些文化不懂，也不可能懂得中国的文化。为了全面反映金克木的传统文化思想，本书辑三选取了金克木论述历史人物的文章，有些人物可能虚虚实实，有些还拉外国人来作陪一起论述，对传统人物的论述实际上也包含了对传统文化的再认识，这里论述的历史人物上到仓颉、周公，下到辜鸿铭、孙中山。

金克木在《文化之谜：传统文化外来文化》一文中说：“中国老了吗？这等于问：中国的文化老了吗？”他曾一直思考着中国和中国传统文化的命运问题，也曾尝试着去回答，比如他在《古书新试读》中就曾间接地回答中国传统文化的命运问题，他说："今人读古书可以有和古人及外国人不同的读法，可以由语言及文体窥探思路，而且不妨由古见今，看出'传'下来的'统'，因而对思想'化'入现代有益。"中国传统文化因能够不断地"传"下"统"来且思想能"化"入现代，生命力应该说是很强的。本书尝试着把金克木对传统文化思考呈现给读者，希望读者诸君能喜欢。

编　者

二〇一五年五月

智慧与学术的相生相克

钱文忠

首先，必须做一个实际上说不明白的说明：题目里的“智慧”指的是“东方式的智慧”，而“学术”则指的是“西方式的学术”。然而，即使勉强做了这样的区分，我也很难写明白金克木先生这个人。不过，又有几个人能够真正地了解金先生呢？想到这点，我也就凭空冒出几分写这篇文章的勇气了。

金先生是在一九四九年前不久，由汤用彤先生推荐给季羡林先生，从武汉大学转入北京大学东方语文学系的。自此以后，季、金两位先生的名字就和中国的印度学，特别是梵文巴利文研究分不开了。一九四九年以后，只招收过两届梵文巴利文的本科班。一九六〇年至一九六五年的那一班，就是由两位先生联袂讲授的。余生也晚，是一九八四年考入北京大学学习梵巴文的，当时季、金两位先生都已年过古稀，不再亲执教鞭了。季先生还担任着北大的行政领导工作，每天都到外文楼那间狭小的房间办公；金先生则似乎已经淡出江湖，很少出门了。因此，我和同学们见金先生的机会就远少于见季先生的机会。

虽说我见金先生远比见季先生少，但一般而言，却也要比别人见金先生多一些。我第一次见金先生，是在大学一年级的第二学期，奉一位同学转达的金先生命我前去的口谕，到朗润湖畔的十三公寓晋谒的。当时，我不知天高地厚，居然在东语系的一个杂志上写了一篇洋洋洒洒近万言的论印度六派哲学的文章。不知怎么，金先生居然看到了。去了以后，在没有一本书的客厅应该也兼书房的房间里（这在北大是颇为奇怪的）甫一落座，还没容我以后辈学生之礼请安问好，金先生就对着我这个初次见面还不到二十岁的学生，就我的烂文章，滔滔不绝地一个人讲了两个多小时。其间绝对没有一句客套鼓励，全是“这不对”，“搞错了”，“不是这样的”，“不能这么说”。也不管我听不听得懂，教训中不时夹着英语、法语、德语，自然少不了中气十足的梵语。直到我告辞出门，金先生还一手把着门，站着讲了半个小时。一边叙述着自己身上的各种疾病，我也听不清楚，反正好像重要的器官都讲到了；一边还是英语、法语、德语、梵语和“这不对”，“搞错了”……最后的结束语居然是：“我快不行了，离死不远了，这恐怕是我们最后一次见面了。”

当然是我“搞错了”，难道还是金先生错不成？但是，当时的感觉实实在在是如雷贯耳，绝非醍醐灌顶。这种风格和季先生大不相同。我年少不更事，不懂得季先生的时间的宝贵，时常拿一些自以为是的破文章向季先生请教。季先生未必都是鼓励，可是一定会给我开张详细的书单。有时甚至将我的破文章转给一些大学者，请他们提意见。有一篇讲日本佛教的，季先生就曾经请周一良、严绍璗先生看过。两位先生还都写了详尽的审阅意见，这使我没齿难忘。不过，季先生和金先生也有一点相同，就是也不管我懂不懂，开的书单也是英语、法语、德语、梵语。只不过一个是说，一个是写。

但是，这通教训倒也并没有使我对金先生采取敬而远之的态度。因为，我再愚蠢也能感觉到“这不对”、“搞错了”的背后，是对反潮流式的来学梵文的一个小孩子的浓浓关爱。后来，我和金先生见面的机会还很不少。每次都能听到一些国际学术界的最新动态，有符号学、现象学、参照系、格式塔、边际效应、数理逻辑、量子力学、天体物理、人工智能、计算机语言……这些我都只能一头雾水傻傻地听着，照例都是金先生独奏，他似乎是从来不在乎有没有和声共鸣的。除了一次，绝对就这么一次，金先生从抽屉里拿出一本比三十二开本还小得多的外国书来，指着自己的铅笔批注，朝我一晃，我连是什么书也没有看清楚，书就被塞进了抽屉。此外，照例我也没有在金先生那里看到过什么书。几个小时一人独奏后，送我到门口，照例是一手扶着门框，还要说上半小时，数说自己几乎全部的重要器官都出了毛病。结束语照例是：“我快不行了，离死不远了，这恐怕是我们最后一次见面了。”我当然不会像初次见面那样多少有些信以为真了，于是连

“请保重”这样的安慰套话也懒得说，只是呵呵一笑，告辞，扬长而去。

慢慢地我发现，除了第一次把我叫去教训时，金先生谈的主要是和专业有关的话题，还很说了一些梵语，后来的谈话却全部和梵文巴利文专业如隔霄汉，风马牛不相及，天竺之音自然也再无福当面聆听了。金先生似乎更是一个“百科学”教授。每次谈话的结果，我只是一头雾水之上再添一头雾水。金先生在我这个晚辈学生的心中越来越神秘，越来越传奇了。

课堂上是多少有点尊严的，但是，同学们不时也会忍不住向任课教师、一九六〇级的蒋忠新老师，打听一些有关金先生的问题；至少在课间，金先生绝对是话题。蒋老师也是一个奇人，他虽然从来不像金先生那样描述自己身体上的病，身体却实在是差。给我们上一个学年的课，居然医生会发出两次病危通知（后来好起来，现在很健康，前不久我还买到了他和另外两位老师合译的《故事海选》）。我跟蒋老师至少学到两手：一、评议学位论文“如果世界上真有满分的话，那么这篇论文就应该得满分”；二、冬天出门前，先将手伸到窗外，试探一下温度。总之，蒋老师是非常严谨的，更不会议论老师。不过，被一群小孩子逼得实在过不了关，也说了一件事。他们念书的时候，主要课程由季先生、金先生分任。季先生总是抱着一大堆事先夹好小条的书来，按照计划讲课，下课铃一响就下课，绝不拖堂；金先生则是一支粉笔，口若悬河，对下课铃充耳不闻，例行拖堂。

学生是调皮的，好奇心自然会延伸到想探探祖师爷的功夫到底有多高的问题上来。蒋老师是不会随便回答这样的问题的，长篇大论我们也听不出个所以然来。可是又实在不甘心，变着法要套出个答案来。班上有位姓周的北京同学，是被分配到梵文专业来的，平时多数时间一身军装衣鞋不解高卧于军被里，要不就苦练吉他。人是聪敏的。一次课上，他提出一个蒋老师似乎无法拒绝的要求：虽说梵文是死语言，但毕竟是能够说的呀，蒋老师是否应该请季先生、金先生各录一段梵文吟诵，让我们学习学习？蒋老师一口应承。下节课，蒋老师带来一盘带子。放前先说，季先生、金先生都很忙，不宜打扰。这是一盘金先生从前录的带子，大家可以学习。金先生的梵文是跟印度婆罗门学的，基本路数和我们中国过去背诵四书五经差不多。带子一放，金先生的梵文吟唱如水银泻地般充满了整个教室，教室里一片寂静。我至今记得金先生的吟唱，可是至今无法描绘那种神秘、苍茫、悠扬、跌宕……

就在这一刻，我觉得自己被吸进了白居易《琵琶行》的“大弦嘈嘈如急雨，小弦切切如私语。嘈嘈切切错杂弹，大珠小珠落玉盘。间关莺语花底滑，幽咽泉流冰（作冰不作水，从陈寅恪先生说）下难。冰泉冷涩弦凝绝，疑绝不通声暂歇。别有幽愁暗恨生，此时无声胜有声。银瓶乍破水浆迸，铁骑突出刀枪鸣。曲终收拨当心画，四弦一声如裂帛”。带子放完，课堂里仍是寂静。最早出声的是周同学，却只有两个字：“音乐。”

这是我第二次听到金先生的梵文吟唱，当时想不到，这竟然也是最后一次。吟唱后，同学们都垂头丧气。我们平时练习十分困难的梵文发音时，周围的同学都来嘲笑我们，说梵文里有马、牛、狗等等所有动物的声音，还拜托我们不要制造噪音。我们一直认为梵文是世界上最难听的语言。现在我们明白了，为什么梵文是圣语，为什么梵文有神的地位。这是一种什么样的美啊，“此音只合天上有”，要怪也只有怪我们自己实在凡俗。

如今回过头来看，梵文巴利文这种神圣的语言在今天的末法时节是几乎不可能存活的。大环境的压抑，早就使同学丧失了定力。而金先生的梵文吟唱则是对一九八四级梵文班同学学习梵文的自信心的一次美丽却严重的打击。大家不再抱怨什么了，梵文不仅不难听，相反她的美丽是那么地撼人心魂，但是谁都明白了，这份彻心彻肺的美丽又是那么地杳不可及。一九八四级梵文班过半数同学要求转系，就发生在这场吟诵之后不久。今天的结果是，一九八四级梵文班近乎全军覆没了。谁也无法，也没必要为此负责，但是我相信，金先生是预见到了的。

不久以后，我就到德国留学去了。八十年代末回到北大后，又心甘情愿地运交华盖，很快就离开了燕园。当时的情势和我的心情，或者是幼稚天真的乐观，使我连和师友告别的念头都没有动过。一直到金先生去世，我再也没有见过他，再也没有听到他滔滔不绝的独自讲论，再也没有听到他数说自己的种种已有的和可能有的疾病，再也没有听到他“我快不行了，离死不远了，这恐怕是我们最后一次见面了”的招牌结束语。

回到南方以后，我还是一直辗转听到金先生的消息。知道他一如既往地开讲，知道他一如既往地结束。心里总有一种蔚然的感觉。有一天，听一位刚见过金先生的朋友说，金先生打上电脑了：“一不留神就写上万把字。”不用那位朋友解释，我就知道这就是原汁原味的金氏话语。心里更是高兴。

金先生的文章也确实越来越多，《文汇读书周报》、《读书》隔三差五地发表。思路还是那样跳跃，文字还是那样清爽，议论还是那么犀利，语调还是那么诙谐。金先生的名声也随之超越了学术界，几乎成为一个公众人物了。大家喜欢他的散文随笔，喜欢他的文化评论，其实也就是一句话，被他字里行间的智慧迷倒了。智慧总是和神秘联系在一起的，金先生也就渐渐成了一个文化传奇。

关于金先生的传奇在文化圈里的确很是流行，也颇有些人因为我是学梵文巴利文的，而向我打听求证。有的传奇是从金先生用笔名辛竺出版的《旧巢痕》、用本名出版的《天竺旧事》这两本自传体著作里生发出来的，虽然经过了读者的理解、阐释、揣测、发挥，多少与实际情况有些出入，总还不算太离谱。不过，尽管这两本书都由三联书店出版，而且总的印数也不算少，但是，以我的感觉，真正的读者恐怕并不太多。大部分是耳食者兼传播者，而且传播的程度一般和耳食的程度成正比。我不知道这是否可以算作传播学的一条规律，好像事实如此。还不仅如此，传播者的放大功能实在是厉害。个子矮小的金先生经过传奇放大，竟然使我觉得面目模糊起来了。我就举两个传奇吧。

一个有影子的，当然也不准确，是说，金先生回到国内，工作却不是那么容易找。正好某某大学法语教师出缺，当事者久闻金先生通晓多种外语的大名，就想当然地以为金先生自然也懂法语，就给金先生下了聘书。岂料金先生真正是“万宝全书缺只角”，偏偏就不会法语。但是，饭碗送上门来，又没有推回去的道理，更何况金先生还等饭下肚呢？于是，金先生就按照课本，照他一贯的做法开始闭门造车式的自学，保证比听讲的学生领先五到十课。这法语一教就是四年，四年下来，学生固然学会了法语，金先生的法语水平更是理所当然地在学生之上了。我之所以说这个传奇多少有点影子，首先是因为金先生的确是通法语的。其次，尽管我不知道金先生是什么时候开始学法语的，但是，我知道金先生很早就通英语、德语、世界语，学会了这些语言，再去学法语，过来人都知道，确实是有事半功倍的效果的。假使这件事是事实，也不必奇怪。因为，故事发生时金先生已经从印度回国，掌握了梵语巴利语，在上述的情况下学会法语，实在不值得奇怪。如果这也算得上传奇，端的反而有低估金先生的出人聪明的嫌疑了。

另一个传奇实在是连影子都没有了。北大盛产奇人怪人，金先生当然名列其中。不过，落实到具体的事情上，就未必靠得住了。北大是各种诙谐的顺口溜的出产地，比如北大有几怪。完整的忘了，有两怪却是记得的：“金克木的手杖，周某某的拐。”后者说的也是一位很受学生尊敬的著名教授，他出门必要像不良于行者那样夹着双拐。只不过，他的双拐从来不点地，是双手提着，两脚却行走如飞的。这位老先生不服老，经常骑车。这就更精彩传奇了，双拐自然不可须臾离身，人在拐在，但要骑车，双手没空，好个老先生，居然将双拐夹在自行车后，在燕园里飞驰。“金克木的手杖”，则是讲金先生的手杖也从不点地，而是擎着朝天画圈挥舞的。这就靠不住了。我就经常见到金先生仗杖而行，手杖偶尔离地是免不了的，不过，一般确确实实是按照步律点地的。我不敢保证金先生的手杖没有朝天画圈的时候，但这种情况肯定是不会多的。手杖偶尔一朝天，就被放大传播成时时指天，这就像一个人抬起头做了一件什么事，或者说了一句什么话，就被说成是终身替天行道，终究是靠不住的。

有关金先生的传奇还有不少。在他去世后不久，由三联书店出版的《孔乙己外传》也可以当作金先生的自传，很是有趣，但也委实并不好读好懂，一如既往地扑朔迷离，时幻时真。“说了白说”、“白说也说”，再加上欲语还休的蕴藉，我想，这本书和它的作者是注定难逃被索隐的宿命的。金先生的旧传奇会流传，新传奇会涌现，旧传奇会披上新衣，新传奇会蒙上旧颜。循环往复，终究难得止时。

既然迷倒了，也就顾不上那么许多。在公众眼里，一个学者的名声超越了学术界，有了不少传奇如影相随，那么此人浑身上下挥发出来的全是智慧，似乎也就和学术没有什么关联了。至少不必费心去考量他的学术，更不必说体察他的智慧和学术的关系了。

身为晚辈，倒也忝列金先生同行的我，却不愿、不敢也不能持这种看法。我们在仰望、赞叹金先生的智慧时，不应该淡化乃至忘却和他的智慧密不可分的他的学术。自然，金先生有智慧，这有与生俱来的成分，也和他特殊的生活阅历人生体验有关系，但是，金先生何以有这样的而不是那样的智慧，一句话，他的智慧何以洋溢着摄人心魂的神秘？要回答这个问题，毕竟还是要好好想想他的学术的。

这里不是介绍或评述金先生的寂寞的学术的地方。就一个大学者而言，固然一字一语、一行一动无非学术。但是，世俗却总是要做“分别”的。就随顺世俗吧，按照眼下通行的规矩，金先生的几十部书中至少有三本是差不多可以算“学术著作”的：《梵语文学史》、《印度文化论集》、《比较文化论集》。还有几种翻译，除了合译的，金先生自己单独译的有：《古代印度文艺理论文选》、《印度古诗选》。对了，照学术规范，尽管是从没有几个人懂的梵语翻译的，尽管是选过的，翻译也总是不能作数的。那么也没有办法可想。我之所以这么勉强，是因为我知道，如果按照被奉为圭臬的某某国某某大学的论文写作规范手册（有没有人认真读过，我是很怀疑的，区区倒是因为想搞明白究竟何为规范，很是啃了一下的），金先生的书大概是当不得“学术著作”这四字真言的。

与金先生风行于世的散文随笔、诗歌小说、文化评论相比，他的带有浓郁的东方智慧色彩而肯定不符合时下流行的西方学术规范的学术著作，注定是寂寞的。这不是曲高和寡的问题，而是时代的宿命，是难逃的“劫波”。寂寞就寂寞吧，金先生这样明白的人是不会在乎的。

我的一位老师，一九六〇级梵文班学生中最高才之一，去拜访金先生。金先生突然问他：“我的书，你们能读懂吗?”拜访者敬谨答曰：“有些能，有些不能。”

金先生断然说道：“你们读不懂，我不是搞学术的，我搞的是××。”拜访者愕然。后来有一天，这位老师将金先生的这句话告诉了我。我是知道这“××”的。我当然也是愕然。先不说智慧吧，智慧是要随人而去的，继承或学习前人的智慧是可笑的诳语。那么，金先生自己可以不承认，但我们却不能就因此而否认的金先生的学术呢，恐怕是要被遗忘的吧？至于金先生自己所说的“××”呢，更是注定要湮灭的吧？

每每在夜深人静寂然独坐的时候，胸间脑际都会无来由地涌上这些飘飘忽忽却勾人魂魄的问号，我的心就陡然一紧。看看窗外，夜也更深了。

目录

辑二

辑三

辑一

我想从文献中追中国传统思想之根，追到佛「法」的「六经」和孔、老的「道」的「六经」。……莫看枝叶茂盛四方八面，追到根只是一小撮。人人知道的才是根，但是彼此题目不同，作的文章不一样。

传统思想文献寻根

传统是什么？我想指的是从古时一代又一代传到现代的文化之统。这个“统”有种种形式改变，但骨子里还是传下来的“统”，而且不是属于一个人一个人的。文化与自然界容易分别，但本身难界定。我想将范围缩小定为很多人而非个别人的思想。例如甲骨占卜很古老了，早已断了，连卜辞的字都难认了，可是传下来的思想的“统”没有断。抛出一枚硬币，看落下来朝上的面是什么，这不是烧灼龟甲看裂纹走向吗？《周易》的语言现在懂的人不多，但《周易》的占卜思想现在还活在不少人的心里而且见于行为可以察考。又如《尚书·汤誓》很古老了，但字字句句的意思不是还可以在现代重现吗？人可以抛弃火把用电灯，但照明不变。穿长袍马褂的张三改穿西服仍旧是张三。当然变了形象也有了区别，但仍有不变者在。这不能说是“继承”。这是在变化中传下来的，不随任何个人意志决定要继承或抛弃的。至于断了的就很难说。已经断了，早已没有了，还说什么？那也不是由于某个人的意志而断的。要肯定过去而否定现在，或者要否定过去而肯定现在，都是徒劳无功的，历史已经再三证明了。

传统思想要古今互相印证。今人思想可以凭言语行为推断，古人思想只有凭文献和文物。可以由今溯古，也可以由古见今，将古籍排个图式以见现代思想传统之根。我想来试一试。

想看清自己的可以先对照别人的。有个参照系可以比较明白。那就先从国外当代思潮谈起。

二十世纪，再短些说是从二次大战结束到现在的五十年间，国外的文化思想有一点很值得重视，那便是对语言各方面的再认识。向来大家以为语言只是工具，思维的工具，思想交流或通讯即互通信息的工具，手段，是载体，容器，外壳。现在认识到语言不仅是工具，它本身又是思想，又是行为。语言不止有一种形式。口语、书面语以外不仅有手势语、艺术语言、科学符号语言，还有非语言。语言还原到逻各斯。这个希腊字在《新约·约翰福音》开头译作汉语的“道”：“太初有道。”恰好，汉语的“道”字是说话，又是道理，又是道路。道和逻各斯一样，兼有语言、思想、行为三义，是言、思、行，也是闻、思、修。由此，对语言分析出了两个方面：一是语言和道的结构性和非结构性；二是语言思维和非思维，或说潜在的意识。前一条是通过语言学的认识。后一条是通过心理学的认识。这也可以用从逻各斯衍化出来的另一个词来表示：逻辑。那就是逻辑结构的，或说是理性的；以及非逻辑结构的，或说是非理性的。这样较易理解，但不如用逻各斯包孕较全。就我前些年见到不多的外国有关新书原文说，平常所谓人文科学或思想文化或文化思想中争论的问题，核心就在这里。包括文学艺术在内，文化上到处是两套思想和说法好像水火互不相容。我看这可以和我们的传统思想的坐标轴通连起来观察。老子说："道可道，非常道。"两种道：常道，非常道。孔子说："天下有道"，"天下无道"，也是两种道：有道的道和无道时行的另一种道，或说是无道的道。他们说的是不是逻辑的和非逻辑的，理性的和非理性的，结构性的和非结构性的，语言的和非语言的？确切说，彼此大有不同，但概括说，是不是穿长袍马褂和穿西服的不同？是不是中国话和外国话的不同？我看中国和外国的思想的不同不能笼统说是上述两套道的不同。中外不是"道不同，不相为谋"，而是各自有这两套道。外国的，例如古希腊的苏格拉底前后有不同，或说是毕达哥拉斯和柏拉图的不同。后苏格拉底的柏拉图和亚里士多德的不同，不论怎么大，仍属于逻各斯一类，不属于非逻各斯。前苏格拉底的毕达哥拉斯却能把勾股定理看成是神秘的原理，逻辑的仿佛成为非逻辑的，数学变成非数学。赫拉克利特论逻各斯和亚里士多德的思想不同，而和印度有些佛经中说的惊人相似。基督教神学采纳了柏拉图和亚里士多德的学说，而奥古斯丁和阿奎那好像又回到了苏格拉底以前。我们震惊于外国的科学发达，常忘记或不注意他们的神学也比中国发达。牛顿、达尔文、爱因斯坦都通晓神学。

现在回到中国的坐标轴。孔子和老子的道是在一条线上各讲两种道，彼此不是两极端，所以当出现另一条线上的异端的道时就混乱了。那一端不叫道而叫法：佛法。汉代开始在西域流行，汉以后迅速扩展到中原以至全中国。这法和原来的道似乎在许多方面都是“势不两立”的。这是不是逻各斯和非逻各斯的对立？有一些，但不全是，因为佛法本身也包含了这两种的对立。佛法内部的争吵和斗争以及对外的努力一致，比中国原来的孔子之道和老子之道的对立更激烈得多。仔细看看，孔、老两家的道，也像佛家的法一样，本来也包含着这种对立。因此异端来后可以由斗争而合并。说中国和外国的思想对立不是确切的说法。说有两种思想的对立，在中国和外国的表现不同，主从不同，比较合乎实际。

从以上所说看来，很明显，我是站在逻各斯或道或逻辑或结构一边说话的，因为我要用语言说话。若是要我从另一边说话，那我只好不说话，无法说话，或者只有用另一种语言说话，用非结构性语言说话，或者用形象的或非形象的艺术语言说话，可惜连艺术语言中也避免不了这种对立。

现在我把上面想讲出的意思缩小到文献范围以内，再缩小到中国的汉语文献，包括翻译文献，试试看能不能理出一个系统来。凡是系统都有漏洞。没有网眼不能成为网。但是有建构就容易看清楚。当然这是“但观大略”，好比格式塔心理学的看法，一眼望去看那张脸，不必仔细分辨眉毛、眼睛、鼻子、嘴的几何图形，就立刻能看出是美人西施还是丑女嫫母，不论她是微笑着还是皱眉毛。这样一眼望去其实并不是模糊笼统，而是积累了无数经验，包含着经过分析综合成立的不自知觉不必想到的“先识”的，否则就下不了格式塔（完形）的判断。婴儿初生，可以认识乳，但要分辨出乳以外的母亲和其他女性还需要积累。他不会说话，用的是非语言思维。我这样用心理学比喻，正像国际上近几十年不少人试从逻各斯去说非逻各斯那样。其实这也是中国从前人用语言说明非语言那样的。以上我所说得太简略，不能再展开，对于已知近几十年中外有关情况的读者来说，不论他们同意或不同意的程度怎样，都会知道我所说的是什么以及为什么要这样说。每人心中都有自觉和不自觉的自己的思维线路，网络系统。我所说的可能对别人有参照的价值。

简单说，我想从文献中追中国传统思想之根，追到佛“法”的“六经”和孔、老的“道”的“六经”。先说“法”，后说“道”。文献中只列出“经”，因为这在事实上和理论上都是思想的根。蔡伯喈的《郭有道碑》文中说：“匪唯摭华，乃寻厥根。”可见现在常用的“寻根”一词在文献中也是有根的。莫看枝叶茂盛四方八面，追到根只是一小撮。人人知道的才是根，但是彼此题目相同，作的文章不一样。

先说外来的佛法的根，只看译出来又流行的经中六部。

一、《妙法莲华经》。这是一部文丛。思想中心是信仰。任何宗教离不开信仰，没有信仰的不是宗教。有信仰，不叫宗教也是宗教。信仰属于非逻各斯或非“道”，不能讲道理。讲道理无论讲多少，出发点和归宿处都是信仰。有理也信，无理也信。信的是什么？不用说也说不清楚。讲道理的方式多是譬喻或圣谕。对一个名字，一句话，一个符号，无限信仰，无限崇拜，这就是力量的源泉。这部经从种种方面讲说种种对佛法的信仰，不是讲佛法本身。信仰是不能分析的。信仰就是好。“就是好来就是好。”这就是非结构性语言。妙法或正法如莲花，也就是莲花。经中有大量譬喻。通行鸠摩罗什译本。读任何一品都可见其妙。有原文本，但不一定是鸠摩罗什依据的本子。这类文献在古时都是口传和抄写流通的。

二、《华严经》。这是更大规模的文丛。思想中心是修行。仅有信仰还不成为宗教，必须有修行。修行法门多种多样。修行有步骤。经中说明“十地”、“十回”、“十行”、“十无尽藏”、“十定”、“十通”、“十忍”、“十身”以及“五十三参”、“入法界”等等境界、层次、程序。不管怎么说，切实修行才知道。空口说信仰不能算数，要见于行动。没有行为，一切都是白说。修行境界如何美妙，那就请看“华严世界”。“华严”就是用华（花）庄严（装饰）。汉译有八十卷本流行。还有六十卷本、四十卷本。部分有原文本。

三、《入楞伽经》。这也是文丛。和前两部经的兼有对外宣传作用不同，这部经好像是内部高级读物，还没有整理出定本。思想中心是教理，要求信解，本身也是解析一切，所谓“五法、三自性、八识、二无我”。宗教也要讲道理，佛教徒尤其喜欢讲道理，甚至分析再分析，但不离信仰和修行。这是逻各斯，又是非逻各斯，是神学中的哲学，所以难懂。不是入门书，不是宣传品，仅供内部参考。讲信仰的，讲修行的，道理比较好懂，然而“佛法无边”，所以讲宗教道理深入又扩大到非宗教，其中包孕了种种逻各斯和非逻各斯道理，可以用现代语言解说，也就是说很有当代新义，几乎是超前的预测。对比另一部同样专讲道理的《解深密经》，就可以看出，那经后半排列三大菩萨说教，是整理过的著作。《楞伽经》的涵量广大，辨别佛法与外道的理论同异，更可显示佛法要讲的道理的特殊性。经中少“中观”的破而多唯识的立，又有脱离语言的“不可说”，在中国曾有很大影响，出现过“楞伽师”。译文有四卷本、七卷本、十卷本。有原文本，不是译文所依据的本子。各传本互有歧异，详略不同，可见原始面貌尚未确定。鸠摩罗什、真谛、玄奘都没有译，若为更多读者需要，应有一个现代依据原文整理并加解说的本子。

四、《金刚经》（《能断金刚》）。这像是一篇文章，是对话记录体。思想中心是“智慧”，要求悟。这种智慧是佛法特有的，或说是其他宗教含有而未发挥的。讲的是逻各斯和非逻各斯的同一性，用现代话说，仿佛是理性与非理性的统一。这与《楞伽经》的分别层次不同。经中一半讲深奥的道理，一半宣传信仰本经。所说的道理不是一项而统一于所谓智慧即般若。本经编在更大的结集《大般若经》中，有玄奘译本。另有几种译本。通行鸠摩罗什译本。有原文本，不一定是翻译依据本，但歧异不大。《楞伽》、《金刚》都说要脱离语言文字，而语言越说越繁、术语越多。

五、《般若波罗蜜多心经》，简称《心经》，或《般若神咒》。这是一篇短短的咒语体的文章。思想中心是“秘密”，或用现代话说是神秘主义。经中网罗了佛法从简单到复杂的基本思想术语而归结于神咒，或般若，即“智慧”。这本来是六波罗蜜多即到彼岸法门之一，现已成为独立大国包罗一切。这可以说是佛法道理的总结本而出以咒语形式。不仅末尾几句不可译，全文都是咒语。咒语就是口中念念有词，把几句神谕不断重复以产生无边法力。我们对此并不生疏。不过真正咒语读法是要有传授的。“心”是核心，不是“唯心”的心。有多种译本，包括音译本。通行玄奘译本。有原文本。音译本也就是用汉字写的原文本，或说咒语本。

六、《维摩诘所说经》。这是一部完整的书，可以说是教理哲理文学作品。《心经》是密，对内；这经是显，对外。看来这是供非出家人读的。思想中心是融通。中心人物是一位居士维摩诘。他为种种人以种种方式说法。说法的还有散花的天女。经中故事和道理都可以为普通人所了解接受。若说前面五经都是内部读物，《法华》、《金刚》不过是包括了对外宣传，这经就是对外意义大于对内。有三种译本，通行鸠摩罗什本，文体特似中国六朝文。玄奘译本未流行。未见原文本，有藏译本。我不知道近年有无原文发现。

以上佛法六经，分别着重信、修、解、悟、密、显，又可互相联系结合成一系统。这里不是介绍佛典，只是查考深入并散播于本土传统思想之根中的外来成分。伏于思想根中，现于言语行动，不必多说，读者自知。

现在再说中国本土自己思想在文献中的根，也是六部经。因为是我们自己的，所以只需要约略提一提。书本情况和佛典的原来情况类似。传授非一，解说多端，影响极大，寻根实难。

一、《周易》。这是核心，是思想之体，不必远溯殷商，从东周起一直传到如今。这是一部非常复杂而又有相当严密的程序或体系的书。有累积的层次，又可说是一个统一体。累积上去的有同一性。思想中心能不能说是乾坤即天地的对立统一？统一于什么？统一于人。人也就是自然。统一中的基本思想是一切有序又有变。“用九，见群龙无首，吉。”真妙！这一思想成立之后就绵绵不绝持续下来，或隐，或显。“《易》之兴也，其于中古乎？作《易》者其有忧患乎？”(《系辞》)这话好极了，千言万语说不尽。

二、《老子》。《易》是体，《老》是用。这在两汉是不成问题的。司马迁的父亲司马谈讲得很明白。汉文帝好“黄、老”之术。所谓汉武帝崇儒术不过是太学中博士的专业设置，是士人的做官途径，与帝王官吏无大关系。皇帝喜欢的照旧是神仙。《易》、《老》都是符号的书。《易》密，《老》显，所用的代码系统不同。两者都是一条一条的竹简书，不过《易》可以有序排列，而《老》似乎无序。两书相辅相成，是中国传统思想核心的两面，都是上供帝王下供世人用的。如果古人不通密码，也像现在的人一样连文字都看得那么难懂，怎么能传下来？早就亡了。古人当然也是各懂其所懂，不懂就尊为神圣。由《易》、《老》发展出两翼：记言，记事。

三、《尚书》。西汉初的伏胜是秦朝的博士官，主要由他口传的《尚书》二十八篇是政府原有的和增加的和构拟的档案，自然有缺失。这是甲骨、钟鼎、刻石以外的官府文告集，也就是统治思想大全，是《易》、《老》的具体发展验证。这是记言的书，包括了政治、经济、法律、军事，还有和《易》的序列思维同类的《禹贡》九州，《洪范》九畴、五行等等。

四、《春秋》。《公羊传》本，参照《穀梁传》本。《左传》本另案办理。这本来是鲁国记政事的竹简书，一条一条的，依年排列，是有序的档案，是记事的书。由《公羊传》发挥的《春秋》的事加上《尚书》的言，是秦汉思想发展《易》、《老》的两方面。《公羊》尊王、一统、“拨乱世，反诸正”等等思想贯串于全部中国历史。

五、《毛诗》。西汉毛亨所传本。本来不是官书，从东汉起，官定的齐、鲁、韩三家《诗》不传，独传下《毛诗》，成为《诗经》。这是官民合一的又一传统思想表现。《书》记言，《春秋》记事，《诗》记情。《风》是中原各国民谣和个人创作由官府选集配乐舞的歌词。《雅》、《颂》是帝王的雅乐，专业歌手及官吏的作品。后来天子失势，大约从东周起，中央政府便没有这种文化职能了。所以《孟子》说：“王者之迹熄而《诗》亡，《诗》亡然后《春秋》作。”这是说，中央政府名存实亡，统一的天子的“采风”（汉代又建乐府）没有了。各国不编集诗而记自己的政事了。孟子说的绝不会是没人作诗了，没有民谣了，说的是政府。《毛诗》的思想中心是官民一致歌颂帝王统一天下。《毛诗》的《序》就是说明诗的政治用意。《大序》还说：“言之者无罪，闻之者足以戒，故曰风（讽）。”这也许就是四家《诗》中《毛诗》独存之故吧？这传统一直未断。四十年前，我们不是全国上下都是诗人，民谣铺天盖地吗？

六、《论语》。这不是官书，是孔子办私学传授礼，传授《诗》，传授《春秋》以后，各派弟子一传再传下来的言行杂记。在汉代不显。好像与《易》、《老》不合，其实孔、老思想之间有渊源脉络可寻。唐以后成为首要典籍。东汉郑玄合编三种传本为一部以后有种种解说。元、明、清三朝由帝王钦定朱熹一家《集注》独尊。为什么在佛教思想进来以前和以后《论语》地位大变？此问难答。除思想有特色外，还有一点很明显，那就是文体。书中有很多对话，不属官府，而属民间，还不限于师徒。有一些个人思想感情活动的简要生动记录。人物性格相当鲜明，不是道具。书中包含了最初的小说、戏剧片断。不过多数仍是君臣、师徒对话，不是地位平等的讨论，所以和前五部经一样，陈述及判断多，缺少推理论证。值得注意的是书中有了一些未完整表达出来的推理而不是名家的悖论。例如有子论“本”、孔子驳冉有等等。这是古籍中稀有的，是中国式逻辑。此经的思想中心可以认为是说理。二十多年前此书还是“大批判”的对象，可见至今还是一个幌子。

以上六经中，《易》、《老》用的是符号语言。《尚书》记言，《春秋》记事，用的是官府语言，另有一种密码本。《毛诗》用了官民间通行的带暗示性的艺术语言以配合乐舞。这对于由中原而达全国的通行语“官话”的形成有很大作用，所以孔子说：“不学《诗》，无以言。”又说：“诵《诗》三百，使于四方。”独有《论语》与众不同，声名后起而一千多年来影响最大，甚至进入谜语、笑话。其中原因有一条是不是由于个人在社会中的地位改变以及文体更接近外来的佛经对话?《论语》比前五经更确认个人是显然的。此点应重视。

佛法六经和儒、道六经相比，差别显然。佛法的个人性明显，倾向于分散。儒、道这方面则政治性极强，倾向于全体，集中。也可以说，双方的轴线一致而方向相反。佛法是从个体到全体，无序。孔、老是从全体到个体，有序。《老子》骂统治者绝不是反政治，倒是提出了一套更高明的政治见解。所以汉、唐、宋大皇帝都自以为懂得并且欣赏这一套。小国寡民自给自足的小单位如公社更有利于大帝国天子的统治。工商业交通发达，诸侯强盛，帝国就不容易照原样维持安定了。中国的神仙也是非常世俗的。印度本土缺少大皇帝。佛法赞转轮王，佛国气魄浩大，更接近中国的多方一统。在印度，佛法除在三个大帝国时期兴旺以外，终于灭亡，传到中国反而发展，尤其是为兴盛起来的少数非汉族民族的帝王崇奉。孔、老思想离不开天下和天子。佛国无量构成“世界”，可以合于“天下”。至于逻各斯和非逻各斯，双方都有两套，前面已说过了。

以上云云不过是老人闲谈。以下列出两个图式：

图式一：本土的，偏重逻各斯。

从全体到个体

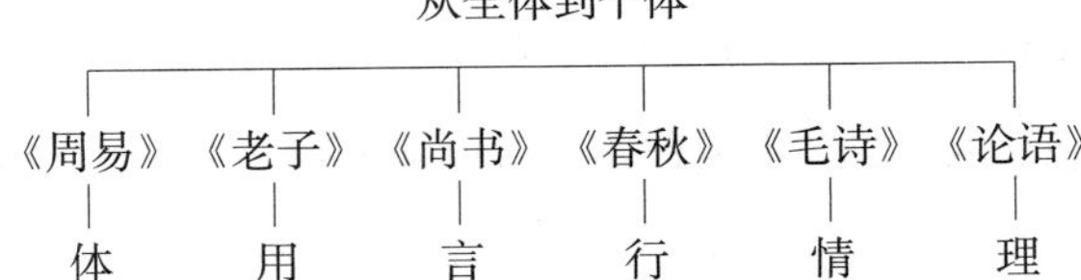

图式二：外来的，偏重非逻各斯。

从个体到全体

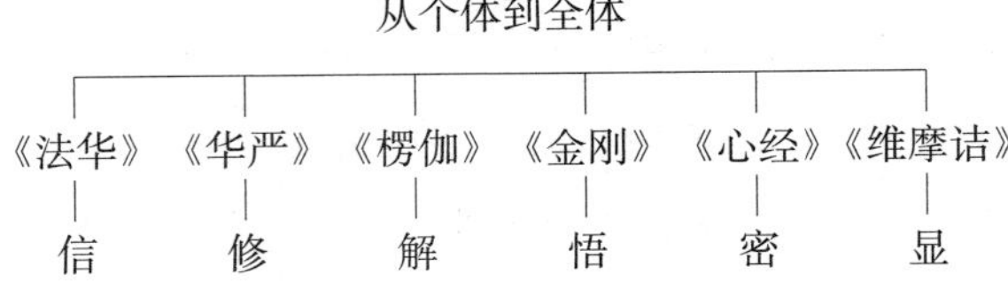

一九九五年八月

古书试新读

以“国学”或“传统文化”命名的刊物和丛书已出不止一种，可见整理古籍不仅是校点、翻译、重复印书，还有不少研究。传统文化引人注意，其研究恐怕也可以现代化。照中国和外国的传统方式研究古书当然不错，可是通连古今中外自出心裁作些尝试也未可厚非吧？语言文字是思想的载体、信息交流的中介，这已经是常识说法了。思想是流动的，不是凝固的，仿佛软件，又有变换程序，那么，由这种流程即思维线路或简称思路而探索其模式也可以试试吧？高才硕学者成就已宏，未必肯轻易损伤令誉，浅陋者才敢冒昧作难获成功的尝试。不妨我来一例。

《老子》开篇“道可道”一章总共只有五十九个字，重复字有道、名、无、有、常、欲、观、同、玄、妙十个，虚词之、以、其、非还不算。这些重复字是不是处处意义一样？为什么要重复谈？解古文字和解密码都常用频率比较。讲字义也可以比较重复字。韩愈的《原道》说老子，“其所谓道，道其所道，非吾所谓道也”。连用四个道字。对比一下，韩愈说的其实就是老子的话。不仅句法一样，意思也一样。老子本来说他的道和另一种道不一样。韩愈说的是他的道和老子的道不一样。“道不同，不相为谋。”（《论语》）这还争论什么？彼此彼此，各自立场不同而已。不过，词同而语言不同。口头语不同于书面通行语。书面语又随时代由简而繁。韩愈生在唐朝，比老子晚了一千年以上，有纸笔可以滔滔不绝写出文章，所以能发挥，说明他的道包括仁义，老子的道是在仁义以外。他是否能代表老子，这且不论，但可确定是他自己的看法。仁和义和道一样不确切，还是不明白。《老子》那一章不知是写在简帛上还是刻在竹片上，甚至开头只是口头传授像咒语一样，都不可能长篇大论。写的刻的字总是籀文大篆，更不能多。所以用字一定要省而又省，慎之又慎，只留下五十九个字。其中又重复十个以上，可见是非重复不可，绝不是啰嗦，所以这些字就值得注意了。韩愈攻击老子，语言有发展而思路仍继承，可见传统不易变。这是另一问题。

词不孤立，必有句。句子排列成文有次序。这些语言符号表达的意思是思想。思想顺序是思路。这同算术列算式相仿。《老子》这一章的思路，思想流程，或说思想语言的逻辑进展顺序，或说“句法”结构，能不能考察一下？可能这就是《老子》所说的“观”。一“观”之下，结构明显。前面六句是三对。三对中的后两句以“故”字连接前面。末三句是单行推进线。全章是两扇门。每门自有顺序安排，很严密。下抄原文为证。

道可道，非常道。名可名，非常名。

这是第一对句，道和名并列。

无名天地之始，有名万物之母。

第二对句，推进一边，由名延伸，又成一对，有和无并列。另有一对是始和母。

故，常无欲以观其妙。常有欲以观其徼。

第三对句，再由有无延伸，又成一对，妙和徼并列。这是由前面两对演绎出来的。重复第一对句常字。

后三句单行总结。

此两者同出而异名。

又标出一对，同和异并列。指出所异的是名。

同谓之玄。玄之又玄，众妙之门。

由同生玄，玄又生妙。妙非一，是众。天地万物之妙由玄之又玄入门。道、名生有、无，有、无生同、异，同即玄，最玄成为妙。道呢？常呢？不知何处去也。为什么？是不是道不可道，所以只说名；名非常名，所以不说常了？

原文是不断句的，思路是一字一句连串下来的。思路或说逻辑顺序很清楚，但不合乎从亚里士多德传下来的逻辑推演。句句是断语，命题。“故”也不知“何以故”（《金刚经》），推演也没有证明。也不合乎印度的“正理”因明的立“宗”推理。既无因，又无喻。希腊重演说。印度佛教重辩论。中国两者都没有。各讲各的，往往只对门徒讲。讲的话不全传，传下来的是备记忆的纲领，语录。所以三方论著似同而实异。这时一章全文只是符号排列，如同不演算不证明的数学式子。中国逻辑常用语，无论口头笔下，有文无文，常是什么者什么也，或是命令句。文体不同由于说话对象不同。希腊演说和印度辩论的对象是有一定范围的听众。中国诸子书的对象是门徒，或者直接间接“应帝王”。这可说是一个特点。

另一特点是对偶。这一章里，主要的词有对偶。道、名，无、有，始、母，妙、徼，同、异。句子也不离对偶。对偶又归于一，由玄至妙。于是《老子》与《易》卦乾、坤，阴、阳的思路一致。韩愈以仁、义对偶，归结为道。这是承继孟子的仁、义、礼、智。所以他说：“孟子醇乎醇者也。”孔子是以仁、智为对偶，以义、利为对立的，见《论语》所传。于是《论语》中所谓“天下有道”、“天下无道”、“道不行”等等的“道”，一变于《孟子》，再变于韩愈，从此有了“道统”。南宋偏安，更争“正统”。若无偏，何来正？道、名及无、有并列而各侧重其一，终于以同为玄而达妙。这条思维路线是一种逻辑程序，或说思维模式，思路。中国人历来不论识字读书或是文盲都习惯于这一套。历代上自帝王，下至家主、父亲、丈夫，为主的都会这一套。臣、仆、妻、子，为从的都承认这一套。这一套主从模式中有两要点：一是重名，二是好同。由于重名，所以不管变成什么，名不可变。争正统也是其一。说废除统实亦即争统，换个名字。由于好同，所以恶异。尊一个必须排一个。说求同存异，而异是存不住的，那就不管了。对偶而不并重，有主从；称同而去其异，有尊卑。这是不是传统思路的又一特点？

以上说的只指这一章，不是《老子》全部，只说此一思路，没说各种思路。这也不是研究《老子》，只是举例说明新读法的一种，以见今人读古书可以有和古人及外国人不同的读法，可以由语言及文体窥探思路，而且不妨由古见今，看出“传”下来的“统”，因而对思想“化”入现代有益。这不算是什么学的研究，不过是一种看法，也可说是一种思路。至于探索道、名等词的思想涵义，那当然需要另外的新读法试验了。

一九八九年

世纪末读《书》

二十世纪已到尾声了。回想世纪初年，几大科学理论不声不响打开了人类窥探世界和自身的新窗口，那时谁能想得到以后的变化呢？当上一世纪中叶，一八五九年，同时出现达尔文的《物种起源》和马克思的《政治经济学批判》时，科学、进化论如太阳上升，几乎无坚不摧。“超人”尼采叫喊“上帝死了！”那时对资本、技术、市场、劳动力（总之是利润）的追求大潮弥漫全世界。一个东印度公司吞下了印度次大陆。一个英国代表团来中国探路，认为大炮加军舰就可以毫不费力吞下这个自命不可一世的天朝大国。世上一切仿佛都照科学的预见进行。但是科学本身走向何方？就只会供资本利用，杀人，吃人，然后毁掉人类吗？

本世纪初出现了爱因斯坦的相对论、普朗克的量子论，对世界的认识不受牛顿管辖了。又出现了索绪尔的语言学、弗洛伊德的心理学，对人类自身的认识也变化了。人类学调查了世界上的偏僻角落的人并有新解说。现在是要从只追求新的转向注意解说旧的了。懂得了才有用，不懂就无用，再多也白搭，自己反会成为俘虏。尤其是要懂得人，征服者和被征服者都需要懂得对方。两次世界大战以后，地球变得非常狭小了。十九世纪的疯狂追寻此时要指向天上了。地上的浪潮仍在汹涌，但已经是后起的向前追赶。原来十九世纪的前锋浪头在思想上要停下来探索自己了。追赶的人还在和十九世纪竞走，被迫的人已觉得二十世纪到了尽头，上天也无路可走，只有原地踏步疯狂跳舞了。然而科学是冷酷的，不声不响的，孤独的，本身就是哲学的。研究的对象是“形而下”，研究本身却是“形而上”。科学不得不由向外转向内而“反思”。

古希腊哲人喊出“认识你自己”，但是两千多年来人类认识自身远远没有认识外界多。科学、哲学、宗教、艺术无不如此。有人苦思冥想，被称为神秘主义。这在个人可能有所得，而人作为一个类，不能靠冥想认识自己。由索绪尔开始的发现是，人区别于动物在思想，而思想的活动不离语言。语言的声音符号用上文字符号就可以保存而流传，破空间和时间限制。遗传信息不专靠内在基因而有外在符号，这是动物做不到的。语言发展了人又限制了人。人只能用语言思考。要懂得人必须懂得语言。不是只作外在形式的语音语法结构的测算而要深入内层。语言和思想同样是有语音学的（phonetic，etic）和音位学的（phonemic，emic）两条研究道路。一个只管客观存在，可以建构符号系统，没有条件限制。一个探索有限范围内的本身内在建构，有条件限制。例如“马家军”跑马拉松，时间和速度是语音学的，什么人在什么时候什么地方加速和怎么样加速是音位学的。两者的变化不同，研究也不同。由索绪尔开头的这种思路发展到了和语言及思想有关的其他方面。有人建构符号本身系统。有人探讨符号的意义的解说。由意义发现符号，认识了符号王国，但若不再由符号追索深层意义，依然是“形而下”。符号由于有意义而存在，离开意义，符号就不成其为符号。这又是语音学的和音位学的两种思路。由弗洛伊德开始的心理学发现了人的潜在意识，将对人的考察引向人自己意识不到的深层。但他过早地建立体系，难以成立。尽管印度古人，特别是佛教徒，早已注意到了人的潜在意识，但是由医学和心理学从人的行为来发现，是从弗洛伊德开始的。这样，语言学和心理学对人的内在思想意识的探索使我们对于行为如何接受自觉的和不自觉的内在的和外在的指导，形象和语言如何由外而内又由内而外，出自内心又影响内心，模模糊糊认出了一条道路。社会集团的共同心理同样指导行为，可以由行为追溯，但不等于个人心理相加的总和。社会心理学对集团行为的心理研究不同于以个人为对象，因此受到有利害关系的多方面的极大限制，又不能做实验室的封闭测验，至今还难说已经发展起来。个人心理中有很大成分受社会心理制约，两者密切有关。这一条由外而内的认识人自身的道路在二十世纪不过是开端，到二十一世纪将历尽坎坷而成长。人是不愿意认识自己的，尤其不愿意别人认识自己。人必须穿衣，必须有所遮掩。揭底绝不是容易的事，在揭者和被揭者双方都一样。

调查活人有种种障碍，何妨调查死人、古人？以文字符号组成的，表达语言而暗藏思想的，和产生时的内外背景息息相关的，是文献。二十世纪对远古文献有重大发现。考古发掘差不多在同一时期在三处获得最古文献。一是在印度河流域出现的两处古城遗址。有许多印章式的带有文字的古物。虽有不少人试图辨认，但因为主观客观障碍太多，至今恐怕还没真正认出来。二是西亚两河流域发掘出来的苏美尔人的泥版文书，有几万枚之多。上面的文字已经辨认出来，对于了解其他处古文献可以大有帮助，可惜至今中国还没有人注意。第三便是河南安阳的殷墟发掘。大量甲骨文献的出现使我们对于中国古史有了确凿无疑的依据。可惜《甲骨文合集》近年才出来，而研究虽比印度河区文字少了一些现代麻烦，但也有先天结论的障碍，不过到二十一世纪必有新进展。

世界古国中，印度的古文献至今还有极大数量的写本藏在公私书库里，另有不少仍在口传中，刊印本已有现代解说的痕迹。中国古文献保存最多，各种形式都有。可惜《金石萃编》式的资料整理及刊行远远不够。写本也不少，从汉代帛书、唐宋人手迹到明清抄本都有，可惜历来只讲版本不讲写本，情况不明。这样，对于寻觅并摘取文献来证明已有的或借来的结论式假说就非常方便了。真要达到欧洲人对于古希腊罗马文献研究在十九世纪到二十世纪的成就，我们还得努力。

文献必出于识字人之手，而古来的识字人的注意方向各国并不都一样。例如印度的识字人，无论婆罗门或出家的沙门多少年都靠

"施主"养活，而且到老了便进入森林或移居恒河边上修道，或在庙宇内著书立说，所以他们不关心政治变化。他们与宗教密切有关，但并非依赖政府式的教会。欧洲的基督教教会和政府平行。识字人多年都是在修道院依傍教会。这种古希腊罗马城邦的情况大不相同，产生不出"智者"之群。十八世纪反教会的便依靠帝王。十九世纪的改依靠资本。至于政教合一的元首，如伊斯兰教的"哈里发"（奥斯曼帝国元首），其治下的识字人又有另一种情况。和以上这些人相比，中国古代识字人的显著特点便是依傍政权。从卜筮者和观测天文定四时历法的星历推算者起便直接间接和政治首领结下不解之缘。中国古文献的作者和读者都不能和政治绝缘。为学和为政，山林和廊庙，是同一件事的两面。探索古文献的内涵不能脱离这些文献的著述者、传播者、应用者。《易经》爻辞一开头就从"潜龙"说到"飞龙"、"亢龙"。识字人自比是"卧龙"。都是"龙"（乾），不是"牝马"（坤）。

《尚书》或《书经》，这部最古的政治文献集，是我的一位生疏的老友。我十来岁时曾蒙塾师陈先生教过，像念咒一样背诵过一遍。从此一别不再见面。直到一九三九年我在湖南大学滥竽充数教课时才在曾星笠（运乾）先生处见到他的《尚书正读》讲义，上面满是朱笔墨笔的批注。这是第二次见面，但重逢老友也没有话旧，交臂错过。到我八十岁时有人将《尚书正读》的中华书局一九六四年印本拿给我看，这才回到了童年，青年，如在梦中。这部书连韩愈老前辈都说是"诘屈聱牙"的，曾先生告诉我，他能讲得"文从字顺”，只因看通了古文文法。现在我翻阅他的书，想起他所说的几句话，发现他读通了的一是词序，二是省略，三是通假。照他的读法果然是古文如同白话。可惜他对先秦文献语言没有作比较分析，留给了后人。《马氏文通》到现在已经一百年了吧？曾先生冥寿今年也是一百一十岁了。

闭户闭目遐想，是否可以有一种钻探读书法，找几个点深钻一下，由点及面，由表及里，又由内而外，仿佛想绘出潜在的地质图。文献的表层是语言文字，是“文体”，可否由此深入其中潜在思想，再从功能或效用方面结合其作者、读者、传播者、有意无意应用者，出此可能窥见其共识和异识，测出变化。这种读书思路和接受现成结论去求证及推演不同，是发现疑问去探索解说，也许少费工夫抄写而多用心思考问题。

何妨试看《尚书》的语言文体？无论典、谟、诰、誓全是对话体。有的表面不是，如《禹贡》，实际也是在作者心中有个预定读者即听话者的范围的。《禹贡》、《洪范》甚至全《书》都不是写下来给足不出村的不识字的农民看的。从对话人到对话的话题，即所提问题及答案和怎么提出问和答的方式，都是这样。这里有明有暗，而答案常有趋向，指向其预定的效果，也提示其功能，并且透露其背景及用意。因为是古代的书，所以还可以检查以后的实际效果。“今文”《尚书》二十八篇，据说是先由秦代“博士”伏生（伏胜）在汉初背诵出来，后由大小夏侯二人传授写定，这是下限。若作为历史资料引用自然必须分析，如同对待《论语》（不等于孔子）、《孟子》（不等于孟子）、《左传》（不等于《春秋》）那样。《书》中的尧、舜和《论》、《孟》中的尧、舜若都当作人，文本就必须分别层次。对人和文本定性就不必这样。“六亿神州尽舜尧”和两千多年前“言必称尧舜”用的是同一符号，有同一意义。

《尚书》中的对话人可以作为实体，也可以作为符号。一个个人可以作为一种身份的符号。不难看出，书中从尧到秦穆公（照文献传统说法）都是帝王，从舜、禹、皋陶到周公姬旦都是大臣。（舜、禹是先为臣，后为君。）从发言人可以看出这部文献集是什么书。不论本来有多少篇，或者照孟子说法一篇只能“取二三策”，也不论作者是哪些人，这都是一部政治书，是“经世文编”，类似上古拟作的“策论”，准备给帝王将相阅读采纳应用的。帝王常是有决定权而不自己办事，办事的宰相常是身兼文武（如曹操、诸葛亮、文天祥、史可法和未当上宰相的王守仁阳明先生），所以此书可称为宰相读本。《尚书》中最大部分是《周书》，其中主要人物是周公。他正是宰相还兼摄政王。周朝开国元勋是“太公望”姜尚姜子牙，是助周武王打仗夺天下的，所以后代兵书战策托名于他。周公则是“制礼”定天下的。梁襄王问孟子：“天下乌乎定？”孟子对曰：“定于一。”这个“一”当然是帝王，但办实事的是将相。刘邦定了汉朝天下，靠的是张良、韩信、萧何。张出谋划策，韩打仗，萧办后勤。最后萧当了宰相，韩被杀，张躲了起来。这三个人才是定天下的，尤其是萧何。他的继任者曹参是“萧规曹随”，按既定方针办，照前任定下的老规矩办事。将《尚书》定为宰相读本可以概括内容及功能。不用说，这只是定性的一种，若当作史料或文章又当别论。

再看对话中所提问题及问答方式及内容。这就多了，只说开篇的《尧典》。前半叙述帝尧派定观天授时的官。这说明农业是经济本体。不定四时不能定种植收获。收不上贡税，财政受影响。老百姓没饭吃，天下不能定。忆苦顶不住挨饿。随即是御前会议。帝尧和大臣们对话。中心议题是政汉接班人问题。这是中国古代所有王朝中的头等大事。从娃娃周成王到娃娃清宣统皇帝，从少年秦始皇、汉惠帝到明建文帝，还有明末三大疑案、清初三大疑案，全是围绕着这个中心的。《春秋》从鲁隐公开始，也是这个问题。霸主齐桓公、晋文公也有继位问题。武则天皇帝、慈禧太后也是这个问题。还不仅中国，英国的玫瑰战争、印度莫卧儿帝国的王位继承，全是同一问题。《尚书》第一篇在论天时以后便揭出这一问题，仿佛有预见。定天下，首先是定天时（还派鲧治水），经济第一，老百姓先要吃饱，政府得有贡税。（不是抢夺、没收、铸币，那是一次性的。）孟子说的“不违农时”就是此意。工业社会也不能饿肚子，不管农产品。现在世界上还闹农产品出入口关税问题。其次便是定传位。传位不妥当，天下也定不下来，还会乱。

如何传天下？孟子说：“天子不能以天下与人。”是说不能个人私相授受。《尧典》里讲了个戏剧性故事，写出皇帝和大臣的生动对话，讨论传位问题。不说思想，只论文章，也是构思下笔极其巧妙。因为这不是讲道理摆条条能答复的问题，所以不能像文章前半论述定天时那样四平八稳排列整齐而要采用文学创作形式了。我曾有一小文《上古御前的会议》谈这一段，这里不重复，只想再谈一个问题。这出戏中，尧将传位，挑选接班人，为什么那么彬彬有礼？为什么大臣个个“谦让为怀”，终于找了个老百姓来做皇帝的女婿，接受几次考验，才定下来？不必引后来的历史事实，便在《尚书》中，商王汤的《汤誓》是伐夏王桀的。周武王的《牧誓》是讨殷纣王的，全不是客客气气的“禅让”，更谈不到尧对舜那样培养接班人。为什么偏偏在《尧典》中要写下禅让传位故事？如是记传说，为什么要选择这一个？《孟子》里不是有种种说法吗？

《尧典》明显是一篇拟作，不会是甲骨文以前的实录。说是对往古公社的回忆也不像。酋长传位各有传统方式，并不那么文雅。何况回忆而记下来也必有原因，不会无缘无故。拟作《尧典》发表政见时期，不论在东周何时，甚至在西周幽王亡国以前，传位都是传子而众子中不能选贤以致出问题。着重描绘禅让的一个可能是由此见反差，树理想，有讽喻之意。另有可能是提出另一种传位方式。从后来多次禅让史事来看，后者更显示其功能，不一定是其意图。传位即授权，对方即得权者。《尚书》中的权位传递方式有三种。一是以武力打仗夺取，如商汤的《汤誓》，周武王的《牧誓》。二是尧舜禅让，见于《尧典》。三是周公，不居其位，无虚名而掌实权，也还要让来让去如《洛诰》中的对话。在周秦以后两千多年政治史中，将后二者合并而成功的有王莽、曹丕、司马炎。暗害篡位的除了《尚书》设计模式以外，那是《春秋》开篇记录的鲁隐公、桓公的事。到《通鉴》开篇，三家分晋，已不是传位了。

这部周代文献集，宰相治天下读本，有许多可供探索之处。性质和功能类似其他民族的口传史诗。中国早有文字，不仅靠口传，文字统一，语音纷歧，而且没有职业歌人如荷马。后来才有“变文”说唱。各民族并非都先有史诗形式（看《旧约》）。《孟子·万章》上篇中有不少尧舜故事，尚未定型。孟子说这是“齐东野人之语”。大约当时齐鲁一带有人创作并流传史诗型而用散文讲故事的政治总结。（楚语另有一套。）中国古识字人善于总结历史。例如西汉徐乐据战国及秦末历史结合汉初形势，总结出“土崩、瓦解”论，比贾谊高明。“土崩”指老百姓造反。“瓦解”指诸侯分裂。这就是在公元前约一百年概括了前后三千年政治形势变化的基本模式。《尚书》中的总结性报告有《禹贡》九州（经济地理），《洪范》九畴（治国大纲），《吕刑》五刑（法律要旨）。这些文中以数排列，以事归数，展示了有条理的数字式丰富思想，也便于记诵。背后应当有故事供口头解说，文中只留引子。从文学角度说，《尚书》中有极为生动的古代口语和故事。这要从古文中得其神气，白话只能译解或改作，不能代替。照字句译便索然无味，好像古人都是傻瓜。我尝试写过《读〈西伯戡黎〉》和《兵马俑作战》两小文，此处不重复，只想再略谈一点：《尚书》写定时的东周形势和在书中反映出来的对形势的认识及心态。

战国时，也就是《孟子》和《尚书》等作者由认识当代而总结古史时，分崩的列国已趋向统一。齐、楚、秦三强鼎立，好像后求的魏、吴、蜀三国，又像南北朝时的齐、周、南朝。统一局面必然到来已经为关心政治的有知识的识字人（士，文士，辩士）所觉察到。他们（包括老、庄、墨、苏、张）纷纷以种种形式出谋划策为帝王将相设计一统江山的方案。《禹贡》、《洪范》、《吕刑》以及《周书》中主要由周公出面作的不少总结性发言都指向这一点。这是乐观心态。另一方面，悲观心态也出现了。《无逸》中周公指出了“代沟”，描画了青年造反派的形象和言论。“厥（他们的）父母勤劳稼穑。厥子乃不知稼穑之艰难，乃逸，乃谚，既诞，否则（不仅如此，而且）侮厥父母，曰：昔之人无闻知（老家伙知道什么）。”不知稼穑即不懂经济。不追字义、句义只凭语气出可读出其愤慨和忧虑。更严重的是，等不到下一代，老百姓已站起身来讲话了。《汤誓》中说：“汝曰：我后（王）不恤我众，舍我穑事而割正夏（干涉夏国）。”“今汝其曰：夏罪其如台（yì 我，如台，奈何）。”农民抱怨王爷不顾庄稼而出兵打仗，即不管国内经济而出兵到外国去干涉内政。“外国王爷有罪又怎么样？与我们有什么相干？”大有当年美国人民反对出兵越南的口气。最后还是只有用恩威两种手段，胡萝卜加大棒。“予（我）其大赉（赏赐）汝。尔（你们）无（勿）不信。朕（我）不食言。尔不从誓言，予则孥戮汝，罔有攸赦。（杀你全家，一个也不饶恕。）”《盘庚》中更严重。老百姓不愿迁移，聚众请愿。盘庚只好再三发表讲话，甚至说：“今予（我）其敷心腹肾肠，历告尔百姓于朕（我的）志（意思）。罔（不）罪尔众。尔无（勿）共怒，协比谗言予一人。”他对“共怒”的舆论有点担心了，觉出了“土崩”趋向。《皋陶谟》中说：“天聪明，自我民聪明。天明畏，自我民明威。”对照《论语》末篇《尧曰》中帝尧的话：“四海困穷，天禄永终。”“朕躬有罪，无以万方。万方有罪，罪在朕躬。”这不是《尧典》中口气了。《孟子》末尾说圣人“然则无有乎尔，则亦无有乎尔”。读来如闻叹息之声。一方面见到一统江山的必然出现，一方面又预感到江山一统后会有新的不幸。是不是“百姓”起而“圣人”亡？是不是政治一统后思想也必趋一统，百家游说从此绝响？这些圣贤预感的是“焚书坑儒”吗？未见得。但“一则以喜，一则以惧”的心情是有的。古卜筮书《周易》的《系辞》中说：“《易》之兴也，其于中古乎？作《易》者其有忧患乎？”同样的话可以用于《尚书》。其他同时同类书中也有同样悲观论调。至于乐观与自信，请看《尚书》最后一篇《秦誓》。秦穆公打了败仗，提出“责人斯无难，惟受责俾如流，是惟艰哉”。批评别人不难，接受批评，“从善如流”，可不容易啊！他认为这就是“群言之首”，第一条原则。只有具备充分自信，毫不心虚，才能接受责备。他提出选大臣的标准是：“人之有技，若己有之。人之彦圣，其心好之。”能够容人。坏的便是：“人之有技，冒疾以恶之。人之彦圣，而违之俾不达。”妒贤嫉能。只有具备充分自信，才能容下别人长处，不怕胜过自己。秦穆公提倡“休休”、“有容”，又以身作则，打败仗不怪手下将领，怪自己用人不当。所以他能用五张羊皮换来奴隶百里奚作宰相。这便是秦国必兴之道。《尚书》编定时以此文结束。

二十世纪不是白白过去的。十九世纪提出的许多问题和答案，不少已经如同欧洲中世纪的神学一样逐渐退隐。圣经圣训锁不住人的思想。特别是在两次世界大战后，新问题如潮水一般涌来。人类还在互相残杀，而且加速毁坏环境而自杀，对于现在并不容易乐观。但对过去，包括对古文献，好像比以前看得明白一些了。那么对未来呢？正如古印度诗人迦梨陀娑的诗句："光明又黑暗，仿佛明暗山。"（印度神话：环绕可见世界的大山，一边光明，另一边黑暗，故名"明暗山"。）

一九九三年十二月

上古御前的会议

日本结束了昭和时代，改元“平成”。这两个汉字在中国的《尚书》中连成一句话：“地平天成。”我由此想起幼年读的古书有一部便是《书经》，即《尚书》。那是大人要我读的，不是我自己要读的。过了几十年，老了，足不出户，看不到新书，想起古书。忽然觉得《尚书》和《旧约》这两部书似可归于一大类。两书不仅都是“圣经”，而且同样都既是历史书，又是文学书。因为记的是历史，但不全是录音报道，不仅有加工，恐怕还有虚构。外国的不说，谈谈《尚书》。这书是些“典、谟、训、诰”的政治文件，像档案。文字很难懂，不知有没有今译（外文的不算）。不过仗着小时候背诵过词句，还记得大意，只翻翻手头的“白文”本，不去查注疏也能胡乱说几句，当然未必正确，只是闲谈。

开头的《尧典》、《舜典》、《大禹谟》三篇中，我觉得有意思的是作者所描述的御前会议。如果作为古人构拟的文学作品，这也许可以算是我国最古的戏剧片断吧？共三幕，第一幕有两场。

帝尧要选人任命，召开御前会议。第一位大臣推荐“胤子朱”，即尧的儿子丹朱。尧指出缺点，反问一句“可乎?”（能行吗?）否定了。再要求推荐。有人举共工，或许就是触不周山的那位，但书中说的仿佛是有功的工程师。他也被尧指出缺点，又否定了。于是尧说出当前的急务是治理洪水。大家都说：“於（wu）！鲧哉!”尧又说鲧不行。有人提议说：“试可乃已。”（不妨试他一试嘛。）“帝曰：往！钦哉!”（去吧。可要好好干啊!）结果是九年也没成功。

接下去是第二场戏。尧又提出说：“朕（我）在位七十载”，要四岳接班。岳说自己不行。尧又说：“明明扬侧陋。”他要求到基层去找知名度还不高的人。于是有人提出民间一个单身汉虞舜。尧说：“俞（不错），予闻。如何?”他听说过，但不知究竟怎样。大臣说，舜是“瞽子，父顽，母嚚，象傲”，父、母、弟弟都很坏，可是他处得很好。于是尧说：“我其试哉。”把女儿嫁给舜，招做驸马，大概是要看他对妻子怎么样。选大臣，当皇帝，为什么要看他家里怎么样呢？想来那时所谓帝还不过是个酋长。家和族相连，族以家为细胞。发展成为部落时也还是这样。现在考古发掘出来的上古住宅地基可以作证。上古时“治国”必先“齐家”，大概就是这场戏的素材和背景吧?

接下去是《舜典》，是第二幕，气派就大了。尧用了舜，不但要他做官看成绩，又另给一次考验。“纳于大麓，烈风雷雨弗迷。”那时不仅没有天气预报，也没有地图和指南针，能在暴风雨中不迷失方向是很不容易的。在上古生活还靠狩猎牧畜时这又是必要的本领。家庭、官职、暴风雨三场考试通过了。尧让位。舜不受，实际上掌了大权。尧死了，“百姓如丧考妣”。舜要任命大臣，又开御前会议，一一推荐，一一任命。

再接下去是《大禹谟》，是第三幕，气派又不一样。其中有一些统治格言，不妨摘抄几句容易懂的。“任贤勿二。去邪勿疑。疑谋勿成。百志惟熙（安定）。罔（不要）违道以干百姓之誉。罔咈（违背）百姓以从己之欲。”当舜要让位给禹时，禹又谦让说自己德行不够，“民不依”。他推荐皋陶（yáo）继位。舜称赞皋陶。皋陶又归功于舜。他是司法之官，说了一通量刑原则：“罚弗及嗣（子孙）。赏延于世（后代）。宥过（无心过失），无大。刑故（故意犯罪），无小。罪疑，惟轻。功疑，惟重。与其杀不辜，宁失不经。”照现在说法，这能不能算法治？舜最后还是选中了禹，夸他说：“汝惟不矜，天下莫与汝争能。汝惟不伐，天下莫与汝争功。”（你不吹自己，不骄傲，天下没有人跟你争了。）又表示决心说：“朕（我）言不再。”禹还要求以占卜决定。舜说：“朕（我）志先定，询谋佥同，鬼神其依，龟策协从。”禹仍磕头“固辞”。舜不准。于是禹召开大会，宣誓就职了。

看来这些都像是演戏，像仪式，活灵活现。这和美国的竞选总统不大相同。尧、舜和华盛顿、林肯毕竟不一样。不同的还不仅是时代吧？禅让的传说好像是中国独有的。

一九八九年

兵马俑作战

秦始皇墓出现兵马俑的文化意义说不定要到几年以后的下一个世纪才会一步步展现出来。现在除专家外一般人不过认为是用修补“还原”的古董吸引游客，和新修的长城差不多。这些威武雄壮的战士带着战车战马排成阵形摆出准备作战的姿态，当年自然是以活人为“模特儿”的。那时活人是怎么作战的？古代兵法都着重战略而不详写战术。好像直到戚继光的《纪效新书》才描绘“中平枪”之类的实用战术。幸而我们还有一部最古的政府档案集《尚书》。这书中年代最晚的是《秦誓》，可见编成书时秦已经或者将要统一天下，别的国都不在话下。以殷墟出土的甲骨文献为凭证和标志，《书》中从《盘庚》（“盘庚迁于殷”）那篇往前更古的文献多年是追记甚至拟作。只有周代的可能保存了一些真的档案。汉代流传的《今文尚书》二十九篇文告中的几篇作战命令虽不会是当场记录，也不会是凭空幻想。名为夏商周初年，实际是秦国兴起的初即东周。这样的临阵动员令，几十年前我在一本法文的《拿破仑远征埃及记》中见到。那是拿破仑的演说，很短，主要去争取更大光荣之类的话。我看那不比在他以前两千多年的中国统帅的临阵演说高明多少。当然古今中外不能相提并论。拿破仑打胜仗靠的是炮兵追击战术。兵马俑还是用马用车用人摆阵图拉架势。从前读恺撒的拉丁文的《高卢战纪》时见到他描述过“方阵”战术和兵马俑的排列类似。在冷兵器和短兵器的时代，这种不断整队的方阵好像人体组成的坦克，一定是很厉害的。秦朝不是亡于战场，是亡于阵内出了陈胜、吴广，自己杀了大将蒙恬和丞相李斯，又重用宦官赵高。当然，在洲际导弹从天而降的现代谈这种打法未免落后。不过既然有人欣赏兵马俑，又何妨谈谈两三千年前的兵马阵战术和统帅号令？这样的文告，《尚书》中称为“誓”。《汤誓》等另外各有意义，不谈。谈的是周武王姬发打殷纣王的最后决战动员令《牧誓》和据说是夏朝大禹的儿子启打有扈氏族的动员令《甘誓》。依照原文讲，不是翻译，也不是改写，仿佛是译制片中的配音，让外国人讲中国话，古时人讲现代话。为证明我并未“离谱”，有些句子附注原文。文体成了电视剧，不是我改编，是依照原文越现代化“戏”。

画外音或字幕：周武王姬发率领战车三百辆、勇士三百人（或照《孟子》说是三千人），和殷商王受（纣）在牧野作战。

甲子这一天，天刚刚亮，王爷到了商的首都朝歌的郊外叫作牧野的地方，发出作战命令。

王爷左手拿着象征权威的黄色大斧，右手举着白色的旄旗指挥全军。

王爷说：西方的人啊，你们辛苦了！

王爷说：啊哈！我的各友邦的冢君、御车、司徒、司马、司空、亚旅、师氏、千夫长、百夫长，还有庸、蜀、羌、髳、微、卢、彭、濮人，举起你们的戈，排好你们的干（盾），竖起你们的矛，我要发命令了。

王爷说：古时人说过，母鸡不能天亮打鸣。若是母鸡天亮打鸣，那一家就要完了。（王曰：古人有言曰：牝鸡无晨，牝鸡之晨，唯家之索。）

现在商王受只听从妇女的话，放弃了大祭祀不举行，放弃了祖辈的本家兄弟不用，反而专对四方犯罪逃来的人尊敬、扶持、信赖、重用，任做大夫、卿、士，去对百姓施暴虐，在商都大做坏事。（今商王受惟妇言是用，昏弃厥肆祀弗答，昏弃厥遗王父母不迪。乃惟四方之多罪逋逃是崇，是长，是信，是使，是以为大夫、卿、士，俾暴虐于百姓，以奸宄于商邑。）

现在我姬发恭恭敬敬服从并且执行上天的惩罚。（今予发惟恭行天之罚。）

今天大战，不超过六步、七步就要停下来看齐整队。大家，努力啊！不超过击刺四次、五次、六次、七次，就要停下来看齐整队。努力啊，大家！（今日之事，不愆于六步、七步，乃止齐焉。夫子勖哉！不愆于四伐、五伐、六伐、七伐，乃止齐焉。勖哉夫子！）

你们要威武雄壮，像老虎，像貔，像熊，像罴，在这商国首都的郊外。（尚桓桓如虎，如貔，如熊，如罴，于商郊。）

不迎战而能逃跑的可以到西方去做劳役。努力啊，大家！（弗迓，克奔，以役西土。勖哉夫子！）

你们若不努力，那就要自身受刑罚了。（尔所弗勖，其于尔躬有戮。）

为省篇幅，《甘誓》一篇只引号令本身如下：

左边的不好好在左边努力，你们就是不听从命令。右边的不好好在右边努力，你们就是不听从命令。驾马车的不正确指挥马，你们就是不听从命令。（左不攻于左，汝不恭命。右不攻于右，汝不恭命。御非其马之正，汝不恭命。）

服从命令的在祖宗牌位前面受奖。不服从命令的在社庙牌位前面杀掉。我要连你们的妻和子全家大小都杀掉。（用命，赏于祖。弗用命，戮于社。予则孥戮汝。）

假如兵马俑活了，是不是这样作战？和现代战争比，除武器外，有什么不一样？是人作战还是武器作战？

读《西伯戡黎》

周文王姬昌是个神化了的人物。传说他曾被殷朝末代皇帝纣王拘禁，在被囚期间将伏羲的八卦扩大编为六十四卦成为周朝的卜筮官书《周易》，所以他是算"文王卦"的祖师爷。汉朝司马迁却说，他"演周易"是因为被拘留而"发愤"即生气发牢骚，是倒霉的著作。唐朝韩愈作诗"代圣人立言"，替他编了一句台词流传千载："臣罪当诛兮天王圣明。"他成为头号忠臣。曹操另有看法。据说有人劝他当皇帝，他说：我当周文王。这句话的意思是自己不当，让给儿子去当。曹操是周文王，曹丕成为得天下的周武王。可是两人的谥号颠倒了。曹操称为魏武帝，曹丕是魏文帝。总之，一文一武，自从孔子提倡"文武之道"以来，他们二位王爷就是圣人。可是照前面所说，对于圣人的传说和看法有种种不同，大概到唐朝以后才统一认识。

《尚书》即《书经》是很古的书。其中有一短篇《西伯戡黎》才一百二十四字。这是较古的"今文尚书”，口传下来用汉朝通行隶书记录的，不是后出的“古文尚书”。尽管是经书，大家背诵，却很少有人讲述引证这一篇。古人读书是有选择性的。我偶然翻开书一看，觉得这像一篇古散文小品，不妨闲谈几句。

这里讲的是周文王还在殷纣王之下封为“西伯”主管陕西一带时的事。他起兵把邻近的黎国吞并了。黎国在山西，离河南的殷朝都城朝歌已经不到一千里路了。殷朝有个臣子祖伊害怕了，赶忙跑去报告王爷。（西伯既戡黎。祖伊恐，奔告于王。）全篇是祖伊的报告和纣王的批答，以及祖伊的事后总结。照《韩非子》的说法，文王占领了三个小国，“而纣恶之”。说殷纣王爷很生气，和这篇大不一样。那是说文王并了另外三国，不是黎国，大概是不同时期的事。周的疆土是逐步扩大的。《史记》也有记载。

祖伊说得很厉害，是提出严重警告。他首先就说，老天爷已经终止我们殷朝的命了。占卜人和大乌龟都不敢说吉利的话了。接着说，也不是祖宗不保佑子孙，是王爷你自己瞎胡闹“自绝”，所以天老爷抛弃我们，吃不到安稳饭了。（惟王淫戏用自绝，故天弃我，不有康食。）接下去说的更严重：现在老百姓没有不愿意你王爷朝廷丧亡的，说，天老爷怎么还不发威呀！（今我民罔不欲丧，曰：天曷不降威！）天，祖先，老百姓都抛弃你了。现在王爷你怎么办呢？（今王其如台？）纣王的回答只有一句：“啊呀！我难道不是有‘天命’的吗？”（王曰：呜呼！我生不有命在天？）这就是说，我“有命在天”，谁能把我怎么样？祖伊回去了，说：殷朝就要亡了。瞧你的所作所为，难道不会毁了你的国家吗？（殷之即丧。指乃功，不无戮于尔邦?）这一篇一百来字的小文把祖伊的远见和纣王的骄傲用对话表现出来了。这里的周文王很像曹操。

现在重复翻印古书之风大盛，这并不能证明阅读古书的人多了。标点和翻译也未必能有多大帮助，还是讲解谈论有点趣味。有些不是名篇，但文章生动，有意思。这篇用极少的字刻画出三个人和一件大事，竹简刻字是不能啰嗦的。我随手写下这些闲谈，已超过一千字，是原文的十倍了。

一九九一年

《春秋》符号

《春秋》是一部什么书？

公元前二世纪汉景帝时朝廷立《诗》、《春秋》“博士”。从这时起《春秋》便成为官学的专业课本。解释《春秋》的《公羊传》在先，《穀梁传》在后，成为官定讲义。所谓《春秋》经文实际上是在两部《传》里的，没有留下独立的《经》。西汉末年传出古文字的《左传》由刘歆校订出来。西晋杜预编订《春秋左传》分列《经》、《传》。三《传》的《经》并不完全一致。《汉书·艺文志》所记《春秋古经》下注“公羊、穀梁二家”。东汉熹平时刻的石经只余残石。晚唐、北宋才有人直求本经，还是抛弃不了《传》。直到今天，约两千年，没有人能说出在公羊高所传本文之前，鲁国史书《春秋》（不论孔子修订过没有）是什么样子。现在讲《春秋》只能是西汉初由口传写定的《传》中的《经》。除非从战国时代的古墓中发现竹简，谁也见不到《春秋》的完整本来面目。春秋时政府有史官记朝廷大事，周王及各国都有。独有鲁国的一条一条竹简归了孔子一派的儒生（知书识字的人），又一代一代传了下来。秦始皇焚书，各国史书都烧了，偏偏他所最不喜欢的“颂古非今”的鲁国儒生没绝后。人坑了，书没全焚掉，真是奇事。论述《春秋》最早的除《传》外只有《孟子》和《史记》。《孟子》传自战国，后汉才有赵岐注，写定大约在前汉时。司马迁作《史记》时用《春秋》经传资料及其他书编了《十二诸侯年表》，好像是《春秋》的提要。一《经》一《表》现在就是《春秋》的文本，都是分年序列。大概《经》是简书，一条一条。《表》是帛书，一卷一卷。

从《春秋》文本和两千多年的种种解说看来，我们可以说，《春秋》本是新闻纪事档案，成书后便已成为中国人的一部符号手册，和《易经》的卦爻辞同类。两千多年来中国人的思想“传统”（从古至今传下未断的统）来源在文献中有很大一部分在这两个文本及其解说之中。另有一部分见于《诗》、《书》。此外大都是比这些较晚的文献遗留，当然甲骨金文不在其内。不论原本原义，对这些文本的符号解说的历史表示了中国人思想史的一个重要部分。《易》乾卦开头是“乾、元、亨、利、贞”。五个字都有可供各种解说的意义，以后许多卦中也屡次出现。《春秋》开头是“元年、春、王正月”。六个字也都有可供索取的意义。《易》是卜卦之书。《春秋》是经世之书。一通宇宙，一通天下，又俱可为立身之用。历代贤豪的解说都挂原书牌号发挥自己当时当世的思想意见。对原来文本说，都“伪”。对解说者的时世说，都“真”。以古说今，千篇一律，符号之妙就在于此。

现存最早的对《春秋》符号的总解说见于《公羊传》和《孟子》，两家几乎一样。

《孟子·滕文公》总结为一句话：

> 《春秋》，天子之事也。

《孟子·离娄》之说《春秋》和晋国及楚国的史书是“一也”。又说：

> 其事则齐桓、晋文，其文则史。孔子曰：其义则丘窃取之矣。

《公羊传》在昭公十二年下说：

> 子曰：《春秋》之信史也，其序则齐恒、晋文，其会则主会者为之也，其辞则丘有罪焉耳。

两书未必互相抄袭，有共同传说来源的可能性更大些。值得注意的是第一次分析出了书中内容分几项。史、序、会、辞和事、史、文、义。这是把辞和义、史和事分析开了。这恰恰是一种对符号的看法，由此指彼。把辞和义加在孔夫子名下也是取一种符号意义，挂上一声金字招牌。从此《春秋》和《易经》一样成为取之不尽用之不竭可作种种解说的符号大全了。论述诸侯本是史官在天子符号下做的。所以是“天子之事”。孔子没有天子招牌而行天子之事，没有名义符号，所以是“有罪”、“窃取”了。因此，孟子又用孔子的嘴说：“知我者其惟《春秋》乎？罪我者其惟《春秋》乎？”(《滕文公》)大有含义。

不仅内容和文辞，便是年数也可以有符号意义。《春秋》记二百四十二年。《史记·十二诸侯年表》加了年数。从封侯前后算起，是“共和元年”庚申（前八四一），在平王东迁（前七七〇）以前七十年，在《春秋》开始的鲁隐公元年（前七二二）以前一百二十年，而终于周敬王四十三年（前四七七）甲子，即孔子卒后两年，总共恰恰是三百六十五年，合于一年四季的天数，也就是《书·尧典》说的“期（太阳年）三百有六旬有六日，以闰月定四时成岁(阴阳合历年)”。《史记》表列年数就是与一年（四时年，太阳年）的日数（三百六十五日多）相合，表示这是“天数”。这是秦汉方士与儒生相结合时所熟悉而惯用的手法，以后也有传承，看古书时常会见到。

再看《孟子》第一篇《梁惠王》，其中说到齐宣王问：“齐桓、晋文之事可得闻乎?”孟子说：“仲尼（孔子）之徒无道桓、文之事者，是以后世无传焉。臣未之闻也。”这不明明是和他自己不止一次讲《春秋》桓、文的话不合吗？紧接着第二篇《公孙丑》一开篇就讲管仲。这不是齐桓公的宰相吗？这一篇中又讲齐桓相管仲“不劳而霸”。到《告子》篇又大论五霸，说“五霸，桓公为盛”，还具体说到葵丘之会的盟约五条。《论语》中也有孔子赞管仲，赞齐桓“九合诸侯”、“一匡天下”的话（《宪问》）。孟子不知道吗？当然可以解释说，这是不同弟子所记，传了几代，有增减，而且答齐宣王时为了要讲“王道”，所以不谈“霸道”，以及齐鲁所传有别，等等。可是为什么“五霸”只讲桓、文，而说的事中又有桓无文？以桓为“霸”的代表也就是以桓为符号。所以孟子是以人（齐桓公）和事（桓文之事）为符号说明《春秋》是“天子之事”，由此发挥自己尊“王”道抑“霸”道的政见的。孟子是把《春秋》作为符号书的。庄子以“寓言”作符号而暗示。孟子以真人真事为符号而明言。两位大师的思想路数一样，都属于中国人以符号推演的非数学的特殊数学思维的传统。

不妨再看看公羊的《传》和司马的《表》怎么阐释《春秋》。《穀梁》可算齐国公羊的鲁国分支。《左传》晚出，内容须经过层次分析。

现在不考古代经解，何妨作今天的符号解说？先试提几个问题：秦汉之际史官怎样看当时的天下大势？桓、文有什么大事？现在可以从里面看出什么古人没说明而现代可解说的意义？为什么晋文流亡十九年在位只九年竟能和在位四十三年的齐桓并列？他有什么伟大业绩？其中有什么现代可看出的意义？五霸中还有三霸，而且吴、越也是霸，实为七霸，何以不提？“霸”是不是开国际结盟大会当主席而且动不动就发兵打别国干涉内政？这几个问题能不能有相连贯的解答？

区区小文只当闲谈，不能也不必旁征博引劳神伤力去回答问题。不过近来想到这些，不免觉得多少年多少人费力去演算论证的大多是真、伪，正、误，是、非，善、恶之类解经说史问题，是古人为古人而作。现代人可不可以提出现代的问题，问一问现代人才会注意的问题？这样，既不是跟着古人跑为古人服务，也不是要古人跟我们跑为现代服务，也不是显工力，露才华，只是对某一点或方面提问题，试作少许现代的探索和认识，也就是对古代符号作一番现代解说。前面提出的问题不过是继续中国人的传统思路，以《春秋》为符号书，再探索一次所记符号的意义。自己回答是办不到的。问题依然太大，太麻烦，还得分析，引证，若是作新《东莱博议》似乎不必。以下谈点闲话，起个话头，只算是“入话”而已。土里土气，更说不上引什么 etic、emic、ethos、eidos 等等已不算新鲜的洋玩意儿来壮胆了。

话说周平王为西戎所逼东迁洛阳之时（前八世纪），现在中国版图内已经明显形成几大文化“场”，也就是说，同种族以及不同种族的人有共同生活思想习惯及生产与文化知识技能而聚居的大片小片地区。首先是中原或黄河流域文化，或说殷周文化，有通行语言（雅言）及文字和较高的生产生活水平。周围其他族文化比不上中原，因而不能不时常来抢劫，还利用各种机会移进求定居，也不能不学习中原的优越的文化通行语和文字，同时也把自己的风俗习惯和骑射等特长带进来。东边山东半岛的沿海地区本有夷人，现已在殷商占领下化为齐国领域。东夷此时只是指徐、淮以至东南的吴、越。至于南蛮、西戎、北狄各是统称。他们不止是一族，各自有文化，但缺少统一语言和文字，这只有向中原学习。物质文化可以边学习边发展。精神文化必然是随语言文字渗入。因此，见于文字的文化记录便不能不以中原为主。实际上人早已混杂了。从周武王伐殷纣起就不纯了。秦本是周的挡箭牌，在霸西戎以后成了大敌人。晋与北狄交往频繁，晋文公重耳的母亲就不是同族。他一逃难就去狄人处。周游列国时还到处结婚又抛弃（名言是："待我二十五年而后嫁。"），也不合中原文化习惯，楚更是将长江流域的人及文化联合起来而大发展。开头是周封楚以镇南蛮，结果是楚强大后成为大患，"问鼎"中原。吴、越起于东南。吴季札到中原来聘问时吴已有相当高的文化，引泰伯当祖先。齐人孙武和楚人伍子胥都曾帮助吴胜楚又胜越。随后楚人文种、范蠡又助越灭吴。终于吴、越都并入楚国。战国末期楚国都城从原在长江中游的郢一直向东搬到淮河边上的寿春。中国成为西北秦与东南楚争霸的局面。"合纵"、"连横"即两大阵营对抗的表演。《史记》列年表是从三代、十二诸侯、六国到秦楚之际，然后是汉兴以来的新诸侯和功臣年表。《三代世表》序中特别提到"孔子因史文次《春秋》，纪元年，正时日月"。这一种着重纪年月四时次序排列人事的线性思路不仅贯串中原文化而且通于楚文化。如《离骚》一开头便说祖先谱系和自己生年。在这样的时间线中每一人一事都可以当作符号而含有意义。当时的大势在《春秋》本经及三《传》和《论语》、《孟子》、

《史记》中都有认识而各有不同，尽管这些书都是以鲁国为坐标，以孔子为招牌而排定其他作出解说，而且都是在前汉写成定本的。

只以齐桓、晋文作为两个符号一看，这几家就各有不同。把三《传》中引的《春秋》本经中有关记录一看，不见有什么对这两位特别看重。《孟子》举这两个符号来概括全书主要是伸张自己的王、霸理论，宣传仁政（非暴力）胜过甲兵（武力）。这和《论语》中孔子称赞齐桓的攘夷狄抵御外患不一样。《论语》中感谢管仲使大家免于“披发左衽”，大有明末遗老怕剃长发留辫子而清末遗老怕剪辫子留短发的风味。齐桓之盛在于葵丘之会（僖公九年）。《孟子》还特别提出会上盟约五条（《告子》）。然而《公羊》并未称赞此会。《穀梁》记了盟约五条，和《孟子》不同。《左氏》只说盟会后要“言归于好”。《年表》中记的是开会时周天子赐肉命齐桓“无拜”，好比赏个勋章。还有件重要的事是齐率诸侯与楚盟（僖公四年），算是南北议和。楚人毫不屈服。著名的齐楚“风马牛不相及”的话由此传下来。《左氏》描写生动，但没有站在齐一边。《公羊》不叙事而论定齐桓“救中国而攘夷狄”。《穀梁》只简要论述会盟。《年表》只记事。《春秋》经文中没显出重点。在这几部书中齐桓公小白并不能代表《春秋》，没有赫赫功勋，不过是召开国际大会自任主席。西戎的秦和蛮夷的楚日益壮大。混杂狄人的晋即将伐齐。齐桓除表面尊王外也不能代表中原文化，实在是声名超过实际，不过是个“霸”的符号。他初即位就攻鲁报仇，长勺一战反被鲁国曹沫打败了（《齐世家》未说）。他的大业乃在于不记仇而用了管仲治国达到富强，有了相当高的国际地位，比天子还神气，却没有称王篡位。若没有这位能干的相爷替他办事，弥缝纰漏，他早就被许多“内宠”和三个小人易牙、竖刁、开方谋害了。说他“尊王，攘夷”，“兴灭，继绝”，不过是画成符号，树为大旗，转眼便烟消火灭，只剩名字。

《年表》中“僖十六年”有一条是三《传》所无：“重耳（晋文）闻管仲死，去翟（狄），之齐。”管仲一死，他离开狄人跑到齐国想干什么？为什么管仲不死他不去？大有文章（看《晋世家》）。由此再看晋文。这是个复杂环境中的复杂人物，一生是一部长篇小说（《东周列国志》写的远远不够）。他在外流亡十九年，在狄人处住了很久。齐、楚、秦都到过。在楚几乎被害。最后是秦国派兵送他回国即位。中原小国对他不礼遇，可见他不仅出身不纯正而且相当异族化，所以在齐国一享受就不想走了。他在位九年的最大业绩是城濮之战打败了楚国（僖二十八年）。《经》直述其事。《公》、《穀》都简略。只有《左》大书特书写成著名大战之一。《孟子》吹捧他而一句实事没有，可见他也是个符号。人和事是重要的，桓、文也了不起，但并不像符号所指那么单纯而高大。晋文的重要意义恐怕是在齐将衰而秦楚强盛时以一个并非纯正中原文化的人来作为捍卫中原文化的旗帜。所以他一直和齐桓并列而说不出或不便说出其中缘故。他助过周天子，但并不真尊王。

《左氏》在“僖二十二年”下记了可能是事后的预言，说辛有见披发于伊川，知百年而为戎，“其礼先亡矣”。中原文化（礼）的异族化和异族文化的中原化是东周时期令有识者焦心的大事。自从武王在孟津聚诸侯各族人（《书·牧誓》列了八个，称为“西方之人”）征服殷商以来，就是这个边境和移民问题越闹越大。知书识字，记各国史事，因而对文化感受特深的史官之所以“尊王”，是主张以周为首联合防止异化，即“攘夷”。无奈中原文化的代表者，周的后代鲁国仅有一群书呆子，武士曹沫很少。殷的后人宋襄公更加迂腐守旧，勉强算做五霸之一，代表中原当大会主席，实在不称其位。司马迁在《年表》序中只说了四个强国，齐、晋、秦、楚。说在周初封时都“微甚”，后来“晋阻三河，齐负东海，楚介江淮，秦因雍州之固，四国迭兴，更为伯（霸）主。”这仿佛是地缘政治学观点，四国刚好在东西南北四方。齐、晋多少还属中原文化。秦、楚就说不得。后来吴、越并入楚，田齐衰而晋分裂，从此一直是秦和楚，西北和东南，争霸之局。南北对峙，华夷互相渗透。从汉朝（混合文化）经过“五胡乱华”及“五代十国”，直到元、明、清三朝才由蒙族、汉族、满族轮流坐庄达成一统。但问题并未解决，最后反而加上了海外来的史无前例的更大的文化冲突。汉兴时司马迁在《六国表》序中说：“或曰：东方，物所始生（东配春）。西方，物之成熟（西配秋）。夫作事者必于东南，收功实者常于西北。”他又在《秦楚之际月表》序中说，秦始皇废裂土封侯制度，又“堕坏名城，销锋镝，锄豪杰，维万世之安。然王迹之兴起于闾巷，合从（纵）讨伐轶于三代，乡（以前）秦之禁适足以资贤者为驱除难耳”。这就是说，秦始皇搬起石头砸了自己的脚，适与愿望相反，老百姓造反时一切防范措施不过是为他们扫除障碍罢了。所以有见识的前汉徐乐上书说：“天下之患在于土崩，不在瓦解，古今一也。”（《汉书》本传）从刘、项兴兵到洪秀全挖空满清朝廷都是历史的无数次表面重复。外国也不免。拜占庭帝国和奥斯曼帝国遗留下的问题至今仍在。不仅古今，而且中外，“一也”。所以桓、文虽很快就失去符号效应，而《春秋》作为符号书一直应用到清末康有为，以至辜鸿铭，甚至日本明治维新时还提出“尊王攘幕”（幕府即诸侯），这难道是偶然的吗？

一九八九年

《春秋》数学·线性思维

近年来常见人用“反思”一词，不是哲学术语，是一般用语。可是怎么“反思”？恐怕先要问：怎么思？

《礼记·中庸》篇为朱熹收入《四书》，其中说到：“博学之，审问之，慎思之，明辨之，笃行之。”若不管这些词的内在含义，只就学、问、思、辨、行五字看，正好是一道思维程序。加上的条件是博、审、慎、明、笃，也不难懂。

《瑜伽师地论·本地分》（玄奘译）开头排列总纲时说到：“闻、思、修所立，如是具三乘。”以后有闻所成地、思所成地、修所成地三章加以说明。“三乘”即声闻乘、独觉乘、无上乘。这也就是说，闻所成慧、思所成慧、修所成慧。佛教法相宗的这种说法也是列举闻、思、修，并且排了一个和《中庸》的学、问、思、辨、行同样的思维程序。问是提问题，结果自然是闻，所以印度的闻、思、修和中国的问、思、行是同一过程。当然，双方用词的内涵意义和具体内容是不同的。也许是因为用词相似，所以玄奘译成一样，只有修、行二字双方各用一个。

用现在的话说，学、问是从外界得来信息。思、辨是内在思考。修、行是付诸行动，再回到外界去，传出信息。思不孤立，有来源，有去路。无知无识如何思？那只好跟着感觉走，一冲动就骂人，有人指到哪里就跟着打到哪里了。然而也不能说那样就没有思，只能说是一种特殊的思。印度哲学把从得到信息到指导行动的思考称为“量”。有位菩萨陈那（约在五世纪）只承认两种“量”。一是现量，是从感觉来的。二是比量，是从推理来的。此外还有别的“量”。如：圣言量，以“子曰”或《圣经》或什么大师语录为真理来源，普遍应用，不容置疑。又有譬喻量，依据类推，以比喻为证明。这些都被陈那否定了。

近代以来世界上常得到承认的思维程序是：由感觉而来的观察、实验，由推理而来的代数式思考和几何式证明，由此而生的预测以及实际行动中（外界的，自己的）检验。这样的思维程序也就是：传进信息，化为符号作数字演算，再化为信息传出。不过这还只是初步描述，未经分析。例如语言、文字、声音、图像、符号、暗示所构成的“外界”，或简单说是巴甫洛夫第二信号系统，就尚未分析出来。

所谓科学研究的知、思、行程序也是这样：观察，数学思考，检验预测。三者必须完全而关键在于如何思考。这是中间环节。前后两节历来受到注意研究（知识、行为）。这一节却没有那么发展，似乎只有数学和逻辑学。科学的思考（不限于自然科学和技术科学）是数学式的。笛卡尔生于中国明末清初的十七世纪，发明了解析几何，使图形与代码互相转化，开辟了一般用语言思维所不能达到又不易说出的思维境界，创造了逻辑推导中的图形符号语言。这是近代世界上科学和哲学相通的开端，从此一直发展下来。

怎么思？以上说的思是数学的或说是逻辑的。事实上这只是正规的，偏于理想的，少数受过训练的人才会用的。绝大多数人的思维是非数学式的。假如用数学式表达，可能比拓扑学和模糊数学还要难懂。若不用数学式表达，那就是大家日常应用而不知不觉地成为习惯的。就我们中国人熟悉的说，思维往往是线性的，达不到平面，知道线外还有点和线也置之不顾。只愿有一，不喜有二，好同恶异。公元前四世纪（战国时）欧几里得在非洲亚历山大城用希腊语编著第一本“几何”（译音）学的书，其中有一条平行线定理没有证明。十九世纪有人便放弃这条定理，建立了两种非欧几何。我们常用的线性思维又是另外一种，另有定理。原有的一条是，线外的任何点上不能有线与之平行。还有一条是，平行线相合或相交。我们的和非欧几里得的双曲线几何、椭圆几何都有所不同。例如名人阿Q君的名言：“儿子打老子。”闲人打阿Q和儿子打老子本是两条平行线，互不相干，但是照Q兄的线性思维非数学公式就可以互换，合二而一，于是平行线相合了。二又不过是一分为二，归根结蒂还是独一无二。这种思维中的线实际上是单一线。线外一点上说是有线好像彼此平行，不过是虚设，真正心中承认的只有一条直线。所以不同能化为同，坏事可以当作好事，灾难能够显出辉煌，说是两条腿走路，往往不过是单足跳跃。所以天理、人欲，正派、邪说，左、右，前、后，说是两点，实际只有一点。从来不容两线平行，承认的是一个否定另一个，一实一虚，一真一假，有此无彼，非全宁无，所谓“你死我活”是也。太极生两仪，再生四象、八卦，千变万化不离其宗，万法归一。孔子说：“吾道一以贯之。”平行线不是两条或多条而是只有一条单行线。这条线是有定向的。一方为正号，是我。一方为负号，是反对我的，异己的。我是对的，所以对的都是我的。反我的是错的，所以错的都不是我的。方向性中有大学问。有时仿佛传说中的神仙张果老倒骑驴。眼见路旁树木房屋在前进而自己在后退，便拼命要拉驴子转过来倒退而前进，其实只要自己转过身来就一切都顺当了。然而不然，线性思维是不转身的，往往以退为进，不知进退。也只有神仙张果老才能发明这种表现线性思维的简明图像。有向线段又有时自认为可以逆转。不怕错，从头再来，好像时间中万事都可以逆转，时光可以倒流。有经验，处处用。没经验，向前闯。既然认为可以回头重来，那就“大胆往前走”，“潇洒走一回”。单打一，单科突进，一马当先，万马奔腾一条线。不承认线外有任何一点上可以有线和自己的线平行，决不左顾右盼。

线性思维常将时间当作一条线贯串一切。这一点，印度人望尘莫及。他们认为时间像一把大镰刀，砍去一切。时间消灭一切，从有转无，所以无始。时间又像圆圈，处处可以是始，也可以是终。

尽管像轮子回旋不息，但无始也可以有终，消灭了就是终。因此古时印度人的记录历史是一篇糊涂账。用非线性思维（是不是球性思维?）以为很明白。用线性思维以为很混乱。古印度人没有严格意义的历史书。中国古人坚持线性思维，其辉煌成就便是大量的年代史。

线由点组成，点定位于线。自从殷商甲骨文献定干支以来，年月日时排列给天时人事定位久已成为习惯。《春秋》是第一部传下来的依年月纪事书。太史公司马迁的《史记》中十《表》是一大创造。《十二诸侯年表》、《六国表》、《秦楚之际月表》，是世界上古代史书中绝无仅有的。以后是一部又一部《通鉴》，编年记事，直到清亡才断绝了，出现了报纸和“大事记”。从“共和元年”（公元前八四一年庚申）一年一年记史事不断到报纸出现时，这样的文献，除中国的汉文字的以外，恐怕世界上再也没有了。不仅国家大事，一个人也有年谱。不仅后人订，还有“自订年谱”。这习惯至今未绝。日记是又一成就，人人写日记成为习惯。不仅是写给自己看，还有为发表给别人看而写的，或自意，或无意，成为著作。名家的，普通人的，公开的，私自的，至少从宋代以来就有流传至今的，千年不断。儿童学作文往往从记日记开始。种种日记越来越多。无人提倡，也无法禁止。只在日记成为“变天账”罪证以后才可能绝灭了。编年史、年表、年谱、日记，这一类年月日记事是线性思维的成果，也加强了这种思维习惯。我们中国人的这种习惯在世界各国中是很有特色的。日记虽亡，思维线路还亡不了那么快。

力量再大也无法决定人心里怎么想，封不住人的思路。

不妨试探讨一下这种线性思维数学。方便的是依据文献。文献中又是《春秋》（不算三《传》，仅指《传》中之《经》）以及相对等的《史记·十二诸侯年表》最早，最简（不算已佚的《竹书纪年》）。其中实在有不少文章可做。古来人做的是给古时人看的。今人又可以有今人的说法和看法。若不跟随古人在一条线上走，何不来尝试尝试？

一九八七年

重读「崤之战」

海湾战争过去了。我忽然想起翻阅《左传》，看看春秋时的大战。翻出来的是秦晋崤之战。

春秋五霸的第二名晋文公刚死，还未葬，第三名秦穆公认为时机已到，立即发动战争。打了几次，断续经过五年，终于崤山一战胜晋，成了霸业。这是春秋时一次关键性战争，不仅包括了郑国、滑国和戎人、狄人，还含有商人弦高“犒师”的生动插曲，年幼的王孙满从秦军的纪律和礼貌预测胜败的言论，真是信息丰富的音像带。

这次战争好像是一部电视连续剧。前有序曲，后有尾声，中间至少可分三集。打了三次仗，秦胜了最后一次，以一比二获胜。这和下三番棋不同，不是三场两胜，是“谁笑到最后，谁笑得最好”。几百年后秦的最终结果是大家都知道的。

这一件历史事实不但见于《春秋》三《传》，而且《东周列国志》小说里也有。这是很有名的历史故事，也是好文章，有不少精彩镜头和对话。我现在旧书新读，谈点感想。

记得小时候看到过古文家兼翻译家林琴南（纾）老先生评选的《左孟庄骚精华录》，其中选了这次大战序曲的《蹇叔哭师（军）》一节。这在三《传》中都有。他选的是《左传》的。《古文观止》选的也是这一篇。秦穆公不顾老臣蹇叔的反对，发动战争。蹇叔在他发兵时去军前哭军中的儿子，还预言战争必在崤山函谷一带，秦兵必败。这等于公开对敌人供给情报还出谋划策，实际上同时也是揭露敌人的可能战略部署，对本国提出战略建议，要求警惕敌人，可惜未得重视。文章结句是“秦师遂东”。林老先生评曰：“东字响极。”我当时还是小孩子，不大明白。从陕西打河南山西当然是向东。倘若是晋国出兵攻秦，向西打，西字就没东字响了，那怎么办？这显然是小孩子和老先生对文章信息的解说不同，观点有异：一论文章，一讲事实。

现在老了，又翻阅记载，发现事情发展到末尾，三《传》不同。《公羊传》、《榖梁传》都只有一句《春秋》经文：“秦人伐晋。”唯有《左传》说到秦胜，“遂霸西戎”，还评论秦穆公能“知人”。显然《左传》的作者对后来秦国称霸，甚至秦始皇统一天下，都心中有数，也许是预测，或者是见到较晚的形势。《公羊》、《榖梁》两家未必没有预测到或则见到形势发展，可能只是不肯说，对战局不满意，有意把结局忽略过去，若无其事。秦穆公先败后胜，对胜败，对臣下，不论是反对他的或是打败仗的，都处理得很好，有高效率。他对蹇叔哭师只是咒骂了几句，没有处罚，后来还作自我批评，并发挥人才理论。这篇文告收入《尚书》，作为最后一篇，题为《秦誓》。其中有一段还被引入《礼记》的《大学》篇。这篇后来独立成书为《四书》之一。秦国这一段经典曾千百年传诵不衰，由此可见，古人对历史信息的处理和解说以至于判断和记录是各有各的道理的，不是随便闲谈像我这样的。

重看这本书中的连续剧比小时候看不大一样了，也悟出林琴南老夫子当年点出“东”字的“文心”。他是破译密码解说信息指导作文的。开卷忽有点滴新知，便写下这些闲话。

一九九一年

《论语》是一部未来派的小说

《论语》是一部现代派或后现代派或未来派的小说。虽是两千几百年以前的作品，但恐怕要到公元二千年以后才有可能逐渐被人真正认识。

我背诵《论语》，是在五岁前后。那时还不到"五四"，陈独秀才在上海创办《新青年》，"新文化运动"刚刚开始，"批孔"不过是萌芽。从此一别《论语》，直到七十年代初期，不知为什么忽然"批孔"大潮掀起，《论语》又时兴。不过来潮快，退潮也快。到了八十年代才渐渐知道"批孔"只是借招牌，《论语》照旧是《论语》，从世纪初到世纪末，屡经风潮仍安然无恙。

我过了八十岁才想起这位幼年老友，有了一点再认识：原来《论语》是小说。

小说必有人物，英雄或非英雄或反英雄。《论语》里的英雄是超英雄。他们又在往古，又在未来，又存在，又不存在。孔门首席弟子颜回就是一个。

颜回这样的人物，《论语》里写了很多。不仅有只露一鳞半爪的神龙式人物，还有对话、故事、议论和人物互相穿插，突破时空程序，另有逻辑结构，越想越觉得奥妙无穷。说是小说，也是戏剧，既是文学，又是哲学，还是历史。总之，说它是什么，它就是什么，想要找什么，它就有什么，而且可以非常现代化，甚至“超前”。开头第一句“学而时习之”的“之”是什么，我至今不知道。下半句是“不亦说乎”，一学习这个“之”，就不会不悦，那是什么？说是什么，就是什么。假如学习而不“说”呢？那就不知道了。

无力去查书抄书，只在脑袋里回想幼年背诵过的古书，记起来的一些话都不懂了，可是又有些懂了。原来古书可以当作现代新书。想把自己古代化，书就难懂。想把古书古人现代化，那就不难懂。两千年前的，一百年前的，前年去年的，昨天的，古话都可以化做今天或者明天的话。这就是说把文字语言当作可以含有各种意义因而能够传达各种信息的符号，只看你用什么密码本去破译。什么经史子集，禅师或朱熹或王阳明或其他人的什么“语录”都和最早的“语录”《论语》一样，和八八六十四卦形象的“爻辞”解说以及越来越多的直到今天明天的解说一样。这是不是人类文化中的中国特色？不敢说是，也不敢说不是，说不定。

一九八九年

《论语》「子曰」析

我三岁开始读书识字，读的第一本书是《三字经》，第二本书是《论语》。只是识字断句背诵，不讲也不懂。这是在本世纪初期。现在到了世纪末，再读《论语》，原来自以为可以懂得一多半，哪知现在自己认为能懂的还不到一半。究竟哪些话能算是孔子的，哪些话不能算，也不敢分别轻易断定。大约在一百年前，有人要建立孔教，随后不久就有人喊出“打倒孔家店”，到七十年代大规模批孔，八十年代又有人尊孔，真好像是团团转，兜圈子。但是兜圈子不等于原地踏步。我兜了一个大圈子回来再读《论语》，就和以前不同，读出了问题和看法，需要查对和思考。现在知道《论语》这部书不等于孔子这个人。《史记》写孔子及其弟子依据《论语》为主，那只说明他从史官档案和其他材料中能得到的孔子言行不多。讲孔子离不开《论语》，讲《论语》却可以当作一部书，读出的不仅是孔子和儒家学说。从前人讲这部书大多是各取所需，取为我用。解说全书的何晏《集解》代表汉学，重训诂。朱熹《集注》代表宋学，重义理。民国时期（一九二五）姚永朴《论语解注合编》结合汉宋，而以朱注为主并参考后人。现在的许多译注本、评论本中有没有适应世界学术新潮而又能自出心裁的，我不知道。我不怕冒昧，想在文本上做一点尝试。先将文本作一种文体解析，粗分为独白、对话、叙述。从独白中最多的"子曰"开始观察探索。

"子曰"，大家都说是"夫子曰"，即"孔子说"。但是书中还有"孔子曰"十一处，"有子曰"四处，"曾子曰"十三处，"子夏曰"九处，"子贡曰"六处，"子游曰"三处，"子张曰"二处，其余才都是"子曰"。这些需要分别对待。不妨先从确定是孔子说的"孔子曰"开始。

我想先只考察文本语言的两个方面：一是文风，或者说是语言风格；二是思路，或者说是思维程序。这两者是相关的，指表达思想的语言和受语言制约的思想。

有十处"孔子曰"集中在《季氏》篇，另一处在全书最后，是末一章。先看这末章（朱熹注本和何晏本不同处，以下用括号表示）：

> 孔子曰：不知命，无以为君子也。不知礼，无以立也。不知言，无以知人也。

看语言风格。首先，这是平行的三联句。三句的结构完全一样，都是“不知……无以……也”。这是本书末章。本书首章也是同样的平行三联句。“……不亦悦乎……不亦乐乎……不亦君子乎。”这样对偶、平行的联句在《论语》中多极了，而且这不仅仅是一书、一时、一人的文风，是一直传到后代的，现在也还有。我们喜欢平行排列的连句。

其次是连用否定词暗示肯定意义。这和用疑问形式表示肯定意义是一类。如“不亦悦乎”、“不亦宜乎”。这也是汉语中的常见文风。如“不见不散”，“不打不成相识”，“人不犯我，我不犯人”。不过这样的肯定否定不是针锋相对的，不是逻辑的，是成为习惯的语言风格。

还有“无以”在现代通行语中有了变化，不过那属于语法修辞更多于语言风格，这里不必说。以上所说的就不能算是一般的修辞学，而是文体风格。

再从思维程序看。这三句同一结构的语言表达同一结构的三句思想，都是“不知……无以……”。“无以”就是无法，没办法。不知X就无法达到A。这是唯一的方法，途径。三句表达三对相关的词，概念：“命……为君子”，“礼……立”，“言……知人”。这些词全是《论语》中多次出现的。其中有什么意义，是困难问题。例如，说到意义，命若指天命，那么，孔子说他自己“五十而知天命”（为政），就是他在五十岁以前“无以为君子”了。岂不荒唐？所以暂时不纠缠意义，只把命当作支配人而不被人支配的力量的语言符号，把君子当作理想的人格的语言符号，来考察思维程序。这样就可以看出，这三句话是用“不怎么样就没法子达到怎么样”的格式来表达出这是唯一途径的意思。这显然是我们几千年未断的习惯思路，不必举例了。至于这个判断是否还需要说原因和查证明，那就不在话下。我们从古到今历来是不十分重视问为什么和核对实证的。这是不是可以算是一种思想习惯？

再看平列句中的思想联系，是不是有层次或其他关系？能不能说，第一句说命和君子的必然关系是主，下两句是附加的说明？不容易确定。但是说方法途径的三点却可以显出有意义联系。命指不受人支配的客观规律。礼指人的行为规范。言指人的表达思想意志感情的语言，包括用声音和文字的两种方式。也可以说，第一句讲如何成为君子，第二句讲立己，第三句讲知人。这种书中其他处也有呼应。关于君子说得很多。关于立，《里仁》篇有“不患无位，患所以立”；《季氏》篇有“不学礼，无以立也”。关于知人，《学而》篇有“患（己）不知人也”；《颜渊》篇有“问知（智）。子曰：知人”。由此可见，三句有内部联系，而且确可以算是《语语》中孔子的基本思想之一。

疑点：何晏《集解》的序中说：“郑玄就《鲁论》篇章，考之《齐》（齐论）、《古》（古文字本），以为之注。”不知他在编定那些简策帛书次序时怎么把这一章放在末尾，是有意还是无意。看来这一章是含有关于做人的总结性质。朱熹《集注》中说：“弟子记此以终篇，得无意乎？”这是把郑玄合三种本子为一本当作原始未必有的一种共同祖本了，是不是重义理而轻考据的结果？重视这一章的意见不错，但根据不对。

一章中三句都是断案、结论，没有理由和证据。全书多半是这样，很少说明为什么。佛教《金刚经》里问许多“何以故”，回答的往往好像是所答非所问，仍是断案，不成为理由。这和《论语》类似，同属于相仿类型的语言风格和思维程序。一种文风和思路若为多数人所接受而形成习惯，再继续不断，就成为传统。这种情况不是仅仅在中国和印度有。

以上只就全书末章“孔子曰”略作探索和分析，以下再看集中在《季氏》篇里的十章“孔子曰”。孔子说的仍是断案、结论，但不都是平列式。

> 孔子曰：见善如不及，见不善如探汤；吾见其人矣，吾闻其语（矣）。/隐导以求其志，行义以达其道；吾闻其语矣，未见其人也。/齐景公有马千驷，死之日，民无得（德）而称焉。/伯夷、叔齐饿于首阳之下，民到于今称之。/其斯（之）谓与？

这是一章两片，或分作两章。各是对偶成文。末句是总结，但不知指的是一片还是两片。姚永朴认为“齐景公”前没有“子曰”，所以“不若从诸家合为一章”，不从何晏、朱熹本。这里也把两章合一，作为一种读法，不是表示同意。从文风和思路看，前后都是对偶式。这在书中出现极多，而且一直流传下来，现代例子到处都是。

孔子曰：生而知之者，上也。学而知之者，次也。困而学之，又其次也。困而不学，民斯为下矣。

这和前引一章都可以算做平列式。不过前章是对偶，后章有层次。知的学的“之”是什么，没说。当时人知道，现在难说了。这和书中第一句“学而时习之”的“之”一样。为什么不学就是“下”。也没说。大概当时人认为，这不用问，不必答，自然之理。圣人说的还有错？相信，照办，就是了。书中无数断案和结论都是这样，而且不仅是《论语》，不仅在古时。

孔子曰：天下有道，则礼乐征伐自天子出。天下无道，则礼乐征伐自诸侯出。自诸侯出，盖十世希不失矣。自大夫出，五世希不失矣。陪臣执国命，三世希不失矣。/天下有道，则政不在大夫。天下有道，则庶人不议。

“希”是稀少。这是两片或三片“天下有道”平列。第一片配上“天下无道”作对偶。然后平列三句。

孔子曰：禄之去公室，五世矣。政逮（于）大夫，四世矣。故夫三桓之子孙微矣。

这是平列情况再下结论，指的是当时情况。这里说了“故”，因此，是从一条公理推出来的。回答为什么的公理在前一章。后一章说事实。

这两章中，“十世”、“五世”、“三世”和“五世”、“四世”相关。注家引《春秋》证明合于孔子时代情况，所以是依据事实推出定律，再由定律判断当前事实。鲁国大夫“三桓”的子孙的权力被“陪臣”阳货夺去，而阳货后来也失败了。可是书中排列的程序不是这样，是先下定律，再引事实下结论说“故”。所以，现在看来，前面引的“见善”和“齐景公”两章合为一章，不如还是分做两章好些。而这里引的两章似乎可以合为一章，从“天下有道”到“子孙微矣”。不过若要翻译成现代话，恐怕还得改成现在人习惯的思维和说话程序才容易懂吧。这里不说了。

下面把另外六章一并引出合起来看。

> 孔子曰：益者三友，损者三友。友直，友谅，友多闻，益矣。友便僻，友善柔，友便佞，损矣。

这是两个三项式对偶。

> 孔子曰：益者三乐，损者三乐。乐节礼乐，乐道人之善，乐多贤友，益矣。乐骄乐，乐佚游，乐宴乐，损矣。

和前章同样有对偶，同样是益损相对。一个“乐”字有三种读音，这是汉语的特点之一吧。

孔子曰：侍于君子有三愆：言未及之而言，谓之躁。言及之（而）不言，谓之隐。未见颜色而言，谓之瞽。

这是一个三项式。

孔子曰：君子有三戒：少之时，血气未定，戒之在色。及其壮也，血气方刚，戒之在斗。及其老也，血气既衰，戒之在得。

又是三项式。

孔子曰：君子有三畏：畏天命，畏大人，畏圣人之言。小人不知天命而不畏也，狎大人，侮圣人之言。

仍是三项式。君子、小人相对。意思对偶，语言不对偶。

孔子曰：君子有九思：视思明，听思聪，色思温，貌思恭，言思忠，事思敬，疑思问，忿思难，见得思义。

这是九项式。前面是四对，后加一项。

以上六章都是先总结项数，后一项项分列。这六章的形式在书中是独特的。相仿的只有："曾子曰：吾日三省吾身……"（《学而》）；"子以四教：文、行、忠、信"（《述而》）；"子绝四：毋意，毋必，毋固，毋我"（《子罕》）；"子曰：由也，汝闻六言六蔽矣乎？……"（《阳货》）。其他平列式虽多，但没有总结数目。这样举数目总结概括有时省略项目内容。古的如五行、八卦、三纲、五常，今的如三好学生、除四害、破四旧，不知有多少。印度佛教徒也喜欢举数目排列。如：三归、五戒、《增一阿含经》。传到中国又推广出"四大皆空"、"一尘不染"、"一佛二菩萨"等等。这是不是已经成为我们的文风和思路习惯？不列出一二三四再概括简化，就不容易通行无阻。例如"五个一工程"，通用，但未必人人知道是什么工程。

以上对"孔子曰"十一章只作文风和思路的一点考察就说了这么多。至于内容思想，那就更说来话长了。下面谈一点小意见。

重训诂，重义理，各有当时需要。现在作解说是为现代人。先要发现前人没说到而现在人会关心的问题，举前引"孔子曰：天下有道，则礼乐征伐自天子出"一章为例。礼，例如清朝男人要留辫子，民国男人要剪辫子，以及国徽（崇尚什么服色，用什么旗帜标志等）之类。乐，指雅颂、乐府、正式仪式上用的乐歌（现代的国歌）等。征伐指军事、国防、宣战、媾和的权力。礼乐和征伐用古话说是文事武备，现代话是文化、武装，也就是笔杆子和枪杆子。

这些都只能由天子，即中央政府掌握，不能归诸侯。“天下有道”的道指的是全国统一。大权归中央。诸侯只能处理地方行政。“天下无道，则礼乐征伐自诸侯出”，缺少统一的礼乐，没有统一的象征，精神文明涣散，内战不停，那就是国家分裂了。所以孔子周游列国奔走呼号，为的是将分裂的东周恢复到统一的西周。这不好说是复辟倒退吧？孔子赞扬齐桓公和管仲“九合诸侯，不以兵车”，“一匡天下”，“如其仁！如其仁！”（《宪问》）这不是主张停止内战，和平统一吗？

另有一个矛盾。这章的前面一章中说“季氏将伐颛臾”，孔子责备门人冉有没有阻止。季氏是鲁国诸侯的大夫。冉有是季氏的家臣。征伐之权怎么可以归大夫和家臣？冉有本来没有多大责任。孔子讲了一通道理，独独没有讲下面一章接着就讲的大道理，即，征伐之权只能归天子即全国的中央政府，季氏根本无权征伐。这是什么缘故？

还有一个问题。“天下有道，则庶人不议”，照朱熹所说，这是“上无失政，则下无私议，非钳其口使不敢言也”。能不能这样解释？是不是孔子、朱子两位注意的重点不同？孔子重视的是在庶人方面不议，执政者还不能不议政。朱熹重视的是在“非钳其口使不敢言”。不能依靠禁止使庶人不议。秦以前的人孔子及其门徒和南宋的人朱熹对于庶人的看法不一样，他们的想法都和现代人的关于政治言论自由的说法大有距离。彼此分属于三个时代。

还有，这一章说“天下有道”和下一章说“禄之去公室”都好像是当时说话，但更像是事后做结论。而且，讲三世、五世，是春秋时代非常重视贵族血统的口气，可是到现代也有讲三代贫农和血统工人的，现代所谓文明国家也闹种族即血统问题，这又是为什么？

诸如此类，问题不少。依我看，《论语》中的孔子首先是政治思想家，和近代欧洲所谓哲学家不大一样。他是为天下有道即政治权力序列稳定时安排个人、家族、贵族、平民、执政者各色人等的义务以求长期天下太平，因而要讲伦理道理，然后才追溯到思想涉及哲学问题的，不是企图建立哲学体系。所问所答的问题和外国从神学分化出来的哲学不同。双方思想虽然有共同处，但是更有区别，不应混淆。研究孔子和研究孔子的哲学和研究《论语》也不完全一样。所以我以为，读《论语》的目的若是不同，为研究孔子或是为研究这部书，就会有两种读法，读出来的也会有差别。至于讲儒家，那又是另一回事。不知这样看法对不对。

《论语》确是一部奇书。来源大概是秦以前孔门弟子口传笔录的读物。到汉代在齐、鲁两地分别编辑成书。另有一种古文字写本。东汉末年郑玄将三种传本合编加注，蔡邕写经文刻石，两者都没有传下来。三国时魏国何晏依郑本编《集解》。传到日本，有一三六四年（中国元朝）的现存最早刻本，中国有唐朝《开成石经》石刻尚存西安。南宋朱熹编入《四书》，作《集注》。直到此时，《论语》还只是诸经之一，地位并不特别崇高。接着元朝蒙古人统治者提高《四书》地位，定为科举考试做官必读书。明、清两代继续用《四书》题八股文考试。在民国废止科举前几百年间，《论语》是识字读书人最熟悉的书。甚至不识字的人也知道“学而时习之”。

教书的人被嘲笑为开“子曰铺”卖“子曰”的。书中许多词句进入小说、戏曲、谜语、酒令、笑话。别的古书都没有这样普及。八股文和科举都废除了，很长时期内《语语》仍为人熟悉。为什么会这样？孔圣人的招牌和书中的一些道理不会是主要的原因。招牌和道理可以当作敲门砖，表面拥护，心里不信。可是，从前读书要求背诵，起了作用。不管懂不懂，背熟了，印象最深的是词句腔调，是语言，是故事，不是半懂不懂的意思。《论语》中的语言风格多种多样，仿佛是另一种形式的口语，往往有当面说话的神气。书中板面孔的教训多，笑面孔的对话和生动的故事也不少。孔乙己就曾断章取义（原句是“君子多乎哉”）引用“多乎哉？不多也”（《子罕》）；还有骂人的话，“老而不死是为贼”（《宪问》）；也有赌咒的话，“天厌之，天厌之”（《雍也》）。这些若译成现代口语，口气就不对了，不活灵活现了。一句“不亦乐乎”（《学而》），在小说中往往用来开玩笑，指不该乐而乐或乐得过分等等。又如“割鸡焉用牛刀”（《阳货》）已是成语。许多《四书》句成为从前读书人的口头习惯语。所以，依我看，《论语》的内容不好懂而且解说随时代变化，反不如语言的影响大而深远，值得研究。《论语》本来也可以算是文学书。古时文史哲分类不像现在这样严格。我希望有人注意研究《论语》的传播过程和流行影响的变化，还希望研究者注意文本的解析，例如语言风格和思维程序。我的小文不过是开头做一点试验而已。

一九九七年九月

《论语》中的马

科学，技术，是一？是二？

自然，人事，孰重？孰轻？

忽然想到了马。

马有过辉煌时代。马曾经在亚洲东西南北纵横驰骤。印度的最古文献“吠陀”中歌颂马。印度大史诗《摩诃婆罗多》中的最大祭祀是“马祭”，由王族武士举行。中国史书称赞中亚大宛的名马。在台湾大学创建考古人类学系的李济教授说过，不仅有丝绸之路，还有彩陶之路。我想应该还有横贯亚洲的名副其实的上古“马路”。

驯服野马很不容易。马一旦为人所用便显示出威力。匈奴人、突厥人、蒙古人以及中亚许多古代民族无不凭藉马而辉煌一时。更古些时，在中国黄河流域，马的发挥作用是拉车，特别是战车。车上一个御者指挥马，一个射者弯弓搭箭远射，胜过手持兵器的任何步行人。至今秦始皇墓的大队兵马俑还在地下排列成仪仗队，显示两千多年前的无比威风。

马的特长在于其力度和速度。发现这一点不难。驯服野马为人所用就不容易。认识力度、速度以及效率的意义而加以推广，那就是文化思想的发展，不是任何人、民族、国家都可以轻易做到的了。把马作为交通工具也是发挥马的作用。但若只供贵族官僚摆架子显身份，不能广为平民百姓所用，那就是把马当作装饰品了。马不是文化。用马和识马是文化。认识马的意义是文化思想。闪电的迅速，古人早已见到。但直到富兰克林做实验才把天上的电引到地上，然后才为人所用。无线电、原子能，无不如此。可以用来加强人的能力，也可以用来杀害人，进行大破坏。关键在人。人的事才是文化。

科学只认识世界。无论发现什么定律都不能直接变动世界的一丝一毫。科学化为人的技术，才能改造世界。怎么改造？是加强还是破坏？技术也管不着。那是在于人。要在人的社会文化思想发展变化里找答复。不分别科学和技术，再把人做的事的责任和原因归咎于科学认识和技术发明，这是思想不清晰，会引起一些不能答复也不必答复的问题。科学、技术、文化、思想相通而又必须先分别。

“白马非马”不是我们的两千几百年前的老前辈就知道了吗？发挥了什么实际作用？庄子观察到了浮力现象。阿基米德也发现了浮力。两人的想法，或者说思维的线路，大不相同。船和航运的发展不是他们的功劳，那是技术。

不妨看看《论语》这部古书里的孔子怎么认识马和看待马的。

东周“春秋”正是马车的辉煌时代。《论语》里是用“千乘之国”表示富强的诸侯国家的。那就是有上千辆的车子。每车用四匹马驾驶，称为“驷”。“百乘之家”那就是次诸侯一等的大夫的属地，称为“家”，不称为国。至于“万乘之国”，那是到战国的《孟子》里才有。《老了》里出现过一次。“乘”，马车，战车，是富和强的标志，好比几十年前讲钢产量。《论语》中讲这些“乘”以及“大车”、“小车”、“兵车”、“御”车的不算，“司马牛”、“巫马期”是人名，也不算，此外提到“马”的有八处，试检查一下。

一、“今之孝者是谓能养。至于犬马，皆能有养。不敬，何以别乎?”

这是把马当作牲畜，和狗一样。

二、“陈文子有马十乘，弃而违之。”

这里说的是作为家产的马车。放弃了，自己出国。

三、“愿车马衣轻裘与朋友共。”

四、“乘肥马，衣轻裘。”

这都仍是作为用品，产业。

五、“孟之反不伐。奔而殿。将入门，策其马，曰：非敢后也，马不进也。”

这个故事，《左传》里有。《公羊传》、《穀梁传》里没有。打败了往回跑。跑在后面的叫作“殿”，即“断后”，保护本军，挡住追军，是立了一功。这位孟之反自己说不是立功，是马跑不快，打了马一鞭子。这一次齐鲁之战，孔子的学生冉求、樊迟都参加了。孔子称赞败将有道德，“不伐”，不夸耀自己，不吹牛。实际上，马是冤枉的。孟之反是说假话。这里的驾战车的马是作战工具。

六、“厩焚。子退朝。曰：伤人乎？不问马。”

这是别人记孔子言行的话。马棚起火烧了。孔子上朝回来，问人有没有受伤的，不问马。朱熹的注说，孔子不是不爱马，但更看重人，来不及问马。又说是：“贵人贱畜，理当如此。”这里还是把马当作家畜、家产看待。孔子上朝、退朝必定乘车，因为他说过，做官当大夫的“不可徒行”，自己不能徒步走路。看来他上朝、退朝的驾车的马不在马棚里，安然无恙。厩里不知还有几匹马。伤了，跑了，当然没有人重要。

七、“有马者借人乘之。”

这还是认马为家产，工具。“借人”是借给别人。

八、“齐景公有马千驷，死之日，民无德而称焉。”

这里的马仍是作为家产。“千驷”照说有四千匹马，就算是夸大，实际上也不会少。然而无德，所以无名可称。一九七二年山东临淄出土的殉马坑里有几百具排列整齐的马尸骨，据说就是齐景公墓，可见这里说的是事实。但这里有问题。有“千驷”就是“千乘之国”。马大批殉葬，战车谁拉，岂不要报废？齐景公死了，继承人怎么肯做这种伤损国力的事？值得注意的是，这里孔子讲的是“驷”，不是“乘”，可见这些马不是战马，大概是宠物。所以王爷一死，后人就不肯花费草料养只供观赏的废物了。

《论语》里孔子讲到马，没有一处注意到马本身，只把它当作一件东西，不提马的特点。这不是要求古人现代化，因为《论语》里还有一处提到马，观点就不一样。

“驷不及舌。”

马快也赶不上舌头动的快！就是说，讲的话比马还快。话讲出去就收不回来，不比马还可以停下回来。这里讲的是速度，讲到点子上了。不过这话不是孔子讲的，是他的学生善于言语的子贡讲的。子贡又善于“货殖”，也就是做生意。孔子还夸他“亿则屡中”。就是说，他不但注意市场信息，而且能够正确预测（亿，臆），还多半测得准（中）。《史记》里记载，子贡不但会做买卖，发财，而且是一位能言善辩的外交人才。他曾出国一次便影响五个诸侯国的兴亡，真了不起。子贡也是《论语》中注意到自然现象的一位贤人。

“子贡曰：……仲尼日月也，无得而逾焉。”

太阳、月亮是谁也跳跃不过去的。

“子贡曰：君子之过也，如日月之食焉。过也，人皆见之。更也，人皆仰之。”

他说：“君子”犯了错误好像是日食、月食。错的时候人人见到。改正的时候，人人钦仰。他注意到日食、月食的情况，观察自然现象，用来比喻人事。

孔子也说过“譬如北辰”。用天上的北极星比喻人事。他也说过快慢，时间长短。可见他不是不知道，只是不重视，思维方向在人间，在事物对人的用处，不在事物本身。这是技术观点。也可以说是价值观的问题，一切工具化。他说过“欲速则不达”。没指出不达不是速的问题而是速的方法问题。

特别值得注意的是，还有另一位孔子，和这不同。那是在《孟子》里。

“孔子曰：德之流行，速于置邮而传命。”

这是孟子引孔子的话，在《公孙丑》章中。这句话提到了信息（“传命”）、传播（“流行”）和设立驿站（“置邮”），像烽火台一样一站一站把信息传下去。这样传播信息很快，但是“德”（包括正面、反面，好的、坏的）传播起来比这“邮传”还要快。这真是非常现代化的思想了。这第二位孔子同发现风力、水力的庄子一样（见《逍遥游》）已经到了科学的边缘上了，可是连什么技术也没有发明，更不用说去发现什么自然界本身的定律了。实在是“不为也，非不能也”。

再举一个马的例，是《周易》的卦爻，更古。

易卦中以乾卦象天。天的象征是龙。六爻爻辞中多处说龙。又以坤卦象地，地的象征是什么？

“乾：元、亨、利、贞。”

“坤：元、亨、利、牝马之贞。”

原来地的象征是牝马。可是爻辞中没有说马。凭什么牝马即母马能配上地？决不是由于生殖。马一胎只生一个。猪一胎生得多，怎么豕不能配地？我看道理很明显。龙是天上空中最活动的假想生物，是天上活动力量的象征。地上最活动的真实的生物就是马。马成为地上最大活动力量的象征，所以马能配天上的龙。坤卦辞、爻辞说的都是地。方向是“西、南、东、北”。形象是“直、方、大”。这已经到了测量地的几何学的边缘上了。还有爻辞：

“龙战于野，其血玄黄。”

天上的龙怎么下到地上来打架了？和谁打架？龙和龙打必在天上，空中。在地上就和马打，比一比谁的力量更大。乾龙属阳。坤马属阴，因此必须说明地是牝马。龙、马都是力的表现和象征，后人便常说“龙马精神”。

《易》是变易即变化之学，所以将变化归于可知的数，用符号表示。这可能是从甲骨占卜延伸出来的，也可能是独立而相关的思想。这是中国科学思想（认识世界）的开始系统化。这里说的只是卦爻和卦辞、爻辞，不算“十翼”中的发展。那些解说又各有层次，不可混淆，需要先分别。解释乾卦的孔子不是《论语》中的第一位，也不是《孟子》中的第二位，而是《易》解中的第三位。一比较就可见其不同。

想当初，被人驯服了的野马开始大显威力，以类似飞鸟的速度和超过飞鸟的力度到处奔驰，真是所向无敌，如同杜甫说的马“所向无空阔，真堪托死生”。马很可能是在西亚、中亚、南亚的平原上驰骤，一直到东亚的黄河流域，在这片广阔大陆上踏出一条又一条“马路”。马出现不久就受到我们先人的赞叹，用来象征大地，配上天上夭矫的神龙。马的远胜过人的惊人速度正像火车、汽车初出现时以及无线电、电子计算机、电脑初发展时一样。然而现象人人见到，道理也人人能知道，化为人能操纵的技术时人人都乐于利用，至于深入钻研其中的规律，那就不是人人时时处处都可以做到的了。这种追求认识自然界的人无论何时何地都只是少数。欧几里得、阿基米德等人的学说在地中海边也几乎失传千年以上。阿基米德还是死于无知（只知他是敌人）的乱兵之手。

中国人的技术发明从古到今在世界上都是数一数二的。不是第一个发明者，也是第一流的仿造者，而且能使技术艺术化，仿真超过真。但科学和技术不是一回事。长于其一，不一定就长于其二。这不是能力问题而是使用能力的方向路线问题。这里并没有高低优劣之分，也不能说是有本末之别。正像科学院和工程院并列一样。我们很早就发明了罗盘。但是磁学是世界上到近代才有的。说孔子的思想不向科学发展，甚至也不重视技术，这一点决不是贬低孔子。何况书中记载的明明有不止一位孔子。

上古的人总是很熟悉男人女人的人的自身，而把自然界看成神秘，力求用占卜等方法去了解自然。到社会发展起来，人事复杂了，这才需要转眼到比自然界更加变化莫测的神秘的社会和人自己。社会结构简单时，人所了解的人自己主要是属于自然界的人的行为。社会复杂化了，以孔子为代表的一群思想家才转过来将社会的人而不是自然的男人女人置于自然界之上。这是思想上的一次大转变。

中国人在春秋时代完成了一种独特的思维线路（不只是方法）。可以明显察觉的一是线性思维，二是对偶思维。这都是从《易》卦爻延伸出来的，而对偶思维在孔子和老子那里更发挥得淋漓尽致。从这一点说，岂止几部书中的几个孔子本是一个，连老子和孔子在根本思想上也是一个。作为思想家他们是一类的而且可以说是一致的。这种线性和对偶的思维线路一直传到今天未断，仍旧可以在世界上独放光彩。然而有思想有能力是一回事，能发挥自己的能力是另一回事。这话说得太远了。我已写过一篇《春秋数学：线性思维》。如有可能，想再写一篇《论语数学：对偶思维》。只怕是眼和手已不听使唤，有心无力了。好在这是有心人一望而知的现象，有没有人写出文章倒是无关大体的。（《论语》的四百多章“子曰”中就有四十章完全是对偶体，加上平列的就更多了，还不算包括其他人的“语录”。）

一九九六年

《心经》现代一解

《心经》无疑是佛教经典中最广泛流传的一部，也在最难懂的古书之列。古往今来不知有多少人，中国人和外国人，出家人和在家人，信佛的人和不信佛的人，阅读、背诵、解说过这部经。原有八个汉译本，包括一部音译原文的（《大正藏》中此敦煌本讹误甚多），彼此没有很大差别。梵文原本也已发现并刊行。原文及音译原文本和译本，特别是玄奘译本，内容互相符合，可见各种传本的差别不是主要的。中国流行的，出家人作为早晚功课并用以超度亡灵的就是玄奘译本。我现在以此本为据，作现代直解，不参照引证古今人的纷纭解说，只是作为一解。这不是使古文现代化，而是想试一试现代人是否可以用现代思想和知识及语言理解这部古书。主要只说两点：一是释题及主旨，二是试解说“五蕴皆空”及修行。

先提出作为出发点的问题：这部经是答复什么问题的？这不是指原作意图而是寻找其核心思想，发现其功能和作用。

从经题就可以作出初步回答。

书名中心就是玄奘译的《般若波罗蜜多心经》。各译本只有繁简不同。若照署名鸠摩罗什译的经名则是《摩诃般若波罗蜜大明咒经》，可简称《般若神咒》（为减少校印麻烦，均不附列原文）。

文体很清楚，是一种咒语。经中自说“是大神咒”。咒语就是供记诵的扼要语言，以语言表达不能，或不完全能，用语言表达的意思，暗示有神秘特殊意义。换句话说就是以世俗的形式表达非世俗的内容。经内用的“咒”字不是一般用的“陀罗尼”，是印度人对《吠陀》神圣经典诗句的文体的名字（施护译作“明”即《吠陀》）。这种“咒”不是全不可解，而是不能解，不必解，不应当解，因为主要是给信奉者诵读以达到信仰和修行的目的，意在言外，寻言不能尽意。因此，“般若”不能译成“智慧”。这两词不但不相等，而且易生歧义。“波罗蜜多”不能照意义译成“到彼岸”。鸠摩罗什在译出《般若经》的讲义时，把书名译作《大智度论》。“大”是“摩诃”。“智度”就是“般若（智）波罗蜜多（度，到彼岸）”。译意不比译音容易懂，反而出歧义。

怎么说从题名就可以看出经所回答的问题？

题名“心”标明这是核心。原文不是心意之心，是心脏、核心、中心。这指出要说明的是，怎么由“般若”智慧能“波罗蜜多”到达彼岸，也就是得到度脱，超越苦海。

题名表示，这是讲宗教教理和修行法门的书。凡宗教都是以信仰为体，修行为用。哪怕是不打着宗教旗帜甚至口头反对宗教的另一类宗教的教会组织，往往也是出发于一种信仰而归结于行动纲领即修行法门。信仰的特点是不讲道理，不能讲道理，认为真理不需要逻辑证明，千言万语只是说明信仰。重要的不是理论而是实践行动即修行。般若智慧不论怎么说，说多，说少，说深，说浅，都离不开讲道理。坐禅修行就不能说话，讲不出道理。《大般若经》玄奘译本有六百卷。原文从八千颂本到两万五千颂本，还有更多的，语言重复繁琐。这样的般若智慧怎么又是修行法门？智慧怎么能代替修行？理论怎么能代替实践？凭信仰修行可以得到解脱。凭智慧怎么修行能得到超度到达彼岸？“波罗蜜多”到彼岸得度脱的修行法门共有六种：布施、持戒、忍辱、精进、禅定、智慧。前五种是修行，显而易见。智慧怎么修炼？用现代话说：理论怎么与实践相结合？理论怎么又是实践，能产生最大效果？信仰岂可凭理论？理论岂能等于实际？这就是问题。有的译本中有问答，问的就是“云何修行?”“云何修学?”也就是，“般若”（智慧）如何能“波罗蜜多”（到彼岸，度脱）？

《心经》正是这个问题的答案的核心，是“般若”，讲道理，又是“波罗蜜多”，度到彼岸，修行。

这答案可以说是很深奥，也可以说是很巧妙。道理难懂，又容易实行。

说了题目，看出问题，找出答案的方向，现在要读本文。玄奘译文照现代习惯分段标点如下：

般若（智慧）波罗蜜多（到彼岸）心（核心）经（咒）

序篇（总纲）

观自在菩萨行深般若波罗蜜多时，照见五蕴皆空，度一切若厄。

上　　篇

舍利子！色不异空，空不异色。色即是空，空即是色。受、想、行、识，亦复如是。（一）

舍利子！是诸法空相，不生，不灭，不垢，不净，不增，不减。（二）

是故空中无色，无受、想、行、识，无眼、耳、鼻、舌、身、意，无色、声、香、味、触、法，无眼界，乃至（即“中略”，六识、十二处、十八界不全列举）无意识界，无无明，亦无无明尽，乃至（即“中略”，十二缘生不全列举）无老死，亦无老死尽，无苦、集、灭、道（四谛），无智，亦无得，以无所得故。（三）

下　　篇

菩提萨埵依般若波罗蜜多故，心无挂碍，无挂碍故，无有恐怖，远离颠倒梦想，究竟涅槃。（一）

三世诸佛依般若波罗蜜多故，得阿耨多罗三藐三菩提。（二）

故知般若波罗蜜多是大神咒，是大明咒，是无上咒，是无

等等咒，能除一切苦，真实不虚（三）

终　篇

故说般若波罗蜜多咒，即说咒曰（怛只多）：

揭谛！揭谛！波罗揭谛！波罗僧揭谛！菩提！莎婆诃！

现在试作文本解说，重点说“五蕴”和“空”，其他从略，但有关文体的仍点出来。

《序篇》是总纲，笼括全文，与《终篇》结语遥遥相对。

“观自在菩萨。”这里的“菩萨”就是下文的“菩提萨埵”。此处是称呼，专指，所以用通行简化译名，五字合为一名。下文是泛指，不是称呼，所以音译完全，以示区别。玄奘译经字字有考究。

“行深般若波罗蜜多时。”原文没有“时”字，着重在“行”，是在进行中。有的译本就明说是修行。“六度”即“六波罗蜜”都要行，修行。单讲说“般若”，智慧，不是修行，是空谈。“行”有深有浅，由浅入深，“行”到“深”时才能“照见”。

“照见五蕴皆空。”这是修行“智慧到彼岸”的内容，是般若智慧的核心。什么是“五蕴”？什么是“空”？下文再说。

“度一切苦厄。”这是说“到彼岸”的内容。音译本原文无此句，那也无碍。有了便全面，见效果。

这三小句合成一大句总纲，提出一位菩萨的修行“智慧到彼岸”，也就是以修行智慧脱离苦海而得解脱。很明显，这是示范，是答复这样一个问题：凭智慧，讲理论，怎么又能是实践，是修行？怎么能有实际效用？有什么实际效益？是不是单纯讲理论？建立哲学体系？

《上篇》三段逐步说明什么是般若智慧，着重解说总纲的“照见五蕴皆空”。

“舍利子!”

舍利（女子名）的儿子。这是听经发问的修行者的名字。古代口传对话体经典，“如是我闻”，往往用叫对话者的名字让听者知道是另一段开头或重点。佛经中常见。至于舍利子即舍利弗，观自在即观世音，以及由此产生的问题，此处不必纠缠。

后文直到《终篇》和上文总纲一样都有过无数的解说。我在这里仅试依原文用词和我的理解提出两个问题试作回答，其他不论。《上篇》的问题是：什么是“蕴”？什么是“空”？和“般若”有什么关系？《下篇》的问题是：那不可说的不讲道理的语言怎么读解？

总纲之后全文第二段，即《上篇》第一段，讲的是色、受、想、行、识这“五蕴”和“空”的关系。

什么是“蕴”？这词旧译为“阴”，后来（由玄奘起？）改译为“蕴”，是佛家专用术语。它的常用义只是肩，部分，堆积。佛教徒用此词指包括人的心理在内的世间一切的类名。照佛陀的根本教义，“无我”，任何事物都不可能是单一的，都是集合体，可以分解的，所以用这个词作术语。译作蕴含的蕴很恰当。说“五蕴”等于说世间一切，精神物质都在内。

“色”原文指形，包括颜色等等，指形象，不是只指颜色或美色。一切可以感觉到的都必有形态，都称为“色”。任何外物，我们所能够接触而知道的只是种种形，也就是“色”。作为“五蕴”之一的术语，和下文的“色、声、香”等的“色”仅指视觉对象字同义异。

“受”原文字源出于认知，也是佛家专用术语，指一切感受，不仅是感觉，而且有感情。世间事物有形色为人所知。接触外物诸“色”的内心感受是“受”。译得恰当。有“色”就有“受”。有刺激就有反应，包括了认知的两方面。

“想”原文本义是符号，在晚期文法中是“名词”。作为佛家专用术语指由“色”和“受”而构成的观念。“色”是外来刺激，“受”是内心反应，“想”是关于对象的概念。一个人的身体行为种种活动都是“色”，形象。我们认识这个人，得到的和生出的反应是“受”。人不在眼前，心中的反应也消失了，但是对于这个人形成了一个概念。可以有名称，如张三，作为代表符号，也可以没有，只留下印象，或是想象，或是一个特征符号。旧译有时作“相”。《金刚经》所谓“破相”，破的就是这个“想”。鸠摩罗什译为“相”，可能为避开与“想”蕴混淆。玄奘改译为“想”，可能为避开与别的“相”字混淆。《金刚经》中原文是同一个字，指不是实物实感而由此形成的概念。“想”不实，所以是虚妄，但不是不存在。在那部经里不是指“蕴”。

“行”又是佛家专用术语。原文本义是加工制作，装饰。为婴儿成长举行仪式等等都是“行”。佛教用作术语指“色、受、想”都消失以后仍然存在的，潜于意识中仍然继续存在的，自己不觉得而存于记忆中的，仿佛是原有的而可能已有了加工的“色、受、想”。它是潜在的，所以仿佛不存在了，却仍然继续运行，随时可以出现，所以译作“行”，是意译，很恰当。佛教根本教义是“诸行无常”，用的就是这个“行”字，不过在那里不是指“蕴”。这实际是指暂时存在的外界的形“色”和内心的感“受”以及“色”“受”全消失以后仍旧潜在的“想”以至连“想”也消失了而仍在记忆心（潜意识）中潜在运行的“行”。“行”中包含着原有的“色、受、想”而又不是一回事，所以另算一“蕴”。

“识”原文只是认识的识，是常用字。作为术语则是从感觉得来的认识一直在潜在的不自觉的潜意识无所不包。“识”有种种说法，可以成为系统理论，但在“五蕴”中只是作为世界分类之一，指“色、受、想、行”为人觉知或不自觉时所依靠的一般意识（“意识”本来是佛教术语）。佛典中用“识”字原文不止一个字。所指意义有广狭层次，用一个字也不是处处用意相同，常有争论。

“五蕴”概括世间一切。

“五蕴皆空。”什么是“空”？是无所有，不是不存在。“空”是原有物失去了留下的空。这句话是从根本教义“诸行无常”来的，是一种阐释。没有永恒的事物，那就是一无所有了。全是“暂有还无”。然而作为佛教思想，理论，没有这么简单。

佛教和其他有宗教名义和无宗教名义的宗教相比有一个不同点，或说是特点，那就是，佛陀释迦牟尼的觉悟和说教不是从“天启”、“神谕”开始，而是从明白道理开始的。佛教的宇宙没有主宰，没有本体，根本教义是“无常”，没有永恒，一切皆变，生、老、病、死，成、住、坏、空，一直推论到“刹那生灭”，“念念灭”，一时一刻也不停地转动变化。超脱这个“无常”的是“涅槃”，寂灭。“涅槃”是佛家专用词，但耆那教也说“涅槃”，婆罗门后期经典《薄伽梵歌》（神歌）也说“梵涅槃”。但是从“无常”推到极端是佛教徒以外谁也不能接受的。佛教徒和佛典著作中也不是时时刻刻处处坚持的。以“涅槃”寂灭为目标的无主宰无本体的宗教大概世上只有佛教一家。佛陀创教时除宣传教理以外，主要是建立“僧伽”，即成立组织，制定戒律，即纪律，还定期集会检查。于是有了佛（领袖）、法（理论）、僧（组织）“三宅”。这种“无常”理论如何指导修行实践本来不发生问题。大发展以后，教徒集会口诵“如是我闻”的经典越来越多。戒律细节的派别分歧越来越大。有思想有知识的教徒从事理论研究，分析整个世界以及人生，剖析排比种种的“法”越来越繁越细，称为“阿毗达摩”（对法）。寺庙越多，教内教外的理论辩论的风气越发展。千年之内陆续出现了龙树——圣天（提婆）、无著——世亲、陈那——法称为首的一代又一代大法师，思想家，理论家，照欧洲说法就是哲学家，不仅是神学家。无数经典著作传进发展翻译和印刷的中国，有了大量的汉文、藏文等译本留下来，为其他古代宗教所不及。然而这样庞大繁杂高深而又互相争辩的理论对于一般信徒有什么意义？宗教是信仰——修行——解脱怎么和这种种理论相结合？由“无常”，没有永恒，发展到“无我”，没有本性或本质、本体，以“缘”作解说，不是已经指出“涅槃”寂灭的方向了吗？怎么还要无穷解说重复辩论？问题是如何修行成罗汉，成菩萨？还能不能成佛？或者是“往生佛国”？无论讲了多少道理，没有信仰和修行不成为宗教。理论和实践怎么结合？这问题必须答复。

《心经》也是回答这个问题，和《金刚经》是一类。不过我们还得先考察一下理论已经发展到了什么地方，还得说明“五蕴皆空”的“空”。

从“无常”推演很容易达到“刹那生灭”，“念念灭”。一切分析到最后成为“极微”或“邻虚”（这不是佛一家之言）。它们不停变动、生灭、集散成为种种宇宙形态（这才是佛一家之言）。这很像二十世纪初期物理学所达到的境界。物理学可以从原子、电子一路下去找寻基本粒子。哲学思想却不必如此，可以用数学式的语言符号以“极微”或“邻虚”为代表。佛教思想家开始就是这样做的，分析种种“法”和“缘”。他们的著作成为“阿毗达摩”（对法），是“三藏”经典之一的“论藏”，和“经藏”、“律藏”并列。一九三六年苏联史彻巴茨基教授出版两卷本《佛教逻辑》，译注法称的《正理一滴》并作了成系统的整整一卷解说。很明显，他企图将相对论、量子论的物理学和讲物理及数学的马赫、罗素等人的哲学以及佛教徒陈那、法称的思想贯串起来解说。他取得了很大的成功，但是在这样现代化的解说里他有意无意忽略了极重要的一条，即，佛教毕竟是宗教。陈那、法称的著作和龙树、圣天、无着、世亲的一样，仍然不离求解脱。他们不是为认识而认识世界和人。史彻巴茨基把这部分略去了，结果是他自己建立了一套哲学体系。这不能算是佛教哲学的本来体系。他用变动不停的时空点说明“量”和“识”，但不能说明“空”，以致对这三者的说明还不够充分。他讲的不是《心经》，只是“论”。他说了哲学，没说宗教。我们还得探讨。

“空”是直译原文词义，一点不错。这不是“虚空”，梵文中那是另一个词。“空”也不是“无”，那另有词。又不是徒劳无功，那也另有词。“空”的本义是去掉了“所有”即内容，“空空如也”。解说“空”，千言万语说不尽。可是“空”这个词在原文中另有一项专用意义，也许我们可以从这方面说明，更合常识也更现代化，也许更容易懂些。

印度古人有一项极大贡献常为人忽略。他们发明了记数法中的“零”。印度人的数字传给阿拉伯人，叫作“印度数码”，再传给欧洲人，称为阿拉伯数字。这个“零”的符号本来只是一个点，指明这里没有数，但有一个数位，后来才改为一个圈。这个“零”字的印度原文就是“空”字。“空”就是“零”。什么也没有，但确实存在，不可缺少。“零”表示一个去掉了内容的“空”位。古地中海文明中毕达哥拉斯学派说：一切皆数。数下都是零。古中国人说：万物生于有，有生于无。无就是零。他们的思想是通气的，都看到了这一点，但只有佛教徒发展了这种思想。“数”和“有”不停变化，即生即灭，都占有一个“零”位，“空”位。所以“空”不出现，但不断表示自己的存在。

“空”或“零”在原文中有两个词形。一个是形容词形，即“五蕴皆空”的“空”。一个是加了表示抽象词尾的。读音译本可知下文“色不异空”等的“空”的抽象词，即零位。这样读下文“色不异空，空不异色。色即是空，空即是色”等等也就比较容易明白了吧。

还有需要注意的是：就音译本读原文，“五蕴皆空”是“五蕴自性皆空”。其他译本也有这样译的。“自性”表示了“空”的抽象词义，与下文“空”的抽象词形义相符。“是诸法空相”的“相”不是《金刚经》鸠摩罗什译的“相”，那里的“相”是“想”，这里的“相”是另一个字。还有，“不异”等等照梵文习惯思路读原文和照汉文习惯思路读译文，虽准确相符而得来意味有所不同。这是语言文体特性，不必多说。（我在印度抄的刊行本原文于劫中失去，凭记忆不能核实，所以只引敦煌音译本。）

打一个比方：电视荧屏上不停闪现即生即灭的光点组合成一些活动图像。没有空的荧屏，便没有这些光点。光点灭便是“空”。光点生也因为有“空”。“空”不出现而存在。“空”和“有”可说是“不异，不一”，也就是“不生不灭”等等了。屏幕是零，由数码光点闪现而有，本身仍是空的。“有”和“空”都是“无常”理论的发展。

这样读下去，《上篇》三段就只剩术语问题了。其中的“缘生”是和“空”有关的佛教根本教义。这里没有说出解析“因缘”而知“自性”是“空”。

《下篇》答复“行”的问题。

第一段说菩萨。用全译“菩提萨埵”表示指一般菩萨，不是称号，前面已说过。“菩提”是觉悟。“萨埵”是生物，人。两字合成“有觉悟的人”。佛自称经历无数“劫”当菩萨，最后才成佛。“依”指的是“行”。菩萨的最后境界是“涅槃”。

第二段说“三世诸佛”。“三世”是过去、未来、现在。过去佛如阿弥陀佛，未来佛如弥勒佛，过去未来都有很多佛。现在佛只有一位是释迦牟尼佛。现在是释迦佛时代，一切教导从他来。佛出世为教化众生。他的“阿耨多罗三藐三菩提”即“无上正等正觉”也是“依般若波罗蜜多”法门。前文说“无得”，这里又说“得”，两者的原文不是一个字。这里的“得”是“证得”，“亲证”，不是得到。佛和菩萨的性质不同。佛的“般涅槃”只是“示寂”。

第三段确实这个法门“是大神咒，是火明咒”等等。这里的“咒”是“满怛罗”，不是“陀罗尼”，前面已说过了。

《终篇》是“咒”，仍是“满怛罗”。表面的字义是：“去了！去了！到那边去了！完完全全到那边去了！觉悟啊！娑婆诃！”最后一词是婆罗门诵《吠陀》经咒呼神献祭时用的祷词，无意义。佛教徒沿用这习惯语。

全篇中《序篇》总纲之后，《上篇》说“空”，讲理论，只是断语。《下篇》说“行”是“依”，没说怎么“行”，怎么“依”。《终篇》是咒语，又不能“望文生义”。如何由智慧而修行得解脱？还是没有说。也可以说是，能说出的都已说过了，说不出的，脱离语言的“行”，说出也只能是密码。语言密码破解出来仍旧是语言，仍旧是密码。修行只能口传，甚至是不能口传的。可传的只是形式，如持戒、参禅、念咒、结印、设坛之类。智慧修行更加不能用语言传授，最多只能用符号或象征暗示。宗教的出发点是信仰，归宿点是修行。不说修行不算全面。佛经末尾照例是说“信受奉行”。下面我对这不可说的“说”或者说智慧修行提一点浅见。

凡语言都可以说是符号，但语言符号有种种不同。古人、外国人的习惯思路和表达方式和我们现在的有同有不同。有的话今人不直说而古人直话直说。例如孔子说：“吾未见好德如好色者也。”今天谁这样说老实话？有的话今天直说，古人用曲说，例如庄子说：“寓言十九，卮言日出。”什么意思？另有符号语言是“行话”，非同行同时人不懂。例如说“形而上学猖獗”。形成上学从亚里士多德的书以来就是很难的学问，古今中外没有多少人能懂，怎么会“猖獗”？这是符号语言，不是谜语。说的话明白，懂的人懂，是同行，不用破译。不懂的，破译出来也还是不懂。还有的是将说不出来的用种种方式和符号语言表达出来。宗教、艺术、文学中很多这样的情况。宗教经典中有可说的部分是理论，也常用符号语言。还有不可说的部分是修行，更重要。“行”的是什么？怎么“行”？怎么传授和修炼这种“行”？更需要用符号语言暗示。现在能不能比古时说得稍微明白些？试试看。

各种宗教，有招牌的和没有招牌的，都有一部分不讲道理的理论和行为，被笼统称为神秘主义。这是全球性的。其中最发达而且文献最繁多的是雪山（喜马拉雅）南北的许多教派。在佛教名义下的传进了好翻译又善印刷的中国，在汉译和藏译的文献中保存得最多。有些梵文文献不用佛教名义称为“怛多罗”，也刊印出了一小部分。在印度，这类修行称为“苦行”或“瑜伽行”。这类文献和修行者多数被认为是秘密教派。“秘密”的含义是，这种修行只能是个人单独进行的，不能有求于外（名、利、权、欲等），也不可能为人所知。因此炫耀、宣扬、传播的都应当另属于江湖法术，不是宗教修行。那么，这种不可言说而又有符号语言作暗示的文献的修行究竟是怎么回事？

用二十世纪发展的新知识可以说，这些所谓神秘主义修行实际是一种试验，千方百计想打通并支配统一的显意识和隐意识。人类早就发现了自己除有理性和能用意志支配的意识以外还有一种自己不能控制的隐意识。佛教徒很注意这一方面，文献中时常论到。一百多年来由医生诊断病人发现的病态或变态心理其实也隐伏于常态之中，由此发展出以潜意识活动为对象的研究，有不少发展，而且立即影响了文学艺术，但还远未达到其他科学那样的明白确切程度，因为除了诊病治病以外无法做实验。其实全世界古往今来无数真正的修行者都做过这种试验。他们是正常人，但这种试验很危险，往往导致变态心理发作而“走火入魔”，实际是潜意识失去控制而与显意识混淆起来指导行为和语言。没有“入魔”而竟能达到一种境界的，旁人只见外表，本人也说不出来。这样的修行者总是孤独者。宗教脱离不了修行。全面研究宗教（不是教派）思想及行为的科学还是尚待发展而且很难发展。不过，对于人类的显意识加隐意识或潜意识，或者说第一意识和第二意识的研究发展到将来，可能对于人类从过去直到现在的许多无意识非理性的行为多少作出一点较为确切的解说。眼下对许多古文献还只能作对符号语言的试探译解，正如同对当前人类的许多莫名其妙的行为一样。

依我看，《心经》说“五蕴”等等之下都是“空”，凡数码之下都是零，“照见”了这个“空”，修行到了这个零位，从显意识通到了相交错的隐意识或潜意识而能全面自觉认识并支配统一双重意识的人就达到最高的心理境界而是另一个具备高超行为的“超人”了。“转识成智”了。

以上由解说《心经》而提出的说法不过是试作探索，不是“悟道”，也不是“野狐禅”吧。

一九九五年十一月——一九九六年一月

《存在与虚无》·《逻辑哲学论》·《心经》

听说近来青年热心读哲学书，尤其是现代欧洲的一些难懂的哲学书。与此相适应，不仅商务继续出版汉译世界学术名著，三联新出版大规模的现代西方哲学著作，其他出版社也重视这一方面。这种情况在我国历史上只出现过两次，结果并不一样。一次是从六朝到唐代，翻译了大量佛教典籍。许多宗教哲学的难懂著作如《入楞伽经》之类都一译再译，而且读的人很多，出发点不限于宗教信仰。第二次是在五四运动之后，有一段时期，罗素、杜威等外国学者来华讲演，青年们对外国哲学的兴趣同时增高。但是这次比不得上一次。很快哲学就被史学压下去。讲外国哲学主要是在大学讲堂上，讲的也是哲学史。大概从清初以来，中国的学术思想传统便是以史学为主导。《文史通义》的“六经皆史”思想一直贯串到五四运动以后，恐怕到今天也没完，连我的这篇小文也是一开头就想到历史。我国的第一部个人学术著作便是《春秋》，是从历史书起头的。我国的历史文献、文物和史学丰富而独特。哲学便不一样。从汉代开始，讲哲学便是读经。佛教传来了，还是读经。道教、伊斯兰教、基督教等莫不如此。好容易五四运动才打破了读儒家经的传统；可是这以后讲哲学仍然像是读经。本来哲学书难于钻研，背诵当然容易得多。

哲学难，读哲学书难，读外国哲学书的译本更难。“哲学”一词原是欧洲的，用来讲中国的，那就是用欧洲哲学的模式来找中国的同类精神产品，否则就不叫中国哲学了。究竟中国古代是不是和外国古代一样提出过同一哲学问题，作过同类探究，得过相同或不同的结论？这是哲学史的事。问题在于当代讲哲学，那就是全世界讲的都是源于欧洲近代（十七世纪以后）的哲学。所以现在无论是专家或一般人，一说哲学都不能不先想到欧洲哲学家。那些人中很多是在大学讲坛上教课的。当然，哲学并不都在大学里，例如萨特便不是教授而是作家。不过我们讲外国哲学仿佛总是离不开外国大学讲义。外国大学和中国的不大一样，讲义也很难懂。大概他们的入学考试和入学后的要求和我们的不同。大学有一道门限。这不是答题而是一种要求。教授讲课只讲门限以内的。如果门限以外的你还没走过，是“飞跃”进来的，那只好请你去补课了，否则你不懂是活该。想来在他们的大学里，会一点外国语不算什么，能看英法德文书是当然的事，好比中国人会说普通话又会上海话、广州话一样，没什么了不起。拉丁文和希腊文原是中学里要学的，是欧洲人的古文，好像我们在中学里（从前还在小学里）念一点古文，懂几句也很平常。如果外文、古文、哲学家、哲学书一点都不知道，那就是在门限以外，是“槛外人”了。大学教授不会迁就你去给你补课的，他仍讲他自己的一套。

不妨举个例。萨特不是教授，但他的书《存在与虚无》仍像黑格尔的讲义，是为“槛内人”写的。尽管是那么厚的一大本，仍然有许多话没有写进去。开头第一句是：“近代思想把存在物还原为一系列显露存在的显象。”接着说，其目的是要“用现象的一元论来代替”二元论。随后问：“这种尝试成功了吗?”这是全书的起点，但起跳以前的“助跑”都省略了。那是在“槛外”的，认为读者早该知道的；要不然，何必来看这本书呢？书的第一段是接着胡塞尔的现象学说的。现象也罢，显象也罢，这些哲学术语对于专业哲学家来说自然是非常重要的，但对一般人来说，更重要的是要知道他讲的是什么，为什么和怎么样提出问题的。他讲“存在”，这是接着海德格尔说的，那又在“槛外”了。他这段话其实很简单，并不难懂，没有什么深奥的道理，比《老子》的“道可道”差远了。但他是对“槛内人”讲的。我们读时又有两道障碍。一道是：现象学的提出正在物理学家马赫的哲学著作《感觉之分析》以后。马赫引出的哲学理论曾经有人打算引入马克思主义而遭到一巴掌打翻在地，以致我们只知道那是唯心论，至于那些人是怎么想的，我们就不大了了。马赫的问题是从康德的学说引起的。可惜马赫和康德的书虽然早已译出，而且王国维早就曾“四读康德之《批判》”(大概是日译本)，但他们想的是什么，一般人还不大清楚；这就不容易明白现象学的思想，也就不好读萨特的这本书了。另一道障碍是：为什么他们要忙于解决二元论的问题？究竟什么是二元论？是不是和一神教有关？不但我们长久习惯于用唯心、唯物两大阵营来分别一元、二元，不大管其他分法，而且我们中国向来就不以多少元为意。从古就习惯于说什么“一阴一阳之谓道”，什么“有理有气”，道配德，仁对义，总是作对联。“大一统”和太极图也是统一了对立的东西。这不是欧洲人思想中的一元和二元。我们和他们的历史、文化背景不同。我们同罗马帝国的人也许比同现代欧洲人通话还容易些。由于这两道障碍都在“槛外”，所以若没有一段“助跑”，那么我们和萨特就不在一条起跑线上，对于他以后说的话就会恍恍惚惚、似懂非懂，往往“断章取义”了。其实若到了“槛内”，他的话中意思本来是再明白不过的，只是词句有些别扭。那时便可以问“显象”、“现象”之类术语问题。否则会条理错乱而“走火入魔”的。

照我的粗浅看法，读哲学书的前提是和对方站在同一条起跑线上，先明白他提出的是什么问题，先得有什么预备动作或“助跑”，然后和他一同齐步前进，随时问答。这样便像和一个朋友聊天，仿佛进入柏拉图的书中和苏格拉底对话，其味无穷，有疙瘩也不在话下了。所以书的开头是读书时首先要仔细思索的，不是对最末的结论去“定性”。

不妨提另一本在哲学上说是和萨特的存在主义“分道扬镳”的书：维特根斯坦的《逻辑哲学论》。这本小册子比那本厚薄差远了，写法也大不相同。萨特的像是讲义，费很大的劲，用不少术语道具，绕一些弯子，才说出他的思路。这本小书却像欧几里得的《几何原本》，又像斯宾诺莎的《伦理学》，如同几何证题，列举定理。这种形式和内容（思维方式）是密切相关的，因此两本书的写法是不能对调的。这本小书只讲了七句话（定理），前六句附一些说明条条加以发挥。第一句是："1. 世界就是所发生的一切东西。"太简单了。看下面的四句解说的头尾："1.1. 世界是事实的总和而不是物的总和。"……"1.1.3. 在逻辑空间中的事实就是世界。"这就玄虚了。什么是"逻辑空间"？再看下去："1.2. 世界分解为事实。"这不就是第一句吗？为什么讲成两句？仔细推敲就会知道，这应当是两句话。先是"东西"，后化为"事实"。此后，由于种种原因越来越难懂。可以把符号逻辑或数理逻辑的列公式的专门部分暂时放过，"悬搁"（现象学术语）一下，看第三句的解说中的 3.6. 以后大讲逻辑的科学的哲学理论直到最后没有解说（不能有解说）的第七句。如果能这样看，那就可以回头理解作者在一九一八年写的《序》中的话。他说，这书不是教科书，也许只有思考过同一或类似问题的人才能理解。他自己概括全书说："凡是能够说的事情都能够说清楚，而凡是不能说的事情，就应当沉默。"头尾一看，照我们中国人的习惯想法，这正是一中有二：能说的（逻辑的、科学的）和不能说的。仍然是现象学和存在主义想极力逃出的二元论，还没有跳出康德的手掌心。这大约就是分析哲学和存在哲学的好像水火不相容的缘故吧？可是我们中国人未必那么觉得，所以不容易"进入"他们的"角色"。我们的习惯思想模式是太极图。又一又二。一定要说是一，一定明知是二。

问：起跑线在哪里？看来维特根斯坦写书仿佛比萨特容易，一句是一个公式，不那么费劲。可是读起来正好相反。跨过这本书的“槛”的明显要求是数学和逻辑。但是一般人为了能看下去并且多少“懂”一些他说的道理而不是学会它（学数理逻辑不靠这初期哲学书），那并不一定要求学过高等数学和高深的逻辑，而只要求具备起码的数学和逻辑的头脑。这说难很难，说容易也容易。有人不学数学演算也能有数学分析和逻辑推理的头脑。有人学了数学，会作工程设计，对于专业以外的事就完全忘掉科学分析和论证而用另一种习惯的思维方式了。“槛外”的另一关是明白本世纪初年以来欧洲人对于语言的再认识。这一点对于理解从欧洲散布开来的现代哲学思想非常重要。十九世纪的生物学和社会学（兼算经济学、政治学）在思想中所占地位到二十世纪已为物理学和关于语言的研究胜过了。这本书所要解决的正是从语言和逻辑方面来认识世界的问题。这也是在本世纪初的物理学（相对论）刺激下产生的问题。简单说，近代欧洲人的哲学问题一直是数学家笛卡儿和天文学家康德提出来的老问题，但是追究解答却一步深一步又广一步了。

读这些哲学书的困难，除了上述起跑线以外，还有如何读译本的问题。对专家说自然是读原文或非原文的外国文译本，但一般人还是读汉语译本。这里的困难非常之大，但也可以说是并不那么大，主要在于怎么理解对书的“理解”，也就是说，看你认为怎么才算“懂”。对这一问题，本世纪的诠释学和符号学都有贡献，现在不谈，谈谈我们的历史经验，当年我们的前人怎么读"懂"佛经的译本。

简单说，有两种"懂"：一是照原来的"懂"，二是我"懂"了，原来是这样的。前一种是老师教学生时要求的。学生能把书上的话或先生的话复述出来，尽管经过排列组合有所增减，仍是原来样子。这是答题，是"懂"了。这可以说是"忘我"之读。以原来的为主，我极力钻进去，照他的话了解，照他的话复述，我变成了他，"懂"了。（是不是真正能变成了他，可以不管。）后一种是照旧认为我化成了他，其实是把他化成了我。这就是用我的"原来"去"懂"他的"原来"，化出来的是他，又是我，还可以说不是他也不是我。这也是"懂"了。这时仿佛左右逢源大彻大悟。这两种"懂"并不是隔绝的，但推到极端的人会互相菲薄。我国人读古书、解古书自来便有这两种"懂"法。读佛经译本也是一样。外文变成汉文也就类似另一种古文了。古文本来也类似一种外文。为讲明白以上这点意思，举一部佛经为例。

《心经》的全名是《般若（读 bo—re）波罗蜜多心经》，通行唐僧玄奘的译本，还有别的译本，也发现了原文，是非常流行的一部经。只有两百多字，比起《逻辑哲学论》又短得无法比了。可是难懂程度却不相上下。不过我想在译出时，对当时人来说，未必比现在的人读《存在与虚无》或《逻辑哲学论》更难懂。什么是"般若"？是译音。什么是"逻辑"？不也是译音吗？那时的人熟悉"般若"恐怕不亚于现在的人熟悉"逻辑"。"般若"意译是"智慧"。

为什么要译音？“逻辑”不就是“论理学”吗？为什么要译音？当初严复译成“名学”，通行不起来；改为“论理学”，通行了。可是许多照“原来”去“懂”的人认为这还不符合“原来”这种学的本意，于是有人提议译音为“逻辑”，表示这是新的东西，不是研究“名”，也不是只讲“论理”。开头两译并用，不知为什么，这些年一直通行音译了。“般若”是佛教说的一种特殊“智慧”，有种种说法，因此“懂”得“原来”是怎么回事的人就译音，和“佛”不译“觉者”，“菩萨”不译“开士”或“觉有情”一样。新词通行起来，思想中也有了新的东西。是不是和“原来”一样呢？靠不住。我“原来”的思想中装进了你“原来”的东西，那就成为我的，由我处置了。这类新词变化中“禅”是最突出的。尽管是译音，印度字变成中国字以后完全中国化了。若印度人再想译回去，可不能再用原字了。什么“口头禅”、“野狐禅”，怎么能用印度原字译呢？那样，印度人也会莫名其妙了。译音本为的是保存“原来”，是要求第一种照原样的“懂”，结果是“不由人算”，化成了第二种“懂”。

音译会变化，意译也难长久保持原样。什么叫“存在”？是汉语的“有”，又是汉语的“是”，和这个欧洲字相等的汉语的词并不“存在”，因此只好用两个字拼成一个词。“存”是时间的，存留下去。“在”是空间的，在什么地方（所在）汉语的“存在”是不脱离时空的。在欧洲语中，“是”和“有”相合，而“所有”的“有”独立。印度语中根本没有独立的“所有”的“有”。汉语中，“有”就是“存在”，又是“所有”，而“是”有另外一个字。欧洲人从拉丁文“我在”（我思故我在）说起，说来说去，那个“在”或“存在”和汉语的“有”、“在”、“是”都不相等。所以“存在”一词乃是新词，和“般若”译成“智慧”一样。“存在”不是“在”，“智慧”也不是孔子说的“智”（知）。怎么才能“懂”得“原来”的？欧洲人自己也不好办。康德的“自在”、“自为”都得用德文。笛卡儿的那句名言只有用拉丁文。《逻辑哲学论》的原书名也是拉丁文。只要看萨特的这本书中附了多少德文字就可以知道他也没法不用“般若”之类。胡塞尔和当代的德里达讲哲学引用希腊字；连拉丁字都歧义太多，无法充当术语了。萨特编造新词也是着急得无法才这样做的。照《逻辑哲学论》的说法，他们都是对于“不能谈”的事情偏不肯沉默，硬要用语言去表达在逻辑思维和语言能力以外的东西（事），由此得到了这样的必然结果。这又回到佛教哲学。那就是“不可言说”、“不可思议”。不可说又不能不说，一定要说，怎么办呢？欧洲人（现代哲学家）、印度古人和中国古人各有种种巧妙办法，起许多名目。我们现在碰上了从这些不同方向来的不同辐射，怎么办？无数颜色像雨点一样洒下来，我们是在用什么画布承受？结果会是什么样的画？这也就是说，我们究竟怎么去“懂”？

还是可以参考前人的经验。他们当时争吵不休的正是不同的“懂”，也是不同画布上的不同画面。大家都争说那是复制“原来”的，其实谁也知道那不是等于“原来”的。倒是应当问：自己“原来”的是什么？首先要知道自己，因为我们无法脱离了自己的“原来”去“懂”人家的“原来”。

记得在四十年代中，第二次大战结束后不久，友人于道泉先生从巴黎寄给我一本法文小书《存在主义》。大概是萨特的《存在主义和人道主义》。我当时正在教印度哲学史，所以匆匆一看之下，觉得有些好像是佛教哲学中讲过的。那时我看罗素教授讲的哲学也觉得同法称菩萨讲的有相通之处。这就是我在自己的新涂抹的画底上加颜色的缘故。这是无法避免的，也是不必避免的。可以想象，在一千五百多年前的长安，当鸠摩罗什翻译并讲解“般若”时，若听的人僧肇、道生等思想中没有那时流行的对老庄的新解说，他们能听得进去吗？听进去了，不是“原来”的了，变成他们的了，又出来了。这不是鸠摩罗什的失败而是他的成功。他讲的也不全是从中亚贵霜王国时代发展起来的佛教哲学。他翻梵语为“华言”时已经通过“变压器”了。若不然，是传不过来的。招牌如旧而货物常新，从来如此。

若是这样了解“懂”，那又回到了前面说的起跑线问题。不过这样看来，不在一条起跑线上也未必不能“懂”，不过是“懂”其所“懂”而已。这在读原文和读译本是一样的。现在再从零开始。面对一本哲学书的译本，也不能先知道自己是不是和对方站在同一条线上；若不在一起，也不知道离开有多远。例如这三本书（都是译本），我们怎么读？译本是通过译者解说的，也就是说，我们看到的是经过译者的“原来”而得出来的作者的“原来”，还得依据我们自己的“原来”去“懂”他们。通过译者去“懂”作者，多了一层折射。既然完全照原样的正解，除有共同符号的数学之类书以外，几乎是不可能的，那么，我们只能力求达到，而不一定能达到，接近于“原来”的“懂”，也就不足为怪了。“懂”中有“误”（不符合作者的“原来”）也就不足为大害了。

撇开各人的文化思想起跑线不同，还要区分读书是不是为上课考试。若不是为人而是为己，只是自己要知道，那么就不必以复述原话为标准，可以自加解说。这样，我想提一点意见供参考。这不是兢兢业业唯恐原作者打手心的读法，是把他当作朋友共同谈论的读法，所以也不是以我为主的读法，更不是以对方为资料或为敌人的读法。这种谈论式的读法，和书对话，好比金圣叹评点《水浒》、《西厢》，是很有趣味的，只是不能应付考试。这样读书，会觉得萨特不愧为文学家，他的哲学书也像小说一样。另两本书像是悬崖峭壁了，但若用这种读法，边看边问边谈论，不诛求字句像审问犯人，那也会觉得不亚于看小说。这三本深奥的书若这样读起来，我以为，一旦“进入角色”，和作者、译者同步走，尽管路途坎坷，仍会发现其中隐隐有福尔摩斯在侦查什么。要求剖解什么疑难案件，猜谜，辩论，宣判。下面略说一点为例。

例如《存在与虚无》。一看题目就得问：是不是“有和无”或则“肯定和否定”？不会是这样。那么这桩案件寻找的是两个未知数。为免除扰乱而简化一下，算是 x 和 y 吧。开头一段是出发点，也就是起跑线，提出问题，好比案件的现场。要追查的是 x，“存在物”可算 x_1 吧。若我们不知道胡塞尔现象学等等，那就只看这本书怎么说。他说的是：康德把外和内分开，胡塞尔又把两者合一，说外就是内。仍用符号：一个说，A_1后面藏个A_2，那才是x。另一个说，A就是A，没有必要分成两个，A_1就是A_2。于是萨特问：这样就是一而不是二了吗？这个A能是x吗？只是x_1吧？A_1是变化的有限得多的现象，A_2是不变的永恒的一的本身。若说A_1，就是A_2，所以成为只有A，那能说A是x吗？这和说A_2是x一样，不过换成A_1是x罢了。问题照旧，还出了新问题。说A只是显现出来的东西，那必定还有个不断变化的无限数量的观察者（反思）见到“显现”（这里明显有相对论思想影响），仍然还原不到一个A，也就是不能等于一个单一的（抽象的）x。数学符号没有人文符号容易懂。比方说x指“人”（照我们习惯总要说是“人性”、“仁”之类才行）。一个人说：张三显现出来的衣冠楚楚相貌和张三自身并不一样，我们不能透过衣服见其裸体，更不可能见其内脏和内心（不算“特异功能”），所以有两个张三，一个是常变的有衣服皮肤包着的，一个是不变的本身。另一人说：我们所知道的张三就是显现出来的张三，剥光了，解剖了，还是显现出来的张三，何必假定有个见不到的张三呢？第三人说：张三不论是一是二，总是说有这么一个人。“人”是什么？张三是人，李四就不是人吗？张三怎么能也算李四呢？而且既有显现，必有照见，不然怎么知道显现呢？照见者还要有照见者，成为无限了。而且，一个主，一个客，怎么统一成为一个“人”呢？因此我们要从此前进考察“人”（x）是什么。接下去，避开了x_1，（客）和x_2（主）又碰上了X和-x。这个-x是不是y呢？这又怎么“-”得起来？这就是用哲学语言符号说的“存在”和“虚无”。在我们中国普通人看来，这一大厚本书无非是跟这两名或一名罪犯捉迷藏。终极目的是要问出“我”这个“人”是谁？办案的人感兴趣，不懂案情的人觉得索然无味。

《逻辑哲学论》还是这样一套。“逻辑”算 x，“哲学”算 y 吧，x+y 是作者对世界的看法。x 是语言世界，但这是理想语言，也就是逻辑，所以只能用数学符号表达。这是我们所要“谈”也能够“谈”的。y 是“哲学”，那是逻辑（语言）以外的，或者说是非理想语言非逻辑的模糊语言所“谈”的。既不能用理想语言的数学符号表达，那就应当“沉默”。这比萨特那本书麻烦，不能再用数学符号，也不能用文学符号。但仍不妨试试用作者所否定了的模糊语言来谈论他的精确语言。结果会发现，书中除了数理逻辑推演那一部分，说哲学语言混淆的他自己也用的是同样的模糊语言。在他，这当然是一贯了。在我们，这就有理由也用普通语言来谈论。萨特一路追罪犯，这本书说已经抓到了。怎么抓的？开头两句话：“1.1. 世界是事实的总和，而不是物的总和。”“2. 那发生的东西，即事实，就是原子事实的存在。”好，说的还是“存在”，是不是萨特追查的那个 x 呢？先不管它，重要的是“事实”和“原子事实”。后一个词，译者说了，是受英译影响的通行译法。这很不幸，因为“事实”和“事态”不能混为一谈，也不必加个“原子”。这且不论，我想提一个意见，一般人读这书可用另一种读法。数理逻辑部分不能用别的读法，若不学就可以不管，无妨读其中举不胜举的警句或思想火花。这种读法在专家是不能容忍的；但在普通人，若不这样读而当作课本去啃，那就失去了可摘下的珠玉，只望光辉而叹气，太可惜了。我提的还是文学的读法，并不亵渎这本庄严的书。例如6.51中说："疑问只存在于有问题的地方；只有在有解答的地方才有问题，而这只有在有某种可以说的事情的地方才有。"他没有用数学语言，所以是模糊语言，也就可以当作文学语言来欣赏和思考，不限于本身所含的严格哲学意义了。不能说，还能问吗？

现在说说《心经》。这是供背诵的"经"。两百多字中还有一半是咒语和赞颂，前半译文也等于用汉字写外文，用的文字仿佛数学符号，单凭本身是无法读"懂"的，不论怎么"懂"都得讲解。不过我认为也可以谈论，只是先要多少明白两个词：一是"般若"，前面说过了；一是"空"。其他的音译和意译的词在任何注本中都有种种解释，这两个词却不能依靠注。全文中并没有"般若"而这"经"称为"般若（智慧）波罗蜜多（到彼岸）"的"心"（中心、核心），为什么？因为全篇讲的只是"空"，"智慧"就在这里，是全部讲"般若"的"经"的"心"。第一句说："观自在（观世音）菩萨……照见五蕴皆空。"以下是著名的"色不异空，空不异色；色即是空，空即是色。受、想、行、识亦复如是。" "五蕴"是"色、受、想、行、识"，所以这是解说第一句的。世界一切归纳为五类，各各都是"空"。这"空"可算x。一切是x。有趣的是原文的"空"恰好是个数学符号的名称，就是"零"。零位记数是印度人对世界的一大贡献，经过阿拉伯人流传世界。这个"零"就是"空"字，是零位，是"虚"，但不是"无"。《逻辑哲学论》说"事实”、“事态”，说的是有头有尾的“事”而不是单一可名的“物”。“空”或“零”正是从这有生有灭有聚有散的状态的究极来说的。什么不是从“零”开始又归结到“零”呢？物可分解，事有生灭，心不常住，所以都是“空”。“空”不可见，见的是“有”（存在物），所以“色（形相）不异空……空即是色”了。《心经》说，凭这“般若”，可以“心无挂碍。无挂碍故，无有恐怖。远离颠倒梦想。”这是不是萨特憧憬的自由呢？《存在与虚无》议论了那么多，其中有多少问题是印度古人曾经试图解答的啊。“存在”，连同“虚无”，以及那“不能谈的事情”，无非是“空”或“零”（零位，不是仅仅“无”），是那个点（原来的符号），或圈（现在的符号）。这样，三本书的问题都是追查 x，都可以归结为指示宇宙人生的一堆符号和符号关系。这些符号又是脱离不了形形色色的语言的（除去那可用数学符号表示的一部分）。汉语中没有同人家一样表示“存在”的字，如拉丁语的 esse，梵语的 asti，英语的“to be or not to be”（哈姆莱特）；他们又缺汉语的阴、阳。彼此追查的 x 不同。所以印度哲学还可以和欧洲的通气，而中国的则很难。“语言”不通嘛。我们无法摆脱语言枷锁。用汉语思想的人不容易抓住那个超时空的“存在”或“空”。这又用得着维特根斯坦的妙论了，但不限于他所指的逻辑语言。

那么，试问，我们的文化思想中突出而不逊于别人的是什么呢？前面提到了史学，在思想上，我想是中国式的美学或艺术哲学。我们本来是艺术的国家。汉族的文化传统是艺术的。“学”起于“六艺”（礼、乐、射、御、书、数）。“艺”中有术、有技、有哲学思想，从彩陶和龟甲文字就开始了。有文艺又有武艺。哲学书的文章好。史书是文学作品。打仗是高深艺术。皇帝作诗画画。我们的习惯思维方式是艺术的，不是数学的；是史学的，不是哲学的。二十多年前不是兴起过一场美学辩论吗？近来不是又兴起了对美学研究的热心吗？偏爱在此。我们喜欢用“艺术”的眼光看世界。我们的文化思想的特色和研究突破口恐怕不在欧洲式的哲学而在中国式的艺术观。若现在忽略了、错过了，将来恐怕就难以挽回了。历史是可以重复的，但是不能倒转的。

一九八八年

再阅《楞伽》

印度佛典，真是久违了。想当年在印度鹿野苑一间小书库里匆忙翻阅堆在屋角积满灰尘的《碛砂藏》、《频伽藏》（中国佛教徒所赠），整整五十年了。现在想起来是由于有青年来对我谈佛典，随后才从劫余残书中找出这《藏要》本《楞伽阿跋多罗宝经》（《入楞伽经》）。这是吕秋逸（澂）居士校刊的。由此又想起五十年代末期和吕先生的会面，感觉到好像还有债没有还。于是翻开书来看。哪知一读之下不禁如经中所说："譬如巨海浪，斯由猛风起，洪波鼓冥壑，无有断绝时。"五十年前后两次翻阅（说不上读）大不一样。到底这五十年不是白活过来的。看来不啰嗦几句，就会心潮澎湃不得平息了。

《楞伽经》地位很高，名声很大（金庸小说中一再提到），但是远不如《心经》、《金刚经》、《法华经》读的人多。格式和其他佛经一样，可是没有神话和诵经写经功德等颂赞成分（同是讲哲理的《解深密经》、《维摩诘经》中还有这类宣传成分）。全文讲道理，这是一个特点。

《楞伽经》开篇不久就讲："云何不食肉？云何制（制定）断肉？食肉诸种类，何因故食肉?"经末另有专章详说"断食肉"。不仅肉不能吃，葱、韭、蒜等（所谓小五荤）都不能吃。这是信佛吃素的人的最高依据，是靠乞食化缘为生食"三净肉"的比丘很难做到的。这是又一特点。

经中开篇后便像百科全书列目，又讲了许多深奥道理，可是在长篇大论末尾忽然说："所说诸法为令愚夫发欢喜故，非实圣智在于言说。是故当依于义，莫著言说。"说了半天等于没说，原来是要脱离语言而修行"亲证"的。所以这经是中国禅宗的圣经宝典。传说禅宗初祖菩提达摩将此经授予二祖慧可，作为基本读物，以致有过一些"楞伽师"。

经中开篇就提到，而且后文大发挥，"五法、三自性、八识、二无我"。这是中国法相宗讲"唯识"的基本理论。后文还再三讲出和世亲的《唯识三十颂》中共同的话。《楞伽》是法相宗经典。

以上是任何人一翻开此经就可以看得出来的。可是不免会产生疑问。首先是一个幼稚问题：这到底是一部什么书？不妨由此谈起。

一切宗教，不论名义，都以信仰为主，但又都要多少讲一些道理（理论）。佛教徒特别喜欢讲道理，越讲越多，几乎喧宾夺主。宗教经典中讲道理多了，难免会杂进一点非宗教的成分。佛教徒重视讲道理和传经著论，其中的非宗教甚至反宗教（与信仰矛盾）的成分之多恐怕其他宗教都比不上。这是从最初佛讲道时就开始了的。《楞伽》几乎不宣传信仰崇拜而只讲道理，是突出的一部。

“佛”字的本意是觉悟了的人。“菩萨”的字义是有觉悟的人。“阿罗汉（罗汉）”的字义是应当受尊敬的人。佛教一切宗派都承认的基础是“三宝”（三皈依）即“佛、法、僧”。佛是创教者。法是教理即理论，原始意义就是规律。僧是信教的群众组织。三字除“法”（达摩）外都是译音。信“佛法”（佛所说的道理）的人要有“三学”，即“戒、定、慧”。戒是自觉遵守纪律。定是禅定即修炼、修行、修养。慧是智慧，即懂得道理。还有三个基本口号叫作“三法印”。一是“诸行无常”，一切没有永恒。二是“诸法无我”，一切没有不变的本性。三是“涅槃寂静”，和前两条相反，就是寂灭。“涅槃”是译音，本义是吹熄灭了。灭了，那还有什么永恒，有什么本性呢？还有“四谛”、“十二因缘（缘生）”，说明一切皆苦和苦的总的根本的原因及灭苦的道路。所谓“大乘”的理论比这些大有发展，讲“空”，讲“有”，讲“识”等等，但仍旧是从这个中心基本点出发的。《摄大乘论》还要列举十条证明“大乘真是佛语”，可见是发展了的理论。中国说的“小乘”，本名是“声闻乘”，指坚持口口相传听来的传统的保守派。在从简单到复杂的“佛法”的无数大小道理中没有神，首重智慧觉悟，由此生信仰。禁酒肉的一个原因是避免受刺激而迷惑，要求清醒，不提倡闭着眼睛不理解也执行。至于“轮回”、“报应”等等说法，那是古印度的一般思想，不是佛教特有的，佛教只对此做出自己的解说。照这样，若只讲道理，佛教就不大像宗教了。道理和信仰之间免不了矛盾，更需要再多讲道理以解决矛盾，越讲越多。

佛教毕竟是宗教。一切宗教都要求信仰、崇拜。佛、法、僧“三宝”完成以后，要求“皈依”，佛就成为神了。开始只拜象征性的塔。后来成为“象教”，雕塑偶像了。罗汉、菩萨都成为神。佛有过去、未来、现在“三世诸佛”。讲说佛法的释迦牟尼是现在佛，是无数佛中的一位。佛有了佛土，如阿弥陀佛有个“极乐世界”，“净土”。印度本有的大大小小的神进了佛教。印度教大神罗摩的敌人罗刹王罗婆那请佛入楞伽（斯里兰卡的兰卡）讲出这部《入楞伽经》。修行的“法门”也越来越多，一直到雪山南北都有的“秘密仪轨”。经典当然也是越来越多。公元前三世纪阿育王所刻石柱诏书只推荐七部经，和现存的不相符合，可见在他以后才有大批经出现。这证明教内有各种不同思想互相争论，相持不下，都说是依据佛语。这和依戒律即组织纪律分的“部派”并不一致。理论归理论。组织归组织。内部有对立，外部有渗透。中国的孟子说：“予岂好辩哉？予不得已也。”古印度人，尤其是佛教徒，特爱争辩。各说各的道理，互相批评，往往很激烈，在印度古籍中，这是一个特点，不限于佛教。无论文法、修辞、逻辑、哲学、宗教书都包含对话，或明或暗指责不同意见。多数书不像亡佚又经后人整理的古希腊典籍，如柏拉图的对话集和亚里士多德的讲义那样有条理。中国的经过汉朝人写定的经书、子书有点类似印度的，但不那么好辩。这种辩论传统在印度保留得很久，特别是在佛教徒中。玄奘到印度时据说还参加过辩论会。至今青海西藏的寺庙中据说还有“毕业答辩”。那可不像一般大学中的那么“温良恭俭让”，也不是只许一方讲话的批判。那是要互相争辩的，至少在形式上。佛典中充满这类话，或明指，或暗示，驳斥异见。

佛教理论的复杂化和大发展的一个原因在于内部的非宗教道理和宗教信仰的矛盾。宗教是以信仰和崇拜为思想主体的。对至高无上者的崇拜，对美妙未来预言的信仰，对不拜不信的苦难后果的恐惧和对又拜又信而得福的向往，这些构成宗教的思想和行为的心理依据。以讲道理为主，不论怎么讲都不是信仰和崇拜所必需的，而且是往往会产生矛盾冲突的。所以佛典中注重信仰并传教的比较容易懂。其中也有讲道理的台词和潜台词，但可以忽略过去。在讲道理的书中，不明白台词和潜台词就不容易懂，还会越看越糊涂。加上古印度人的习惯思路和文体又有特点，和中国的以及欧洲的很不一样，所以印度古籍不好懂，不易作“今解”，不仅是佛典。其实作者和当时读者是自以为明白的。说到这里，话要扯得远些。

古代有一个时期（大约公元前五六世纪，中国的春秋战国时代），世界上有三个地区的一些人不约而同对自然界和社会和人本身开始进行提问题探讨。地中海沿岸的探讨起于古希腊的欧、亚城邦，后来（公元前后）发展于北非的亚历山大城，再以后又到西亚的君士坦丁堡（伊斯坦布尔），然后由阿拉伯人伊本·卢西德（阿维罗伊，十二世纪，但丁《神曲·地狱篇》中有他，称为大注释家）等经西班牙再入西欧。希腊的亚里士多德化装阿拉伯文由伊斯兰教徒带到欧洲，再化装拉丁文到基督教最古老的巴黎大学“讲课”。于是引起了对古希腊的向往，从间接通过阿拉伯文到直接搜罗整理希腊古籍，这才出现了文化思想繁荣，被认为希腊文明的“复兴”，即“文艺复兴”。希腊文化思想费时两千年绕地中海兜了一个经过三大洲的大圈子，许多早期学说辩论都佚失了。印度及中亚的探讨起于雪山（喜马拉雅）以南的印度河、恒河流域。（释迦牟尼出生于现在的尼泊尔边境。）中国的探讨在黄河流域到长江和淮河流域。在这个时期，习惯性的传统思想对这种新问题的探讨还不能成为严重障碍。尽管处死了苏格拉底，但杀死不了思想。各种思想自由发挥，谁也说服不了谁，谁也压制不了谁，不能定于一尊。可惜的是当时各处都以口传为主，写定文献在后而且没有直接传下来。到后来思想饱和，有的衰减，有的僵化，这种自由探讨终于定于一尊而断。地中海的断于基督教。北印度的最后断于伊斯兰教。中国的断于秦始皇、汉武帝。几乎所有早期文献都是经过“一尊”时期整理写定的，不仅是中国。

依我看，汉译印度佛典难读处主要不在于术语多、语法文体外国式，障碍在于不明内容背景和思路，又由于中国人发展了佛教理论而有所误会，还因为觉得和欧洲近代思想体系差别太大。其实若追本溯源，大略知道一点早期世界上三处探讨情况及文献演变，再从思想内部矛盾问题入手，就可见印、欧、中三方思想路数的异而又见其同。对佛教、佛学若从常识入手而不想凭空一跃直达顶峰，也许就不算太难了。另一方面值得注意的是，依文献（语言文字）

分，讲佛学可有三支派：印度文佛学，藏文佛学，汉文佛学。单据经、律、论本身讲，兼顾原文译文，是印度文佛学。讲藏文或汉文的用语就有不同，有译有著。讲解可分古语讲解和现代语讲解。用现代哲学框架及术语及思路的是现代语佛学，不论用什么语，来源都是近代欧洲语言。

现在再谈《楞伽经》，只就文本说。我以为，第一要问这是一部什么书？第二要问书中思路和我们所熟悉的有什么不同？总之是要探索这文本（包括说者、写定者、听者、读者、传授者）用当时当地语言符号表达语言所不能完全表达的意思，多少作一点现代语解译。

《楞伽经》是一部未经整理完成的书。（玄奘未译此经。）是"经"（丛书），不是"论"（专著），这是从不同译本和原文传本可以看出来的。不是对教外宣传的传教书，这也是显然的。那么这书为何而出？或则问：佛以何因缘而说此经？我看是为解决内部思想疑难和纠纷，要解决哲学思想和宗教思想的矛盾，是内部读物，是一种"教理问答"，而且是高层次的。因此不具备一定程序的"槛外人"就难以入门了。

我当然不想，也不能，写《楞伽经》讲义。手头既无原文的新旧校刊本，又没有古代注疏及近来中外诸贤论著，只是面对一种文本。不过谈到这里，不能不说几句文本，只说开头吧。

经（刘宋时译本）一开头照既定格式，"如是我闻"，佛同比丘及菩萨到了南海楞伽。在描述菩萨中提到"五法、自性、识、二种无我”。这仿佛是“主题词”，主要范畴。接下来的一些诗句不是提纲而是引子，是前提，是后文不再说而必须先知道的。例如：“一切无涅槃，无有涅槃佛，无有佛涅槃，远离觉、所觉。若有，若无有，是二悉俱离。”这明显摆出了龙树《中论》的“空”的理论。所以《楞伽》既是说“有”，也是说“空”。若非已知佛教哲学思想的根本问题及其发展变化，就会如入五里雾中以为是诡辩。所以要“搁置”，存入括号，如现象学者所说。这里的上首菩萨不是《解深密经》后三品中的慈氏（弥勒）、观自在（观世音）、文殊师利（文殊）三大名流，所以破例而“自报家门”：“我名为大慧，通达于大乘，今以百八义，仰咨尊中上。”从此以下便是大慧和佛的对话。

第一次对话是大慧提出百八问，佛答以百八句（不是句子，是词）。这好像是教理问答目录，却又不是。这里有许多障碍。首先是文字的。例如佛在说百八句之前说：“此上百八句，如诸佛所说。”这个“上”字指的是下文。因为读的是一叠贝叶经，读过了一张就翻下去，未读的现上来，所以下去的是上文，上来的是下文。又如，说一百零八，用的是习惯的大数，不一定像梁山泊好汉那样一个不多一个不少。如我未记错，清朝汪中的《释三九》指出中国古时说三指小数，说九指大数，不一定是准确数目。印度古时也一样，说的往往不是确数。还有，这些问和句不是一一相对，一问一答。列举出来不是为的下文要说，而是为的下文不再说了。这种思路，我们不习惯，所以容易挡住。若作为内部高级理论读物就可以明白。列举的都是一般应当先知道的常识，仅是举例。以后说的将是更高更深更难的理论问题，因此要先说出预备条件。好比学数学先要知道数字符号及加减乘除。现在要讲的是微积分，不能不先提醒一下有初等数学。若不要建基础和房屋，只要盖琉璃瓦大屋顶，那是空中楼阁。这里问的实际上是：读者知道不知道这些常识？其中有浅的，如："云何为林树？云何为蔓草？云何象马鹿？云何而捕取？"也有很深的，如："解脱至何所？谁缚？谁解脱？""何故说断、常，及与我、无我？"诗句中佛的回答也是这样。如果其中没有错简（这在贝叶中容易出现），佛说的也还有一些是问。因为印度古书同中国及其他处古书一样没有现代标点，所以引号应当打在哪里，只有看内容。早期书口传，有些成句表示段落，如"如是应学"，结束一段。长行散文以后又重复作成诗句以便背诵。"欲重宣此义而说偈言。"再有，所谓"句"，不是句子，这里提出的是一对对范畴。如："不生句、生句，常句、无常句，相句、无相句"，"弟子句、非弟子句，师句、非师句，种姓句、非种姓句"，一直到"比丘句、非比丘句，处句、非处句，字句、非字句。大慧！是（这）百八句，先佛（过去佛）所说，汝及诸菩萨摩诃萨（大人）应当修学"。再有一个问题是，这些问和句是怎么排列的？看来乱七八糟毫无逻辑次序可言。这又是古印度人常有的思路。一是本无次序可言，而且所说的是对方应当早知道的，以后不说了，只是举例。没有排列的必要。二是指出应当处处见问题，要像孔子"入太庙，每事问。"三是要知道一切皆有矛盾对立面，说一就得有二。讲问题，讲道理，必须首先知道对立矛盾。这也是先决条件，因为以后说的道理全是为了解决矛盾的。要说的是比龙树讲“空”的否定（不生亦不灭）更进一步的否定之否定。从开头的“有”（“一切有”是一派理论）到中间的“空”否定，现在又要说“有”（存在）是超乎“空”（不存在）的“识”（一切现象本源），是最后境界，理论核心。若不知空、有、断、常，不知“二边”，如何脱离“二边”得“中道”？不知路的两边，怎么知道哪儿是正中间？不从头一“地”一“地”修学，大跃进到“唯识”，是不行的。因为已讲了先决条件，所以接下去本文第一问答便是直指本体系核心：“诸识有几种生、住、灭？”（此问妙极，有很多潜台词。）问答下去，从信佛的内部疑难到不信佛的外道质问。最后在《断食肉品》之前说：“三乘亦非乘，如来不磨灭。”哲学归结到宗教，二合一。但缺了修行仍不成为宗教，正如缺了演算不成为数学。受戒吃素，修行开始。佛教讲道理，讲悖论，讲分析，又讲一切矛盾对立成为统一（不是一致），由此归结入宗教信仰，然后由信而修，由修而觉，即解脱。讲“空”（法性——万物本性）的龙树在《中论·归敬颂》中说：“我稽首礼佛，诸说中第一。”讲“有”（法相——万物现象）的世亲在《俱舍论·归敬颂》中说：“顶礼如是如理师。”两位菩萨称颂的都是道理而不是神。由道理到说道理的人，这和由神到神谕是不一样的。

以上谈的是读进去，会被笑为经中所说的“如愚见指月，观指不观月”。可是若不观指又如何找到见月的方向呢？也许找到的是水中月影呢？不过现代人比这些文献到底多过了一两千年，这也不是白活过来的，所以进得去还能出得来。现在苏伊士运河已挖通，地中海水，雪山下流入印度洋的水，黄河长江水，已经直接汇合，而且巴拿马运河也已挖通，太平洋、大西洋的水在另一头也合流了。尝一滴水即可知海水是咸的，因为尝过河水知道是淡的，又尝过井水知道是有咸有淡有甜有苦。于是水分解了，又汇合了。水味有种种不同，但都是水。到底我们不是一两千年以前的人了。可是古时的思想问题都解决了吗？没有一点遗留了吗？只怕是不那么容易“彻底决裂”吧？有一种说法，先以为没有绝对真理，后以为绝对真理已经发现，先后都认为哲学只剩下哲学史了。真是这样吗？唯我独尊。这是哲学还是宗教？是不是“空”、“有”之争换了语言符号还在继续呢？

写到这里，五十年前所作诗句又上心头：

逝者已前灭，生者不可留。
如何还相续，寂寞历千秋。

一九九四年

辑 二

从符号看到信息，从有文看到无文，从文化中考察民俗心态，这也是对文化继续试探作一点解说。

过去考察依据的是有文的文化的居多，加上一些考古所得的实物，不大重视无文的文化、大多数人的文化，或者说民俗心态。

无文的文化

南朝梁代昭明太子萧统主编的《文选》是中国最早一部文学作品选集。隋唐以后读的人越来越少了。现在的人大概以为这书注重文学形式，是骈俪的文和雕琢的诗的合集，思想不高，语言太难，更加不去读了。问题是：这样一部很“文”的书里有没有无“文”的文化？

不识字人的文化和识字人的文化是不能截然分开的。文化的记录是文字的，但所记的文化是无文字的。文字的文化发展自己的文学。无文字的文化也发展自己的文学。有文字的仍然在无文字的包围中。试从这里窥探一下。

很文的《文选》不收汉代王褒的《僮约》，可能因为它俗而不雅。但不雅的供词收进去了。这就是那篇《奏弹刘整》。这属于知道的人少而读的人更少的文章一类。

《文选》收入各种文体，包括公文。其中有“弹章”，类似检举信或起诉书，不过是官对官的。以前的御史官的责任和权力就在于弹劾官吏，动不动就“参上一本”。他们是“言官”，专职是对皇帝“进言”。这在小说戏曲里很多。“参”奸臣而受害的御史是好官，得到同情。老百姓除造反或侠客行刺外无法打倒贪官，只有告状；告不上“御状”，而且百姓告官有罪，只能盼望“清官”去对“贪官”参上一本。包公的名声多半由此而来。他“参”了驸马，还“参”到皇帝，闹出“打龙袍”的戏，使皇帝认了不孝之罪。这是无文的文人所编造而无文的老百姓所喜爱的故事。这种弹劾的事名为替皇帝监察，实是给老百姓开一个出气阀门，减消想造反的怨气。这事本身是在官民之间通气的，也是有文和无文的交会之点。弹劾的是什么呢？可看“弹章”。《文选》收了三篇，都很有意思。一篇是沈约的，两篇是任昉的。内有供词的是弹刘整的一篇。作者任昉和昭明太子同时。

皋陶是中国的第一任大法官吧，他怎么审案子的？《尚书》的《大禹谟》、《康诰》、《吕刑》中有些法学原则和律文，但没有案例。《论语》记孔子说子路“片言可以折狱”，又说“听讼，吾犹人也”。（《颜渊》）怎么“听”的？怎么“折”的？怎么起诉？怎么问口供？很缺。有的是判案、定罪、行刑，犯人在就刑前讲什么话，如《史记》中记李斯的话，没有过程。后来有了侦察，“私访”，见于公案小说。有了判词，如唐代张鷟的半真半假的《龙筋凤髓判》。但审案的全过程很晚才在小说戏曲中出现。最早的供词记录和检举状见于文字而且被认为文学的恐怕就是这篇《奏弹刘整》了。

审问案件的衙门正是有文的文化和无文的文化的交会点。问案的，写状的，记口供的，写判决书的，不用说都是识字的有文之士。犯人、证人、衙役、公差等人恐怕未必识多少字。宋江当押司，能作“反诗”，也不像是读过多少书的。问案的人中，若是刑名师爷，或科举正途出身的，那是有文的，但也有不少是不知怎么当上官的，不见得有文。官越大越靠不住，说不定是什么王爷、军爷，甚至是太监，如《法门寺》戏中的刘瑾，虽则识字却未必读书，一样能决人生死，或打板子，流放。所以公堂之上乃是中国文化的荟萃之处。有文的，无文的，讲理的，不讲理的，统统在这里。再加上案前、案后，堂上、堂下，那就是文化广场，表演民俗心态的广阔天地。可惜只有晚清小说及戏曲有些较多的描写。以前也只是在笔记之类书中有据说是真实的记录。戏曲中关汉卿写了不止一篇问案子的戏。堂而皇之进入史册配合刑法志的似乎不多。进入文学的只怕这篇对刘整的弹章是头一份，离现在已经一千五百年左右了。

刘整是什么人？被弹劾的是什么事？他不过是一个“中军参军”，和寡嫂为产业吵闹，嫂子告了小叔子。所争的是几个奴婢，有公用的，有分归两房的。小叔子把分给侄子的奴和婢占为公用，将一个婢子卖了又不分钱。有个婢子偷了寡嫂的东西，小叔子不认，反而全家去嫂子屋中“高声大骂”。叔打侄。嫂子出问：“何意打我儿？”小叔又叫婢子：“何不进里骂之？”婢子便动手冒犯女主人。这篇弹章除首尾外全是录诉状原由及审问奴婢所“列”供词记录。虽非口语录音，记录简括已经文言化，但尚存奴婢口气“娘云”。这本是极其微小的事，似乎值不得上奏朝廷，惊动皇上。但由于犯者是个官，以致惊动了“御史中丞”、以“笔”（非韵文的公文、应用文）著名的任昉。他开口便说马援当年对嫂子如何恭敬，“千载美谈，斯为称首”（这两句曾在《镜花缘》中讲双声叠韵时引过）。随即“顿首顿首死罪死罪谨案”，抄录诉状供词及审问吏议。以后加上“臣谨案”，认为被告本非贵族，“名教所绝”，因为是“前代外戚，仕因纨袴”。他这样对待嫂侄，“人之无情，一何至此！实教义所不容，绅冕所共弃”。所以建议罢官，治罪，“悉以法制从事”。最后是“诚惶诚恐以闻”。

关于这篇弹劾公文的文章及其社会内容这里不论。要提请注意的是雅俗相错，贵族与平民互通。“名教”、“教义”是要隔绝，而隔绝不了。文中说的“无情”的“情”指的其实是“孝悌”之礼。“情”生于礼。礼规定了“情”。父母死了，“哀毁骨立”，这就是“有情”。不敬兄嫂就是“无情”。“无情”与“无礼”、“无义”是相连的。“情”在礼中，不能越轨。礼规定“嫂叔不通问”（《礼记》）。现在“高声大骂”，当然是“非礼”，也就是“无情”。何况又是平民出身靠裙带关系做的官？关系在前代，现在靠山倒了，他就不配做官。文中首先强调指出他的身份。平民而又“无情”，这就是犯法，要治罪，罢免官职。可是为什么官民，主奴，雅俗，文白，都混在一起了？很明显，礼和“名教”定下轨，正是因为事实上无轨。由于“无礼”，才有“礼”。少数的“文”是处于多数的“无文”之中。因此，第一部将自周至梁八代诗文“略其芜秽，集其清英”（《序》）的《文选》也不免收入不文的供词。

这类不文或“无文”的文化常被称为民间文化或下层文化，并不确切。若单指文学，没有用文字记下来的叫作“口头文学”还可以。记下来而不为文人、雅人、高人所承认的称为“俗文学”就有些勉强，因为其中有不少是文人喜爱以及自己创作的。如词、曲、小说在古代只是不入官方考试，并不是不入文人书斋。至于比文学范围更广的文化，那就从来不专属于上层或下层，也不是只在民间，而是遍布于全国、全社会。前面提出了衙门、公堂，并以古代有文字的文学的一个高峰《文选》中的一篇弹章为例。不妨再多想一想，所谓民间文学不是有许许多多是起于下而兴于上的吗？远的如《诗经》中的“风”是怎么采集保留下来的？是不是经过有文之人（如号称“删《诗》”的孔子）整理、修饰以至改写（去方音、方言）的？楚王不是有优孟当面表演，五代后唐不是有“伶官”吗？近的如京戏，西皮、二黄入北京以后，不是慈禧太后特别欣赏还在颐和园中修一座大戏台吗？“小叫天”谭鑫培等著名戏曲演员不是当“宫廷供奉”侍候“老佛爷”吗？怎么能限于“民间”呢？

“文”和“无文”的文化的极高交会之处首先是宫廷。

从秦始皇到清宣统皇帝，有几个皇帝是能文之士？恐怕还是“无文”的居多。识字的也不过是能批奏折而已。读书能文的皇帝，从秦始皇算起，紧接着的项羽、刘邦都不好读书，不喜儒生，不过各留下一首歌词：《垓下歌》和《大风歌》。严格说也不过是古代的“顺口溜”，是配乐歌唱的。汉武帝有《秋风辞》。他和唐太宗同是能文能武的大皇帝。曹操、曹丕都在诗人之列，但没有一统天下。唐玄宗长于文艺，尤其是乐舞，政治不大及格。词坛盟主李后主，工书善画的宋徽宗，都是亡国之君，当了俘虏。词人李中主也去帝号称臣。赵匡胤、朱元璋不必提。忽必烈是蒙古族人。明成祖虽修《永乐大典》，仍是武胜于文。只怕算到满族的乾隆皇帝就数不下去了。有“文”的皇帝实在是寥寥可数。皇帝“无文”也不一定是坏事。有“文”的皇帝懂“文”，也不一定对文化有利。

皇帝本人以外，他周围的人更是无文者众。后妃有文的极少。宫中最多数的人是太监和宫女，其中有几个识字的？“御沟流红叶”是真有其事吗？是真的，也是因为稀罕所以名贵。从秦汉到明清，太监对于皇帝的影响之大是无法估量的。第一名，指鹿为马的赵高就是“宦官”。唐玄宗信任太监高力士超过诗人李白吧？魏忠贤有文化吗？他那么善于弄权，能够使“生祠”和干儿子遍天下。这也是文化，不过是无文的文化，不学而有术的文化。清末的李莲英更不用提了。

政治上最高位是皇帝，文化上道德上最高位是圣贤，都不免于在无文的文化的包围之中脱身不得。孔子见南子，这位夫人有的也是无文的文化吧？有一个比较完全的故事记在《明史》里。记事简单而意义丰富。看来虽不一定全是“实录”，也不会是神话传说，大概是基本属实吧。不妨多说几句。这是明代大贤人，哲学家、政治家、军事家、文学家，影响远大的王阳明（守仁）的事。不多查书对证，只据清朝官修的《明史》所说。

王守仁五十七年的一生，在《明史》中是领兵打仗的武人，也是讲学出了格子的学者，又坎坷，又通显，门人弟子满天下而不断受谤毁，真是个奇特人物。且看他和无文的文化的密切关系。他中了进士，做了官，因得罪掌权的太监刘瑾（京剧《法门寺》里的那位），被打了一顿“廷杖”，居然没死，发配到贵州去当龙场驿丞。名为起码的小官，连住房都没有。朝廷换了正德皇帝（京剧《游龙戏凤》中的那位），刘瑾倒台。他又升官到江西，带兵用计将一些多年反抗朝廷的山寨平了下去。宁王朱宸濠在南昌造反。他用计骗了宸濠，趁虚直捣南昌，抓住了打向安庆、南京的反王。从集结兵力到全胜只用了三十五天。这样的大功反而是大罪。因为青年皇帝要南下游逛，自封“威武大将军”，“御驾亲征”，岂能半途而废？（皇帝而要自封将军，可见其文化程度。）皇帝左右的太监自然想害死这位忠臣以便冒功。王守仁利用太监内部的矛盾，私下找到一位地位较高的老太监，交出反王，并由他暗通消息，免除祸害。他和太监以及所谓“贼寇”打的交道不少，接触到上层下层的无文的文化。他不仅能文，而且能武，会射箭，善用兵，尤其会用计。除了第一次对刘瑾有点呆头呆脑以外，以后就精明强干简直是诡计多端不亚于诸葛亮了。他骗过“贼寇”，也骗过皇帝。他到了“天无三日晴，地无三尺平，人无三分银”的贵州，也便是唐代诗人李白流放的夜郎，在穷乡僻壤中和苗族、汉族的乡下人打成一片，由当地人给他盖房子住，来往密切。这时没有书读，他“温故而知新”，恍然大悟，反了当时定于一尊的皇帝本家朱熹的学说，表面上说自已是继承了“朱子晚年定论”。这以后的王阳明和弹劾刘瑾挨打下狱贬官时判若两人了。转变的关键时刻正是在他和无文的苗族、汉族等山野之人密切接触的时候。他的真正老师恐怕还是那些无文之人。他的学说可能也是为他们而发。他的弟子中就有手工艺人。试问：他的《大学问》的哲学从何而来？他的会用兵、会用计，会对付太监、皇帝，会对付反王、造反的少数民族和“寇贼”的本领从何而来？一是无文的太监供给他这一面教材。二是无文的苗、汉兄弟供给他另一面教材。无文的文化培养了这位有文的文化中几百年间出一个的大人物。他得到了无数的赞声和骂声。空间远到日本，时间近到距今不到一百年前。他一死，朝廷给他的结论是：“夺伯爵以章大信，禁邪说以正人心。”他平叛有功封了伯爵，一死就不算了，还是“章大信”！“信”在哪里？直到嘉靖皇帝死了，他又得到平反，升了一级，追封侯爵，给了谥号。可是还不能“从祀文庙”，陪孔圣人吃冷猪肉。隆庆皇帝又死了。万历十二年，他才进了文庙，算是孔门正统弟子为皇帝所承认了。然而清代乾隆年间官修的《明史》在他的传后作结论，只称赞他是武人，说明朝一代“文臣用兵制胜未有如守仁者也”；仍说他“为学者讥”，有“流弊”，终于至今也未能成为儒家正统。这是不是由于他的文化思想过于接近无文的老百姓甚至“野人”呢？可是孔子也说过“先进于礼乐，野人也”（《论语·先进》）。文野之分，这里就不必深究了。怪就怪在他平“叛”而被认为“叛”。（王守仁还在小说《七剑十三侠》中充当统帅。）

现在再来看《文选》。其中作者差不多都是官，还有帝（汉武帝刘彻，魏武帝曹操，魏文帝曹丕）王（陈思王曹植），应当是上层文化、官方文化、有文的文化，决非民间无文的文化了。那倒不一定。假如不存成见，就会承认有文和无文互为表里，可分而又不可分，正如人体可以解剖区分而生理、生活一人实为一体。这样来看，除文字语言用了比口头方言笔下异体能传播更远更久的通用语（文言）以外，无文的一般人的文化到处都是，赋、骚、诗、文中全有。许多话都已变为成语，流传千载，至今才有点断绝迹象。随手举例，翻到《六代论》，据说是曹冏写给魏代掌权者曹爽（后被司马懿所杀）看的，读的人不多。文中有“百足之虫至死不僵，扶之者众也”。其中的前八个字不是现在还有人口头讲吗？可惜后半句实在是用意所在反而不传。这又是为什么？是不是像曹爽那样的人多，不爱听需要群众扶持的话呢？这是不是成为习惯的心态呢？爱听什么和不爱听什么都是心理趋向。紧接这一篇是《博弈论》，是针对吴国当时盛行下围棋而写的。这更是民俗了。同时也是“官”俗。这篇文中反对下棋的理由，一是耽误时间，二是耽误功名，不能升官发财。这第二条是主要的，因为“大吴受命，海内未平，圣朝乾乾，务在得人”。“一木之枰，孰与方圆之封？枯棋三百，孰与万人之将？”如果“世士移博弈之力”，“用之于诗书”，就成为圣贤；“用之于智计”，就成为张良、陈平；“用之于资货”，就成为大富豪；“用之于射御”，就成为将帅。而下棋“胜敌无封爵之赏，获地无兼土之实”，都是空费时间。这样看来，下棋的人都是绝顶聪明的人，只要不“妨日废业”下棋，把才智用于升官发财为朝廷所用，那就好了。这也就不怪吴国当年围棋大盛，至今还传下不定真伪的吴王孙权诏吕范下棋的棋谱了。此外，挂名宋玉的那篇《招魂》不是地道的民俗吗？《古诗十九首》中那首“青青河畔草”连用叠词，形式新颖，结语竟是“昔为倡家女，今为荡子妇。荡子行不归，空床难独守”。这不是大有现代诗风吗？《文选》中的民俗心态真是说不完道不尽。文辞古，那是一千五百年到两千年以前的古人写的啊。可是心态呢？也那么古吗？

不过语言符号有一种特异的功能。同样意思有时换个符号便走了样，甚至大变样。例如《离骚》二字照注解正相当于“倒霉”，但不能更换。“朕皇考曰伯庸”不过是“我的爸爸叫伯庸”。两句又岂能互换？古诗文的语言换成现代语只能当拐杖，不能代替。代替了，会成为另外一回事。甚至不换符号也能变样，成语不是常常被人变了原意使用吗？语言文字确实是障碍，可不是那么难通过的障碍。大家不读《文选》也许是被一开头的《两都赋》、《三都赋》吓怕了。其实这是做样子的。一开张必定要锣鼓喧天。一开篇一定有一番大道理。一进午门就是富丽堂皇的三大殿。开始必须说：“赋者，古诗之流也。”这不等于赋都能读。越到后面越好读，好比过了大殿是后宫。赋的最后栏目是“情”。《高唐赋》、《神女赋》、《登徒子好色赋》、《洛神赋》都出来了。有什么难懂？又何必逐字逐句要求都能讲给别人听？“增之一分则太长，减之一分则太短。”“此女登墙窥臣三年，至今未许也。”（《登徒子好色赋》）真是“俗”得可以“白”得够瞧吧？读是自己读，各人有各人的所得，或说体会，何必管人家？我不是提倡读《文选》，不过是想减一点误解的成见罢了。

《文选》赋中缺了陶渊明（潜）的《闲情赋》。这篇未入昭明太子主编殿下的“法眼”，也许是由于“人言可畏”，有舆论压力，不愿改变陶公形象吧？“愿在裳而为带，束窈窕之纤身。”想变成带子束在她的腰上。“愿在丝而为履，附素足以周旋。”想变成鞋子跟着她的脚到处跑。变成这样，变成那样，总是会被抛开，不能时刻不离。这实在太浪漫了，过于现代化了，“超前”了，所以不得不割爱。陶大隐士清高飘逸，为什么要作这篇赋，以致后人说“白璧微瑕”？这就要看赋的本文。“闲”是“防闲”之“闲”。子夏说：“大德不逾闲，小德出入可也。”（《论语·子张》）“闲”就是栏，拦住。只“闲”大德，不“闲”小德，何等开明？陶老先生要“闲”住“情”，可是只在开头点了一下，全文大部分都是描写“情”的幻想。这好比暴露阴暗面之前有一顶光明大帽子，实在压不住阵脚。这样的“穿靴戴帽”点出用意，或者还不明点而暗指，是不是我们的讲话、作文、作诗、著书时不知多少年多少人留下来的一种习惯，一种不必有意学而能心领神会不由自主就运用的方式？这算不算是民俗心态？《水浒传》的“石碣天文”排座次，《金瓶梅》的死后因果讲报应，“只是近黄昏”，“更上一层楼”，诸如此类数得过来吗？

《文选》有个“连珠”栏目，只选了陆机的《演连珠五十首》。

“连珠”是汉魏六朝的一种文体，后来没有了。据说许多人都作过。这种文体是骈俪对句，“辞丽而言约，不指说事情，必假喻以达其旨，而览者微悟”。“欲使历历如贯珠，易看而可悦，故谓之连珠。”（《汉书》）所选的陆机的五十首并不是不明说用意，只是将格言加上比喻，排成对句。这种文体看来只讲求形式，实际是会触犯忌讳的。《南齐书·刘祥传》（《南史》同）说，刘祥有狂士习气。“见路人驱驴，祥曰：驴！汝好为之。如汝人才，皆已令仆（做了大官）。”著《连珠十五首》以寄其怀。《南齐书》全引进去了。《南史》只引了几句：“希世之宝，违时必贱。伟俗之器，无圣则沦。是以明珠（《南史》作明玉）黜于楚岫，章甫穷于越人。”说楚人不识珠玉，越人不戴帽子，当然有诽谤嫌疑。全文末尾竟说：“破山之雷不发聋夫之耳。朗夜之辉不开蒙叟之目。”指斥盲聋，皇帝竟然以为是骂他而大怒。“有以祥《连珠》启上（皇帝），上令御史中丞任遐奏其过恶，付廷尉。”还算好，“上”没有杀他，叫他“万里思愆”，充军到广州悔过。他不得意便喝酒，死在那里。《南齐书》载了他的自辩辞，未加评论。这也算是一次文字狱吧？这样的事古往今来还少吗？“连珠”尽管后来没有多少人作了（现代仅俞平伯作过）这类自以为或被认为暗藏讥讽的“黑话”，在文人笔下和不文之人的口头还是难免出来。这是不是也可以算是一种习惯或民俗心态呢？

任昉弹章中“谨案”以上先说“顿首顿首”还不够，要加上“死罪死罪”。不仅弹章奏折，在这前后的“书、启、笺、上表”中也有。陆机的《谢恩表》，刘琨的《劝进表》，任昉代人作的“表”，杨修给曹植的，繁钦给曹丕的，陈琳给曹植的，吴质答曹丕的，阮籍代人写给司马昭的，谢朓给隋王的“笺”也都有“死罪”字样。此外，东汉《乙瑛碑》、《史晨碑》中有。王羲之传下来的帖中有些是给人的便条式的信，也常称“死罪”。那些没有写“死罪”的信可能是作为文章传抄时删去了。有的以“云云”代替这种套语。还有“臣亮言”、“臣密言”是否简化？汉魏六朝时有这规矩。大概是为了严格区分尊卑上下名分而且杜绝臣下互通消息吧？叫你讲话你才讲，不叫你讲话，自行发言就是不敬尊长，就有死罪。所以对皇帝上奏章言事要“冒死以闻”，要“诚惶诚恐，不胜战栗屏营之至”。（《西游记》中孙悟空丢了金箍棒后见玉皇大帝时也说过这话。）互相通信难免有密谋，更是死罪了。难道先声明犯了死罪就不算犯罪了？说了不一定不会得罪，但不说就一定得罪，所以还是先声明为好。这类套语本身没有意义，只是作为必不可少的附加物才有意义。不能用错，必须适合名分、身份。后来不写“死罪”，换了种种辞令。直到清末民国初，写“八行”信还要在“阁下”、“足下”等称呼后写上“伏维”、“恭维”等套语，用四六对句颂扬一番。由此，“恭维”一词竟到了口头上成为带虚伪性的称赞的别名。这类套语有了不怎么样，没有可不行，错了更不行。收信人不一定看，但若看出毛病那又非同小可。语言用词多变，这格式，这道理，很难变。外国也有。例如英国十九世纪狄更斯的小说《大卫·科波菲尔》中人物米考伯就会这一套，不过在小说中已有讽刺意味了。书信的意义是传达信息，却有种种体式限制。《文选》中分表、上书、启、弹事、笺、奏记、书、移书等栏目，上对下的诏、册、令、教、策问以及檄还不在内。有这样繁杂的体式，所以写信也是一门学问。由此可见，怎么讲话是不容易学好的。讲那可以不讲而又不得不讲的话具有特殊意义，说了和不说大不一样。说出来的话是表明关系、身份、口气、态度少不了的。通讯或说交流信息必有双方。收讯一方注意的首先不是信息而是传信息的人，人的关系。信息的意义往往随身份关系而有变化。这表现于态度。套语正是态度的载体。因此，不重要的套语就显得重要了。所以说了等于不说的“死罪死罪”之类的话还是非说不可的。不仅书信，可以说所有的诗文都不是仅仅写给自己看的。连日记也会被人拿去看，甚至发表。所以有的信和日记是写时就想到成为著作的。读《文选》不妨从这类书信开始，里面有不少有趣的地方，只要用上面说的看套语的眼光，看文字内的信息和文字外的信息。照这样，不仅是诗，连《两都赋》之类若作为传达信息的载体，联想到看文章的对手方，那一定很有意思，不会干燥无味的。例子多的是，就不必举了。《七发》不是不多年前还有政治家引用过吗？考虑不出面的对方是读诗文的一道。

上下、尊卑、亲疏、贵贱、官民、雅俗、男女等等分别都在一声称谓之内。就身份关系而言，没有两个人是一样的。同一身份也有不同之处。假如说“平等”就是“相等”一样，那就可以说，至少在从前我们中国人的眼中和心中一向是人生而不“平等”的。

"众生平等"只能照佛教去理解，作为宗教说法，不是一般人想法。尊长的名字是忌讳的。法国人从前在上海法租界用人名作路名，如霞飞路，中国人很少知道那是将军。这种习惯引不进来。因为重名，所以不能轻易用。谱名、学名常不用，而"以字行"起别名。从前中国的称谓代词的复杂变化之多远非现代可比。大体上是一称职务，二表关系，三重口气，自谦，尊重对方，或自大，看不起对方。如：卑职、小人、在下，大人、钧座，孤家、寡人，大帅、万岁爷，贱妾、奴家，小贱人、老不死的、丫头养的，冤家、心肝、宝贝，女婿为"东床"，外甥称"宅相"，数不胜数，无穷无尽，随时可以创造出来。昔有《称谓录》，今有《称谓词典》，未必能全。旧日的讣文中列家属次序，标明丧服等级，指示亲疏。女的照例不列。第一行是儿子。称"孤哀子"是父母双亡。"孤子"是丧父，"哀子"是丧母。生母死而继母在，则称"孤哀子"而在上面加一行小字"奉继慈命称哀"，"继"字上空一格或抬头另起一行以示尊敬。若是丈夫死了妻子，自己出面营丧，那时儿子只在第二行，首行是丈夫，称"杖期夫"或"不杖期夫"。"期"是丈夫为妻子戴孝一年。"杖"是说哀痛得站不起来必须扶杖站着。这不是"孝子"的"哭丧棒"。若是死去的妻子曾经为公婆服过丧，丈夫就必须"杖"。若公婆尚在或妻子过门已晚未在夫家服丧"守孝"，那就"不杖"，不必那么悲痛了。感情也是要依照礼所规定的。《论语》中说，孔子的爱徒颜回死了，"子哭之恸。从者曰：子恸矣。曰：有恸乎?"(《先进》)据说"恸"就是哭过头了。对门人死不该哭得那么伤心。从前正式祭奠时，“孝子”在灵前行礼，有人唱礼，“举哀”，“哀止”。哭也一定要依礼照喊的口令行事。无处不有“规矩”。“不以规矩不能成方圆。”（《孟子·离娄》）这也是民俗心态吧？行为可以处处不合，规矩还是得处处讲。

文字的和口头的称呼都是符号，指示着一定的关系，标明了一定的态度，传达或多或少或定或不定的信息。人和人组成的社会中由符号传达信息织成光怪陆离的既固定又常被打乱和更换的关系网。有文的和无文的语言符号传达文化信息互相交流。上下内外有别，但堵塞隔绝不了。不要通气和要通气形成许多社会情况。现在有新闻媒介，音像都可以由卫星传播到全世界电视屏幕上，视听信息更难阻隔了。在不多年前，没有广播，更早些还没有报纸，信息流通有些比较集中的地方。家庭除外，宫廷、公堂（连带监狱）都是有文和无文，上下，官民，雅俗相交会之处。此外还有一些场所为信息交流提供方便。社会由此而血脉流通，生长变化。在《论语》、《文选》等高贵的文雅的书本中提到了一些无文的文化，但毕竟古老了，要多知道，还得到不登大雅之堂的文学中去找。实地调查毕竟在时、空、人方面都很有限。文学作品虽非实录，但无法悬空，可以供我们从有文看出无文，不妨试试看。

一九九一年

信息场

现代社会和从前的一个不同点是信息流通差不多能遍及全体。二十世纪后半和二次大战以前有一个区别是，视听信息（包括以人或物为载体的）流通加快加多将全世界组成了一个信息交织的整体，而且将有文的和无文的全包含在内。尽管还有不少阻塞和死角，语言文字声音形象的种种符号传达信息已经可以说是无时不有无处不到了，只是离无人不知还差得远。信息发到，可是人并未收到。

信息的一个特点是收发双方对信息的解说不会完全一致，因此收后的反应很难预测。传播愈快，愈多，愈广，愈难预料。由反应而来的思想、感情、语言、行为，事先事后都不容易测定。但究竟“人同此心”，多少会遵循一些习惯轨道。愈能掌握信息的传播，愈能知道由此而来的反应，愈能测得准确，结果必是愈能“先知”，因而愈能掌握时机，由人和事的变动而自己趋利或避害。在过去信息传播缓慢而且范围较小隔离层次较多时是这样，现在仍然是这样。同时，掌握信息的方式愈多愈复杂，解说也愈“深厚”了。从半个世纪以前到十几个、几十个世纪以前，这方面不过是逐步发展，到近几十年来才有飞跃式的迅速变化。道理仍然照旧。阻塞怕决堤，盲目常遇险。现在的世界性战争已经是无时无刻无地不是先在信息方面进行了。不论大事小事，谁能预测较准、较快，谁就更有胜利希望。不会预测，不喜欢预测，一厢情愿，会有“盲人瞎马”的危险。

对过去的理解有助于现在。过去社会分层多，阻塞多，信息传播慢。时过境迁，从现在来看过去，有方便之处是较少干扰。除了个人间的和家庭内的对话不算，社会上信息比较集中的“场”有很多需要考察。说是“场”，不仅指空间，也是指它如电磁场。各种信息以人为载体传播交流，有吸引，有排斥，起种种作用，有种种反应，表现为人的语言和行为。较多人的较一致的可以算作习惯性的反应，其中有心理的前提。多数人的行为习惯可算民俗。大家互相影响而比较共同的指导行为的心理状态可算民俗心态。这种心态的形成、传递、变化往往是对信息的反应。因此，我们不妨把这些综合起来加上一个“信息场”的符号以便解说。古今都有，由古可以知今。由有文也可知无文。

书也可以作为“场”，有文字的“场”。一部《论语》可以是一个信息场。一部《文选》也是。再小些说，每篇诗文都是。不过一首诗一篇文多半只是信息的一个集合点，当然同时也是一个发散点。另一方面，无文的人和物的流通在由人群组成的任何时期的社会中都是不可阻止的。人和物又都是带信息的，能传出信息招来反应。一碟糖会引来苍蝇、蚂蚁，这是传出甜的信息符号的反应。小孩子也能被糖吸引。糖尿病人和肝炎病人对糖就有不同反应。兽蹄鸟迹，猎人一见便知其中信息，别的人看了茫然。有文字的书也是一样，书中信息会吸引或排斥，还可起其他作用。因此，书由其内容信息能将人组成一个仿佛磁场而自有两极。组成的纽带是解说。例如苏东坡的诗句“迩来三月食无盐”，被人解说为反对政府盐政。再加上其他诗文解说，皇帝便抓他下狱，几乎杀掉，还牵涉很多人。这就是“乌台诗案”大磁场的一次变化。

带信息的人的集合流通场所，在几十年以前的社会中长期是分阶层的。但是也有上下、官民、雅俗、有文无文相混的场所。宫廷是一个。皇帝、后妃、太监、宫女、官员、奴仆在一起，虽不相混，但相通气。阿房宫中“有不得见者三十六年”（《阿房宫赋》），但宫女见不着皇帝，和太监仍是相见的。又如衙门公堂是官吏和贫民富户相会之处。连带到监狱也是。周勃宰相从监狱出来以后说，他带过百万军，这次才知道“狱吏之贵”。宰相和狱吏打交道了。（《史记》）宋江和戴宗、李逵也是在狱中交往（《水浒》）。宫廷、公堂是在官府方面。民间呢？官民双方公用的呢？当然有。这是社会存在和发展变化的从不缺少的条件。缺了就会有“梗阻”、“坏死”的病症了。

要考察人的信息场，首先要求我们注意到信息，载信息的人，对信息的解说，信息传播交流的意义。这是实际的因果关系。

信息并不等于我们平常所说的消息，也不仅是载信息的符号。符号无处不在，无时不有，但我们在接触时不一定都知道，更不一定立刻懂得。懂得对不对是另一回事。对信息符号的解说是信息交流的中心、核心。没有解说就没有信息。许多动物能获得并藉以生存的信息，人类不能得到，因为人不能解说传带信息的符号。对人来说，这就不成为信息。便如蜜蜂对同伴的飞舞是关于蜜源的报告，只有同窝的蜜蜂能懂。人知道这是定向传达信息的密码、符号，但不能解说，所以不成为对人的信息。还有许多自然界的现象，人根本不知道那是传达信息的符号，而有的动物却知道。例如地震前的预兆。因此对人来说，信息依靠对信息符号的解说。在这一点上，可以说有一个信息流通的世界，它依靠于人对这个世界的解说。我们生活于信息解说的世界中。

人是信息的载体。这一点时常不被我们注意到，因为我们对于有些由人载的信息的解说已经习惯了，视为当然。我们不仅是从自己的接触而且是从周围的人以及前人、外人的接触中得到了习惯。习惯成自然就不大用信息世界的眼光看一切了，不去搜索人的符号中的信息的意义了。事实上，不仅古代打仗时的探子报信，现代的间谍传送密码，便是路上遇见的不认识的人也可以是信息的传播者，只是我们不加解说或不会解说就不注意。在有文的文化中对有文字的书也是这样。这和我们对艺术、科学这些兼具“有文”和“无文”的文化中不易分类的符号信息一样。不能解说就没有信息。符号中的信息又可以由我们的解说而不断翻新。这也是我们经常忽略的。殷墟甲骨起初被当作龙骨卖给药铺，后来才被刘鹗等认出是古董，再后才认出上面的字，再后才一再查出文字的意义。有文的书是这样，无文的人也是这样。不管有文无文，有语言无语言，人的复杂构成的存在加上环境就是信息的载体，好像时装模特儿是衣服的载体。例如：卓文君跟司马相如私奔以后一同开小酒店，由文君“当垆”。这场表演是这一对新夫妇以自己的人体及行为为符号向文君家里传送信息。卓王孙得到信息后的解说果然是把这件事当作耻辱（这是从周围社会传统而来的多数人的习惯想法），同时又想用和平而不是暴力的方式改变（这是卓王孙对于社会习惯想法和做法的选择），于是送来了金银作为嫁妆。这里的信息是承认他们的婚姻，要他们改变生活方式。双方交换信息以后，小酒店关门了。原有的信息载体消除了，变换了。一切正如新夫妇的预计。这是他们对信息世界的准确认识和运用的结果。像这样的事在我们身边每时每刻都有，何止千千万万，但我们极少用信息世界的眼光去观察，也就是说我们处于习惯性的一般解说之中不以为意。现在我们要考察人在社会上的信息场，就要换上看信息世界的眼光。当然这决不是说，世界仅仅是个信息世界。例如，它还是一个行为（包括语言）的世界。但在看信息世界的眼光中，行为也是传信息的载体、符号、中介。

仍然要缩小范围，从有文考察无文，由民俗以见心态，着眼于信息场。这样一看，重要的场很多，且说说惹眼的几个。还是着重于近几十年以前的并稍溯古代之源。

卓文君“当垆”自然不等于后来的女招待，但她对社会所传的信息只怕是一类。掌勺也不等于经理。所以大富豪卓王孙才会以为耻辱，就是说，这决不是什么公认为配合富人身份、体面的好事。《文选》中《古诗十九首》说的“昔为倡家女”是什么倡家，这里不必考证，总是低级的妇女。唐朝杜牧诗句：“十年一觉扬州梦，赢得青楼薄幸名。”这个“青楼”传下来了，就是“倡家”或妓院。对妓女还说什么“薄幸”？那可能还有点像日本传统的“艺妓”，可以谈情说爱。所以有负心的李十郎见于小说，王魁见于戏曲。唐代妓女住处名平康里。笔记有记妓女的《北里志》。传奇小说中以妓女为主要角色的不止一篇。《游仙窟》宛然是唐代文人嫖妓的报告文学。“旗亭画壁”的故事是歌妓唱诗而诗人以此评定高低，以美妓所唱为荣。白居易的《琵琶行》以老妓“嫁作商人妇”寓意，发贬谪的牢骚。将妓比官，可见那时两者的差距并不悬殊，尽管妇女仍不算人。晚唐、五代以后，宋代，“士大夫”（文人、官僚）召妓唱词并为他们写作。传说柳永竟因作词好而不能做官。然而皇帝倒可以“驾幸”名妓李师师，见于《水浒》及笔记。欧阳修等大贤人也可以为妓女作词。不论是否另有用意，字面总是表达男女之情。妓院发展了，但仍是官妓。大概元、明时私人开业的妓院才逐渐代替官营的，而个体暗营的娼妓也冒出头来了。这在《金瓶梅》中有描写，但不多，因为那书着重写的是妾和偷而不是妓。随后，官吏“挟妓饮酒”被明令禁止了。清朝初期便化女为男，“相公”、优伶和妓女并行，官吏以此逃避禁令。小说《品花宝鉴》便以此为题材。妓院到清末及民初更为发达。“长三”、“么二”时期“堂子”的规矩、花样之多，有特殊意义。这里有一个原因是有了外国租界。南自广州，北到天津、哈尔滨，各大城市都一样，而以上海为首。《海上花列传》（一八九二年）、《九尾龟》（一九〇六至一九一〇年）两部小说以此为主题尤为有名。小说史中列出“狭邪”一类，可见其书之多和社会影响之大。在妓院中，上自皇帝、大臣，下至“贩夫走卒”，文人和不文之人，官吏和商人，土豪和侠客，都可以出现。当然这里也有上下等层次之分，轨内轨外之别。从清初的《板桥杂记》所记以来，文人和妓女来往密切不足为奇。早的如钱谦益和柳如是、冒辟疆和董小宛、侯方域和李香君，晚的如政治家、军事家蔡锷和小凤仙，都成为“脍炙人口”的文学题目。这说明什么？用信息世界的眼光看来，妓院显然是社会上的重要的信息场，所以上下人等趋之若骛。妓院不仅是男女交际，言情，更是政治、军事、经济、艺术、文学各种信息的汇聚交换场地。上中下等，公开、半公开、不公开，官准和私营，分别了层次，但妓女、老鸨、“龟奴”、“捞毛”是流动的，互相通气的。名妓赛金花进了名著《孽海花》，还上了舞台。她的上上下下国内国外的坎坷而奇特的一生使她成为许多政治社会信息的一个重要的无文载体。假如我们不放弃未必毫无根据的传说，推翻袁世凯称帝的元勋蔡锷将军曾以北京妓院为信息交换处。甚至传说二十世纪三十年代官界商界的重要事件的秘密商谈还在妓院进行过。时距太近，不知是否进入野史小说。各种妓院仿佛是外国的各种俱乐部，从外面看好像“百无禁忌”，而其中自有规矩，还很严厉。直到现代政府明令禁娼以前，从古以来，各等妓院是公开的，最方便的，上中下等人可以自由出入互相交换信息之处，仿佛是“信息交易所”。妓女可成为掮客。特别是在清末民初军阀横行官僚遍地商人得意的时期。这也是新旧文人蓬勃兴起之时。我们不妨略翻一下两部现在不大出名而当时很流行的小说看看。

这两部小说，一是毕倚虹（署名娑婆生）的《人间地狱》，一是张恨水的《春明外史》。一写上海，一写北京。一作于一九二三年到一九二四年，在上海《申报》连载。一作于一九二四年至一九二九年，在北京《世界晚报》连载。前者写上海妓院。后者写北京文人兼及妓女、优伶。两位作者都在报馆工作而且都是长江下游南北岸的人。毕倚虹出身于破落官僚之家，写这部小说还得到袁世凯的三公子袁寒云（克文）极力称赞。他写到六十回即去世，由包天笑续作到八十回，草草收场。张恨水以这部《春明外史》成名，以后名气越来越大，写作越多，但写此书时还没有为名所累。从小说艺术和历史地位说，这两书即使在旧小说中也怕算不了第一流，只是畅销书，万人争看。都是报纸连载随写随刊的结构松散之作，但又都是摭拾流传众口的轶事，如以本人见闻，虽有渲染，亦非无来由，甚至许多人物（包括作者自己）和事件都可以索隐。当时人能找出或想到真人真事（例如苏玄曼即苏曼殊）。于是成为报中之报，新闻外之新闻，也就是以隐语出现的信息场。两书都是半真半假的聊天闲谈，是《官场现形记》等书的继续和发展。当时人看来津津有味，信息纷然；后来人看来觉得啰里啰嗦、味同嚼蜡。然而由文人逛妓院和少爷捧“坤伶”不仅可见当时上中下层人生活，而且可见他们如何彼此通气，如何交换信息，如何显示并互知心意，因而能产生这种“闲话”、“聊天”小说。两书虽出于同时，人物同类，但语言不同，内容也不同，后者又不是以写妓女优伶为主，何以并提？只因为上海和北京那时都是中国的“首都”。北京是军阀政治的“招牌”中心，能颁发勋章，下任命状，名为京城，管不了全国。上海是财阀经济的市场中心，势力直达农村（洋行买办收购土产），名为“洋场”，实操命脉。两处人心既承继往日余晖，又各有新敷色彩，正可对照而由此见彼。两书写作同时开始，双方同处于一个时期的中国。两书又都是现在不甚知名，未曾受许多评点传闻涂抹，看起来较少先入之见。从这里可以看到妓院和相联系的其他方面。南北两文人同在报馆而心态有所不同，语言也有差别。如“说句斗胆的话，小弟……”之类一书有，一书无，不仅“苏白”。前几回写出只相差一年，而似乎南旧北新。书中有种种信息。若是单为了解当年妓院和那时妓女中的“大总统”、“王熙凤”，那自有《海上花列传》、《九尾龟》等等小说可看。

现在只从两书中提出一点。嫖妓和捧角有一条必不可少的是“吃花酒”和打麻将，“碰和”。吃酒、打牌不是主要的，妓女或“坤伶”相陪也不是主要的，借此给钱是目的亦即牌和酒的妙用，但也还不是这项活动的主要作用。那时社会上除新学校外还不大时行集会结社和一人演说大家听。除帮会外只有够不上组织的组织。

例如同乡会馆是联络之地，但民国时已不如清末热闹，大官不来，阔人不到。这从《春明外史》里可以看出来，已经不是康有为来京应考上书时情形了。双方一比，北京仍旧闲游浪荡，信息交换不多也不急。上海就不同。《人间地狱》中经常出现的人，虽不是大官和大商人，也不是候补官，但已经不时露出妓院是“应酬”即交际场所，而牌桌往往是谈判重地。这是其主要社会职能。妓、酒、牌、钱都是烟幕弹，“联络感情”和“探索情报”才是与社会关联的重大作用。就这一点说，妓院是吃酒打牌调情之处，更是做官和经商的不可缺少的交际（亦即交流信息）之场。作为“场”，其中的吸引和排斥，结合和离异，聚变和裂变，都是常有现象。小说作者自然不觉得因而无意着重其社会功能，可是明眼人一看就会发现，要“谋差使”做官，要投机做买卖，非去妓院请客吃酒打牌不可。什么文人和妓女谈爱不过是提笔做梦给读者一点开心罢了。以此对照两书，“京”、“海”之分跃然可见，不必多说。

岂止妓院“摆花酒”？宴会从古以来不断，往往是一次次交换信息的“场”。宾客三千是信息来源。且举《宋书》所载一例为证（《南史》略同）。

当南朝宋主刘裕未当上皇帝时，他有个本家刘穆之给他帮忙。“外所闻见，大小必白。虽闾里言语，途陌细事，皆一二以闻。帝每得民间委密消息以示聪明，皆由（刘）穆之也。又爱好宾游，座客恒满，布耳目以为视听。故朝野同异，（刘）穆之莫不必知。虽亲嫟短长皆陈奏无隐。”由此可见，信息或情报竟是当皇帝的一个条件。那些宾客只知大吃大喝，不知是高高兴兴赴宴会，糊糊涂涂送情报。这种奥妙从战国时四大公子就开始了。无怪乎孟尝君养食客的名气历久不衰，原来不仅有名，还有利可图。这在古代社会严格划分阶层集团而组织能力不发达时，是比欧洲的舞会更有效的交际方式。不用说，这在现代是已经落伍而要被淘汰了。不过在社会未变革时，一种社会职能的“场”，若无代替者，是禁不绝的。古代的妓院即是一例。社会有变，上海的“长三”、“么二”，北京的“班”、“茶室”就不见了。

情场、官场、市场、赌场、剧场，以至高俅陪皇帝踢球的球场，种种之场都像竞技场，是势利场，而又都是信息场，只看是不是有人为某种目的加以利用。牌桌不比餐桌利用率低。打麻将时的种种交际花样是许多章回小说和轶事笔记中都说到的。藉输钱来巴结拉拢，在“麻雀”声中探听消息，这是起码的本领。从前妓院和赌场中还备有鸦片。一榻对卧，无话不谈，大事小事就在吞云吐雾中纷纷蒸发出来，由信息的交流而产生有利于一方而不利于另一方的结果。这种信息场非报刊广播电视的单行线输送可比，是交流而且可以当场见效的。

为什么《巴黎茶花女遗事》（一八九九年）能风靡一时？将此书和差不多同时的《孽海花》（一九〇四年）等一对比就可以明白。那正是上海滩上昏天黑地之时。妓院和赌场成为官僚政客文人豪士的聚会之处，又是交际场所即情报总汇。同时还有不少人发出世道人心不古的慨叹。用当时中国人的眼光看，这部法国小说中有嫖，有赌，有情，有义，又有道德规范终于战胜一切罪恶。亚猛正如同《会真记》中的张生“善补过”，马克（玛格丽特）也如《西厢记》中的莺莺“善用情”，一般无二。同是爱情的悲剧，道德的喜剧。于是古代心情，现代胃口，西装革履在妓院中赌场上讲道义，巴黎小说遂化而为上海文学了。自然得很，何足为奇？

大侦探福尔摩斯同时出现（一八九九年开始），和“血滴子”、黄天霸并列，都成为上海租界“巡捕房”的人物。“工部局”、“巡捕房”正是当时上海租界的公堂、牢狱、中外上下人等会合之地，新兴的情报中心，信息场。茶花女和福尔摩斯竟然同时受欢迎，可见上海的不同信息场又是通气的。

不止于此。又要作案，又要破案，所以窦二墩与黄天霸同进《连环套》。福尔摩斯探案的《四签名》也是又作案，又破案，又有结义，又有叛变，又有复仇，正合脾胃。又要茶花女，又不要茶花女，这正是张生“始乱终弃”还算“善补过”的翻版。后来变成王尔德的《少奶奶的扇子》中的少奶奶（温德米尔夫人），又受欢迎。把外国人所谓爱情当作中国《孽海记·思凡》中小尼姑的“上刀山，下油锅……那也由他”的恋情，把外国侦探当作中国的清官私访，侠盗锄奸，这些是中国人乍见欧洲文学时的误解吗？这恰好是中国当时人的正解。那时只能这样解说所得到的外来信息。那时人对外国的看法，以为看来不是中国这样，原来还是中国这样。中国历来的传统在那时的上海好像是根本大变，但换了装束和场地，民俗照旧，心态依然，“大世界”和“城隍庙”并行不悖。又要吃喝嫖赌，又要仁义道德。又要作案，又要破案，归为“侠盗”。又要造反，又要“忠义”，打家劫舍，恭候“招安”。这种矛盾合一远在《论语》中就由圣人点出并以行为表示异议了。“子食于有丧者之侧，未尝饱也。”“子于是日哭，则不歌。”（《述而》）丧葬时大吃大喝不说，同时还要歌唱。这习俗楚人有，据说西南民族有，现在还未绝。唱的歌不仅不悲反而要欢乐。出生与死亡混为一体。又要哭，又要歌，圣人不赞成，但改不掉，只得自己树立正面榜样，有丧事，不吃饱，不唱歌。“又要马好，又要马不吃草。”这是不是相当普遍的对人对物的理想？既要廊庙，又要山林；又和皇帝结交，又当山中隐士。前有严子陵（光），后有陈抟老祖。明末也有，又交官府，又充隐士。“翩然一只云间鹤，飞去飞来宰相衙。”（《桃花扇》）又要杀生，又要成佛。所以“放下屠刀，立地成佛”的说法流传广远悠久。又要“拿得起”，又要“放得下”。孔圣人的“无可无不可”成了又可又不可，因“利”制宜。最讲究的是“名利双收”。

这样的心态的民俗表现又见于寺庙和庙会。这也是中国从前的重要信息场。为什么经过西北民族进来的佛教那么流行？有一个情况是佛教给了一个新的广大信息场。这就是寺庙和庙会。这里能集聚很多人，上上下下各种人，使纷繁的信息以及由此而来的活动有了非常方便的场所。上自帝王官吏，下至强盗小偷以及乞丐、妓女、“戏子”、“跑江湖的”，和农工劳动人民混在一起。男女老少都可以集于一地一时。又要这样，又要那样，什么都有了。印度也有庙和庙会。中国修庙还是从印度传来的。可是双方并不一致。印度的庙只住神。中国的庙兼住人。印度的庙会在河边。中国的庙会在山上。印度的最大的十二年一次的庙会在恒河和朱木拿河的交流汇合处，千万人泡在河水中祈祷。中国人朝山进香一步一拜。社会类型，双方一致，都是兼有宗教和经济的种种意义，但做法和想法大有不同。印度神庙可养舞女，侍神兼能侍人。印度可将人神合一，将纵欲和禁欲合一。大自在天湿婆又是舞蹈之神，又是苦行之神，又是毁灭之神，又娶妻生子。这位大神好像是也能符合中国人的理想，可是不能随如来佛到中国。大概因为他是赤裸裸的，缺少衣冠，只好高踞喜马拉雅山峰修炼。他所集于一身的矛盾，只是外人，特别是欧洲人，用基督教一类眼光看来的矛盾。印度一般人一点不觉得有什么不可调和的矛盾，甚至并不感觉到有对立。他们的庙会在外人眼中是又苦又乐，又污秽又清高，又有生又有死，非常奇怪。他们自有解说，丝毫不以为怪。中国人又不同。认为对立的，也不认为合一，但以为可以兼容，另外自有解说，这就是排出先后上下等等秩序、程序。“一统”（《公羊传》）不是合一，实是兼容。兼容又不是平等并立。印度人认为一。欧洲人认为二。中国人认为二可合一，只要排定程序。可是程序总是固定不下来，所以有不断的合又不停的争。这是不是正合乎“场”的内涵？《三国演义》开头就说，“天下大势，分久必合，合久必分”。这是把“天下”当作一个“场”，而把分合排出时间程序了。欧洲人的圆有圆心。中国人的圆是太极图，无圆心，有“两仪”分黑白，弯曲对转。印度人的圆是浑然一片。

中国神庙成为广大信息聚会场所，兼容并包，不管什么人什么事都能在庙会中出现。先是佛教庙，后来道教庙也加入。不论供什么神的庙都可以这样。只有伊斯兰教和基督教与此不同，是内外有别而且相当严格。中国的庙及庙会尽管有外国来历，却实实在在是中国自己的，是中国式的信息场。中国人是最讲划格子分上下内外的，同时又是最讲合一的。要懂中国人，不能只记得孔、孟，还有老、庄，还有墨翟、韩非；不仅有刘邦、朱元璋，还有忽必烈、乾隆皇帝；不仅有武松，还有西门庆；不仅有唐僧，还有孙悟空。南北极同在一个地球上，这就是中国人的磁场观念，也是中国信息场的特点。可是这又和印度的不同，所以大自在天进不来。他光着身子，有时还半男半女，又现为“林加”（“男根”），实在形貌不雅。中国的信息场决不能叫作信息场，必须有别的高雅名义。必不可少的是衣冠。“衣冠禽兽”也罢，禽兽也得穿衣戴帽。不可忘记，无恶不作的西门庆是官为“提刑”，掌管刑法的。他不仅是知法犯法而且是执法犯法。然而，在西门庆的眼中，他并不算犯法。在他的眼中心中，他所做的事都是合乎中国历来的习惯法的。女人不算人。有钱就有理。有理讲不清就动拳头，在武艺上比个高低，谁的刀快，谁就有理。这在庙会里都表现了出来。拜神本为的是求福，又往往在比遭祸，如《水浒传》中林冲的娘子。殿上一片祥云，庙外拳打脚踢，或江湖卖技，或真刀真枪。佛教少林寺，道教武当山，都是武术宗派。庙内求观音“送子”。庙的对面戏台上正演

《杀子报》。如此等等不一而足。还用得着举例吗？小说戏曲不说，古书中也不少见。庙宇繁华热闹如《洛阳伽蓝记》所写，但那书也记了因果报应种种故事。一切社会相、众生相全可包容于一座庄严神庙之中，各各以语言或行为发射种种信息，互相交流、吸引或排斥。当然这和佛教、道教本身无涉。有“花和尚”，也有更多的清修的高僧。

茶馆，这是中国的又一悠久而且广泛的信息场。中国是茶国，有自己的“茶道”，不是日本的“茶道”。在中国人看来，中国人饮茶是享福，日本人饮茶是受罪，规矩太多，茶又太少。那是中国的“品”茶。中国茶道存在于茶馆中。广东的饮茶和茶楼全国闻名。上海从前有个青莲阁吧？四川“摆龙门阵”是在茶馆里。北京的唱大鼓，说书，也离不开茶馆。老舍的话剧《茶馆》为什么卖座？因为表现了中国的茶道。李劼人的小说《死水微澜》也写了茶馆，从茶馆传出清末民初的中国社会信息。沙汀写了四川的茶馆“其香居”。新诗人卞之琳的小诗《路过居》写的是北京街头的小茶馆。新旧文学作家都注意到了茶馆。这里是上上下下、三教九流、文、武、官、商都到之处，有种种方便。“有文”的书中所记只是“一斑”。“无文”的人才通晓“全豹”。至少从宋代以来，“瓦子”一类场所就有茶馆，兴盛了一千年吧。茶馆不是酒店，更不是妓院、神庙，却有其长而无其短，可供种种使用，因为这是一个巨大的信息场。《红岩》里的地下革命工作者不是也出入茶馆吗？中国茶馆不是巴黎咖啡馆，自有妙用说不尽。岂止闲聊混日子？谈生意，结交官府，吃“讲茶”评理以至打架，谈情说爱，买卖人口，秘密活动，探听消息，种种行为都可以利用茶馆，比酒店更易耗时间而不受注意。

以上举例而言的几个信息场不免还拘泥于场所，其实还有场所不定弥漫全国上起宫廷下达江湖的信息场，在报纸广播电视等现代通讯传播媒介之前承担了特殊的传播信息而影响行为的职能。这是以人而不以地为主的“场”。不妨提一提最古老而又至今不衰的一项，这便是占卜。这本来是烧龟甲兽骨的巫师的专职，后来转入业余。旧时文人很少不知道一点占卜之术的。职业的巫师不算，以占卜为生的人是流动不定的。官员私访可以扮作卖卜人，如《十五贯》中的况钟。卖卜的也可以是大名鼎鼎的“隐士”，如汉代成都的严君平。姜太公、诸葛亮、刘伯温（基）无不以占卜著名。何以如此？须知何为占卜。占卜者，传达过去、现在、未来信息之谓也。私访要扮“善观气色”的，因为那是搜集自动送来的情报的特殊人物。军师必会占卜，因为打仗要预知各方情况，包括气象，明天会不会下雨，甲子日会不会刮东风。生孩子、婚姻、丧葬、盖房子、看坟地、出远门、做生意、得疾病等等人生大事以至军国大事样样都要预知未来。要知道未来，必须知道过去，同时也就暴露了现在。因此，江湖卖卜人算命、打卦、选日、合婚、看相，从中知道了许多人家情况以至隐事。这类人是在从前社会中的活动的信息传播媒介，在中国历史上起着难以估量的作用，比外国的巫师和教士更为复杂。不仅男的，女的“三姑六婆”更能出入闺房，活动面比男的还大。

人为什么要占卜？出于生活的需要。生活需要信息以便预测而决定行为趋向。狩猎、牧畜、耕种、做买卖、做工以及个人生活都需要预测未来。不能从眼前现象及亲历和传闻的经验预测一切，于是需要有别的途径。算卦、算命、看相、拆字、看风水（阳宅、阴地），种种的占卜未来之术就陆续应运而生了。不论大事小事，愈是迷惑不定就愈要知道变化方向。占卜人的社会活动之广，无论经书（《易》）、史书（《书》）、文学、艺术，特别是从前的小说戏曲中都可以见到。疑而不决，求神之外便是问卜。这说明占卜人是重要的社会信息载体。他们如何占卜？人如何会相信占卜？这是多数人共有的民俗心态。尽管从有案可查的甲骨卜辞到现在已经几千年，近几十年来占卜已不公开流行而且被当作迷信禁止了，可是人需要知道未来信息而又无法全知道的求知心态并未消除。现代科学技术手段可以在许多方面都比占卜更能得到可靠信息（例如气象预报），但是仍然不能全知，尤其是个人私事。不能知而仍要知，所以旧的占卜方法没人信而新的占卜方法出来还有人愿意试一试。不信也会去试，因为至少可以自我安慰。科学技术发达的国家并没有能使“电子算命”和占星术绝迹。日本人照旧在大都市的神社中抽签。人对自己及周围从不满足于只知现状甚至于不知现状，对于异常情况如特异功能之类仍然有兴趣。愈不能知道，愈想知道。愈知道得少，愈想知道得多。这恐怕是从小孩子到老人都有的心理倾向。总以为真真假假也是有知胜过无知。无论用什么外部条件对这种想法做出解释，不论怎么填充或禁止，也不能消灭它。无视多数人的共同心态是有危险的。以假为真，自欺欺人，同占卜差不多，招致的后果无法预料。占卜可以都是靠不住的，假的，不能当真。可是要求占卜和半信半疑占卜的心态确是存在的。占卜的外貌可变，占卜的心态不容易变，因为求知信息是不可消灭的众人心态。占卜实际上表示了我们从古到今的一种心态，甚至是一种思维模式。

中国的占卜很复杂。简单化来说，不外两条线。一是构成一个符号体系，从符号关系中由此知彼。阴阳、五行、八卦、九宫、干支的对应排列组合（“纳音”）是基本符号体系。先天太乙神数、大六壬、奇门遁甲、“文王课”、铁板神数、星命“子评”、麻衣相法、“堪舆”罗盘等等属于这一类。带有偶然性、机动性以至欺骗性的拆字、抽签、扶乩、圆光、圆梦、黄雀衔字等不属于正宗占卜。这正宗占卜一类是把偶然的一点符号纳入全符号系统而考察其关系变化。此外还有另一条线是存在于这些体系方式的实际运用中而且远超出占卜行为以外的。那便是相信先后“因果”和平行“譬喻”的思维模式。两线实是一线，是一种思维的两面。

从单纯符号排列本身推算是像演数学公式一样。不论是否精密，不论和实际人事变动距离大小，这样把符号运算和人事变动联系起来，由符号而知意义，从而得出未来信息，那就必然是用先后“因果”和平行“譬喻”模式。因果关系是什么？从何而知？最普遍的是从平行对照或类推先后得来。干支相冲、相合，五行生克等等正好配上人事以至天象。这种平行和类推是占卜的模式，也是推理的思维模式。“子非鱼，安知鱼之乐?”“子非我，安知我不知鱼之乐?”正是平行排比类推式推理。《论语》中记载，孔门弟子擅长言语的子贡说：“文犹质也。质犹文也。虎豹之鞟（皮）犹犬羊之鞟。”(《颜渊》) 这是用譬喻作推理。孟子、荀子都擅长用平行譬喻讲道理，这是中国的实用自然逻辑。哲学和文学和世故同样应用。因先果后（先后)，同因同果（平行）是我们思想习惯活动中不自觉的轨道，和占卜符号序列一致。禁忌、巫术，尤其是交感巫术，都暗藏这类推理。向天喷一口水，再念念有词，就会从天降雨。这是巫术，和由符号序列变化推知事态发展是一个模式。相信象征符号等于实际，将符号从因到果排定先后程序，认为一切同类必定依此程序。假如不依，必是看错了或是暂时的，程序已定，决不会错。只许事实错，不许符号错。符号排列是“天道”，不会错，正如天象。这是对符号的半真半假自欺欺人的迷信。对种种占卜的先后及平行符号程序也是一样，半信半疑。从《易・序卦传》起，这个“序”就已完成并深入人心了。许多思想家、政治家、军事家等等大人物无人不有对某种符号程序的态度而由此推测、判断、决定。先后即因果。平行必相等。即使有疑，也不能不信。因为疑而不决是比信而有误更难受的。这正是对待占卜的心态。这是从对信息的求预知而来的。

人的生活离不开信息。婴儿生下来睁开眼睛见到光和影就开始认识符号，解说信息，决定行为，预测并检验结果。以后由不断重复及周围影响逐渐形成习惯。人群由此结成种种信息场出现于社会。由对信息的认识和对信息变化的判断成为习惯又形成一种心态。这是人人交互影响而有共同性的。思想感情中的这种心态表现于无文的言语行为，又化为有文的文化思想，成为诗文之类文学，成为书籍。传达信息的符号愈来愈复杂以致有的显得神秘不可解说而成为以“迷信”作解说的对象。世界变换了。可是成为众人习惯的民俗心态常常滞留而缓进。以为可由外力而迅速改变，可以一旦彻底决裂，只怕是天真的设想，同以为可以随我意支配众人心态的想法差不多，往往由符号或形貌的变更而以为彻底变化。对于这一方面的实际情况稍加注意也许是不无可取的。

从符号看到信息，从有文看到无文，从文化中考察民俗心态，这也是对文化继续试探作一点解说。从前面的蜻蜓点水式的抽样考察可以看出，民俗心态确实存在而且愈久就愈深愈厚，很不容易猛然变革。前面所说的一些古书和信息场现在都属于历史了。但民俗心态是不是都变得那么彻底？从外国的，如我们比较知道的英、法、德、俄、日、印度的近代现代文化历史过程看来，凡是和原有多数人心态联系得上的，不论什么面貌，从哪里来，都比较容易接纳而自起变化，联系越多越容易结合。否则会拒而不收或加以改变。但不管面貌变得多么彻底，民俗心态却难得很快大变。我们中国是不是也会这样？那自然还有待研究，因为我们还在证明其真伪的过程之中。这时提一提这个问题还不无意义吧。

一九九一年

客： 你的独白太长了吧？让我来插嘴行不行？

主： 正好，我有点说不下去了。古人说："独学而无友，则孤陋而寡闻。"（《礼记》）我看不仅是"孤陋"，简直是无对话即无思考了。自问自答总有限度，内部翻腾常陷于反复，这就需要外面来的刺激。同也好，不同也好，不同可以变成同，同也可以变成不同，只要心态能相通。有变化就是有发展。至于变的方向趋势好不好，那常是依评价者的自身利害和观点而定的。评论往往是事后才有的。历史发展本身无所谓好坏，它是不问人的评价如何的。

客： 你似乎想做总结，未免抽象了吧？我想问你，你从新诗溯到《论语》，又跳进《文选》，还下了《人间地狱》，难道得出来的就是这一点仿佛现今时髦的"耗散结构"的说法？原来我们想追索的本身内部矛盾问题怎么样了？"文化之谜"打破了没有？还在原地踏步吗？

主： 差不多。不过先得弄清楚一点。我虽然从符号讲到了信息场，用了以自然界为对象的科学的术语，但不是说文化的“信息”和“场”和自然界的一样。各门科学有自己的特定对象，是不能原样照搬的。电磁场的规律不能都应用于文化场，所以也不能说我引用了“耗散结构”说法。以人类文化为对象和以自然界为对象的研究有很大的不同。自然科学一般需要重复检验，得到的规律要能应用于预测。人文研究不能由人做重复实验。曾有人设计并安排了环境条件去做社会心理试验，并不成功。可以把人当作自然界的一部分作生物学、生理学以至生物化学等等研究，但对于人群活动所创造的文化，这类实验研究无能为力。文化不能在控制的条件下重复。有人以为可以随心所欲指挥人群，例如打仗或操演。可是这仍然不能控制结果，甚至往往造成表面文章或假象，因为无法全知对象的指导行为的心理的或精神的内在活动，而且不能控制有关的其他条件，例如敌人和自然条件的变化。西楚霸王项羽的打了很多胜仗的兵怎么垓下一战就会瓦解呢？真是只由于张良吹箫吗？没有长期积累的内在原因吗？因此人的文化总是带有不可准确测定的几率的，不能全用数学公式表达和确定。假如是兵马俑或者机器人，可以控制了，却又不是活人，失去了主动性和创造性以及个别与一般的差异，而这恰恰是人文和自然的重要不同点。我们相信，星球的运转，电子的活动，是没有主动选择性的。太阳黑子的出现决不是太阳由自己意志随意做的。我们虽不能控制太阳做重复实验，还可以靠观察，靠重复不断进行归纳解说，靠预测的验证，来进行研究。对于哈雷彗星和古生物的进化也是这样研究的。

这也是研究人文所用的方法，只是要加入人的意志。人群的活动大都是一次性的。死了不能再活。第二次不会和第一次完全一样。时间在人文活动中是非常重要的因素，不仅是物理的。先后是不可逆转的，而在思想中可以回溯。对人可以作自然科学的研究，这只是说，对人和自然界共同的部分，对人文活动的部分，可以作和对自然界大部分一样的研究，但还需要有类似对天象等的研究而又加入思想活动和意志取向。说研究人体的电磁场可以。说研究一次庙会的人群的“电磁场”，那就不同了。除描述分析外大致只能作平行譬喻式说法和检验预测，或者说，应用解说的方式，类似对天象的研究。人固然是自然界的一部分，研究自然界的科学却又是人文活动的一部分，因此两者又通气又相异。我们说人文活动有“场”、“信息场”，只是把人对自然界的理解用在人文方面。通用术语决不是将自然和人文等同。在十九世纪的科学成就面前，狄尔泰（一八三三至一九一一年）提出了所谓“精神科学”，想另辟蹊径。到二十世纪就不一样了。自然科学愈发展，愈发现和人文科学的差异，同时，很奇怪而有趣，又仿佛愈来愈向人文科学靠近，或毋宁说是两者仿佛愈相远又愈相近。十九世纪自然科学君临一切，对人文的研究好像只有模仿当时的自然科学才能立足。到二十世纪在有些方面模仿得差不多了，然而检验预测结果却大大不如。研究人文也运用研究自然界的方法，因为自然科学也属于人文，同时又必须发展自己的研究方法，因为人毕竟和自然及动物有所不同。这不仅是解说和检验预测，当然也不会是近代自然科学以前的老套。现在世界上已经有人在这方面努力了，不仅是哲学家。在我看来，他们有所前进的是解说而不是建立体系。外国人对建立体系特感兴趣，不怕“削足适履”。可惜的是体系完成，立刻僵死，而自然和人事仍在前进。他们喜欢的是一个上帝创造世界，而不是盘古凿开混沌，也不是一个人统率一切。

客：你又来一通独白。人文和自然的不同，是不是相对说来，一个快些，一个慢些。“慢”的意思是指自然界不断重复，其每一重复的变化，人不那么容易察觉，所以觉得慢。天文、地质、生物都是这样。人文变化就快得多。“朝菌不知晦朔。”（《庄子》）菌再出现时，在人看来，简直一样。人虽可活百岁，可是自己不重复，儿女也不能重复父母原样。人群活动，用时间尺度衡量总是觉得变化快。条件复杂，变化迅速，以致不能用实验室控制。认为“日光之下并无新事”（《旧约·传道书》）的人不多。

主：所以要有一种和对自然界又同又不同的解说方式去解说文化。同属文化一类型也不能全用同一解说。例如我们说的信息场。可以都当作信息场，但解说庙会不能和解说妓院相同。日本人的庙会和中国人的庙会相似却又不一样。可以用同样的方法考察，恐怕不能作同样的解说。照样作，预测就会不准。假如凭成见作相同的解说，那就不用去考察了。作为庙会，全世界到处都一样吧。那就只要搜集资料排比分类就够了。甚至连这也不需要。都一样，还搜集什么？认为现在用电脑之类就可以得出人的思维以及人群和社会的活动的数学公式，那是科学已到尽头的想法，是十九世纪很流行的。这好像从前有位科学家说，给我一个支点，我能用杠杆把地球举起来。话是不错的，可惜至今还没有这样一个支点。假如我们能知道人类全体和每一个人的从思想到行为的活动规律，能够预知，那么，不仅科学，连人类的变化也到尽头了。我们中国人好像从秦朝以来就好同恶异。“一以贯之。”（《论语》）“乾坤定矣。”（《易》）

客：是不是这种到尽头的思想从画八卦以来我们就有了？

主：这也许是值得考察的。我们可以考察人文变化的轨迹，由此多少可以预测一点趋势方向。不过，过去考察依据的是有文的文化居多，加上一些考古所得的实物，不大重视无文的文化、大多数人的文化，或者说民俗心态。

客：那么，我们何妨就依这一条轨迹先从《易》考察起。其中的民俗资料说的人多了，只说八卦吧。

主：画八卦以概括人类社会以至宇宙的变化方式，这是思想发展的一个重要标志吧？若不这样追求概括，恐怕什么科学、哲学都没有了。然而这里又埋伏着知识已到尽头，宇宙和人已经全归掌握的想法。这就会从求知变成不再求知终于变成不知。从知之甚少可以变成知之甚多，也可以变成一无所知。从八卦符号看来，乾坤或阴阳两爻的分合，或者说由阳爻一道线分出阴爻两道线，好像亚当分出肋骨化为夏娃，一人变成两人，或者盘古分开天地，而不是两道线合为一道线。这是第一步的原始符号，已经可以概括一切了。《红楼梦》里史湘云对丫环讲的就是一切都可以分属阳或阴。这不是太简单了吗？太笼统也就是包括得太多，或者说符号所含歧义太多。所以要再行分解以表示变化。于是由二而三。三爻相叠的排列变化次序成为八卦。八卦再重叠变为六十四卦，完成了。能不能再变多？汉朝扬雄画出四爻，叠为八爻，编造出一部《太玄经》，自比《易》。这是枉费心机。因为照这样还可以再加多爻数，违反了原来要求概括基本及变化的目标。概括的意义就是反无限。一定要以有限来概括无限。《易》的“十翼”解说卦爻的意义和运用。用天地人“三才”概括一切，又归于乾坤即阴阳。又二，又三，两个三爻成一卦。所以画八卦的第一义是用数的符号排列概括一切，包容变化，因而可以由此预知未来，即占卜。画完了，排列完了，剩下的事只是解说了。有趣的是，以符号概括可以有限而穷尽，解说却是概括的分解，那就不可能穷尽。变化不完，解说也完不了。列举数目字作符号以概括从来就是我们最喜欢做的事情。这又便于作种种不同的解说，所以更为我们所喜爱。从一到十哪一个数字不曾成为概括的符号以容纳随时变化的解说？从“三皇五帝”到“三纲五常”到“三民五权”，时时都有，处处都是。数字概括，排列分合，符号有限，解说无穷。识字不识字，有文无文，都视为当然，心态相通。若不是这样，那也就不会有卦摊从商周摆到现在了。

客：数的排列分合是符号的一种。是不是还有图像符号，例如太极图？

主：数目符号和图像符号都有一条极为重要，那便是序列。先后序列，上下序列，主从序列。这是从“排列”出来的。在《易》的《系辞》、《说卦》、《序卦》这三“翼”中，除解说卦的意义外便是解说卦的序列。“天尊，地卑，乾坤定矣。”（《系辞》）“有天地然后有万物，有万物然后有男女……”（《序卦》）图案明白，如太极图，阴阳合而仍分，分而又交错，一望而知，但不便上口。数的符号更具神秘意味。太极加八卦的图形从古以来到处都有，据说能“辟邪”，还传到国外，远达欧洲。数字如代数，图形如几何，正好是对宇宙及人生的抽象数学思维的两分支。在中国人的心态中二者又可分可合。太极图没有中心，没有序列，是静态的，但能产生序列：太极生两仪，两仪生四象，四象生八卦。（《系辞》）序列是动态，又表示主次或主从，这更重要。上下，先后，尊卑，长幼，无处不有序列。《千字文》从“天地玄黄”排列“焉哉乎也”，由实而虚，教识字也有序列。序列就是从古到今所谓“天道”。它包括了“人道”。“顺天者存。逆天者亡。齐景公曰：‘既不能令，又不受命，是绝物也。’”（《孟子·离娄》）这不仅是孟子一人一派的意见。人是排定了序列的，有主次，有主从的。人对人，要么是下命令，要么是服从命令，两样都不干，便是“绝物”。人与人之间没有平等订契约立合同彼此都遵守“法”的关系，只有“令”和“受命”的关系。不仅孔孟，老庄杨墨都是。标榜“齐物”、“兼爱”、“为我”，作为理想，这就是叹息于现实的不合理想而理想的难以实现。韩非更不用说，是肯定现实。这样的“不平等序列观”，在中国比在别处更明确，严格，普遍而持久。卢梭的平等空想是在欧洲到十八世纪才出现的。在卢梭以前的欧洲，恐怕没有像中国这样严格的简明的以数字序列概括人人处处不平等的想法。古希腊和古印度的序列观还是比不上中国的广泛吧？在中国，排座次，进门出门次序，先后左右，是最有讲究，千万错不得的。

客：我觉得不着重序列的图像排列同样重要。不妨转到第二部古书《书》。整整齐齐排列图形的首先是《禹贡》，分天下为九州，列举河道，“东渐于海，西被于流沙”。其次是《洪范》也标榜禹，“天乃锡禹洪范九畴”。首先是“五行”：水、火、木、金、土。到第九畴是“五福”、“六极”。至少这“五福”是从前差不多人人知道总名的，而内容则前三项，“寿、富、康宁”，都承认，后两项，“德、命”就不大提了。《洪范》也记数，好像是那时对人文看法的一个总结。再次是《周官》、《吕刑》。“三公”、“五刑”也是常用词，指的什么，倒不一定人人都知道。这是数字概括的妙处。

主：这里面仍有序列。可以说，在中国汉人心中，无论今古，有数就有序。数和序是显露出来的符号。意义是隐藏在里面的。解说是连接二者的，可以说是要求“深厚”的，即，由表到里，由形到心，由显到隐。本来是由计算对象而得数，以数概括后便会失去原对象而展开解说。《书》，汉朝有今文古文之别，后来合一了。到清朝又闹派别纠纷。争的其实不是文，不是书，而是意义。不论如何，《书》是上古时期一个文告档案汇编，从虞、夏、商、周到秦穆公（秦国所订?）。从草创到修订成书为时不短。从这书里可以看出一点。我们谈有文和无文的文化。“文”有两个常用义。一是指文字，没有相对立的字，只好说有文、无文。二是指和武相对的文。历代都将文置于武之上，好像我们是重文轻武的。在清末民初一段期间内，因为一次又一次挨外国打，许多人愤怒而提出“尚武”。体操、武术抬高了身价。许多人认为，中国之弱就是因为不好武。这是真的吗？且看这部上古文告集。《甘誓》、《胤征》、《汤誓》、《泰誓》、《牧誓》、《大诰》、《秦誓》都是战时文告。还有一些篇是战后的“安民告示”。首先就是商汤用武力推翻并流放了夏王桀以后，“有惭德”，说是怕“来世以台（我）为口实”。于是发了《仲虺之诰》以自辩。在刻甲骨的年代以前未必能作出这样的文章，但也不会全是很晚的伪作。文开头就说：“唯天生民有欲，无主乃乱。”其中不仅未说打仗不好，反而是东征西征都是应老百姓的要求。（亦见《孟子》。）再看据说是孔子编订的《春秋》，这更是一部战争编年史。以后的，可以翻看《资治通鉴》及其续编，征伐之事史不绝书。流传在民间的几部古典长篇小说，《三国演义》、《水浒传》、《西游记》都是讲打仗的。不讲打仗的《金瓶梅》是禁书，末尾也提到打仗。《镜花缘》、《儒林外史》是有文之人看的，也免不了写一点打仗和武术。《红楼梦》言情不言武，也还要加上一员女将“不系明珠系宝刀”。柳湘莲还很会打架。焦大是打仗中立功的。诗歌和戏曲中少不了武。文人骂武，但事实上武事不断而且好武的文人也不少。诗人辛弃疾、陆游是最有名的。能不能说，有文的文化中不但藏着无文的文化，而且还有大量的“武化”。文显武隐。“崇文”、“宣武”相辅而行。隐显并不是两层，甚至不是两面。说表层、深层不等于说显文化、隐文化。“隐”不一定是潜伏在下，只是隐而不显罢了。解说文化恐怕不能不由显及隐。有的隐显难辨。即就义的说，只讲小说。《人间地狱》和《春明外史》同时出来，又都自称写民国初期，但很不一样。可以说，上海的是清末以来旧章回小说的结束，北京的是新章回小说的开始。京新于海。这是俗文学。雅的，旧诗文不说，新小说，也不同。上海新而北京旧。双方都有外国影响。看来是上海多重日俄潮流而北京多守欧美标准。这都是明摆着的。谁新，谁旧，谁显，谁隐？能只凭几本文学史吗？书上讲的是显，不讲的是隐吗？看张恨水的不比看茅盾的人少吧？

客：这使我想到，我们说隐还是隐讳之意。隐文化也包含了隐讳说的文化。例如《春秋》开始于鲁隐公元年。为什么“隐”？因为他是被臣子杀死的。开篇并不说他“即位”为君。作解说的三《传》都在无字中见出名堂，说：不书即位，摄也。明明是隐公，又说他没当国君，是既为死者讳，又为生者讳。这类忌讳也应该算在隐文化之列吧？

主：不知忌讳，难读明白中国古书。也可以说，不知隐文化，难以明白显文化。即如战争也是忌讳的，总要宣扬文治而讳言武功。愈是武功盛，如永乐、乾隆，愈是讲文事，修《永乐大典》、《四库全书》。有人责备儒家重文轻武。儒家，不敢说；孔子并不轻武。《论语》中说：“礼乐征伐自天子出。”“礼乐征伐自诸侯出。”（《季氏》）征伐武功是和礼乐文事并列的。孔子说：“军旅之事未之学也。”（《卫灵公》）不会打仗不等于反对战争。“陈恒弑其君”，孔子还“请讨之”，主张出兵制裁。（《宪问》）孔子还说：“以不教民战，是谓弃之。”（《子路》）这是主动教民作战，即练兵。“民”未必是奴隶。春秋时，若弃的是奴隶，那有什么可惜，值不得一提了。中国人不能说是好战，但中国地方大，人口多，是个多战之邦。世界上没有一个国家能和中国比赛战争的规模之大、次数之多、时间之久、战略战术之精。当然用火器的战争除外，只说用冷兵器的。

客：武的文化不必多说。这不是隐而不见的，只是隐而不说的。文人好武并不少见。几十年前高呼“武力统一”中国的不是秀才出身的军阀吴佩孚吗？“投笔从戎”传为美谈。初唐王勃年纪轻轻“一介书生”，还说：“无路请缨，等终军之弱冠；有怀投笔，慕宗悫之长风。”（《滕王阁序》）晚唐的温庭筠也自称：“莫怪临风倍惆怅，欲将书剑学从军。”（《过陈琳墓》）诸葛亮本来不是书生吗？哲学家王守仁很会打仗。近代曾国藩、左宗棠、李鸿章都是会打仗的文人，不过不会用火器，不会打外国人就是了。

主：所以隐文化可分两类。一是隐瞒不说的，也就是忌讳的。从秦始皇忌讳他的名字“政”字，并且只许天子自称“朕”以来，各种忌讳，口头的、笔下的，多得不得了。唐朝韩愈作过《讳辩》。现代学者陈垣有《史讳举例》。这对于考证古书古物年代有帮助，但也给读书添了麻烦。孔子说过：“父为子隐，子为父隐。”（《子路》）“隐”是长久以来的习惯。不识字的人口头也忌讳。不吉利的字是不能出口的。船上不能说“帆”，要说“篷”，忌“翻”。有些典故也是为换个名称用。或为典雅，或为隐讳。有的为尊敬，有的为鄙薄。由语言文字而及事物，许多都隐蔽起来了。这种代语在中国文学中普遍存在。由此譬喻文学特别发达。印度譬喻故事随佛教传来也大受欢迎。但双方譬喻不同。印度的照套子举例。中国的是代语，花样繁多。不仅《离骚》的美人、香草，《诗经》的“比”和“兴”也是。这不是修辞而是文体。《庄子》等子书多寓言。《西游记》的故事能说成隐语。这比外国的复杂得多。张冠李戴，李代桃僵，成了文学手法。《诗经》的毛《序》讲美、刺就是索隐。

客：这一类隐文化是明显的，有点谜语味道。是民俗，但心态不好讲。你说有两类，另一类是隐而不显的吧？不一定是有意隐瞒而是表面看不出来，或者大家不以为意，甚至都知道可不说出来，作为不是那样。前面谈的“武化”隐于“文化”之中就是这一类吧？还有什么可说的？

主：另有一种隐文化，和“武化”或“武文化”相似，很普遍，但大家不注意，不承认，不说。这值得探索一下。我指的是女性文化。

客：这不稀罕。从外国到中国近来谈得很热闹。这不是女权主义吧？那是外国的，情况和中国不同，连日本的也不同。你是不是指妇女中心的文化？或者母系社会的遗留？

主：不要忘了我们着眼的是文化中的民俗心态，是从有文查无文，所以不用管这些说法和招牌，先考察一下妇女在文化中的地位和女性在创造文化中的作用。不是着重性别，而是考察性别的文化作用。因为中国历来大家承认的文化符号序列中是男尊女卑，女性处于附属地位，好像不许也不能发挥什么作用，所以出个女皇帝或者女诗人就大惊小怪当作例外。若事实不是这样，那就是隐文化了。这里面就有民俗心态了。

客：还是从有文的经书查起吧。

主：在中国的符号体系中，从《易》起，阴阳或乾坤就并提而不可偏废。阳刚阴柔是指性质，不分上下。分上下如阳强阴弱或阴盛阳衰应当是都不平衡，为什么前者可以容忍而后者就招致不满呢？不单是男的不满，连女的也不以为然，好像男的必得盖过女的。大家这样想，然而事实呢？事实是不是太极图式的呢？是不是阳显而阴隐实则并列而互有盛衰，共同组成文化的全部呢？乾坤，阴阳，互为先后。文学不必说。从《诗经》、《楚辞》一直到鲁迅的《祝福》，女性不是文学的中心也是不可分离的部分。对不对？要考察的是其他方面。

客：依我看，男尊女卑，重男轻女，男性中心，父系社会，这些都不错，是显文化。女性是受压抑的，但同时又是反压抑的，并不是那么卑，那么轻，那么无权。这是隐文化，也许因此不占主导地位。

主：隐文化不显著，不受重视，这不等于不能起主要作用。就政治方面说，看起来打仗的，做官的，从皇帝起，都是男性。有个武则天，出个花木兰，就成为特殊人物。这是迷信符号。当皇帝，主持政权，不一定要有称号。妹喜、妲己、褒姒起什么作用，姑且不论。《诗经》一开始就是《关雎》，毛《序》说是指“后妃之德”，足见后妃作用不可忽视。不用寻找，《左传》开篇的《郑伯克段于鄢》中共叔段闹大乱子以致庄公几乎杀了弟弟。兄长是嫡子，是继承人，弟弟如何能有权去侵犯他的政权？因为姜氏母亲溺爱。这就证明姜氏对政权有重要作用，庄公只好暂且听从。她虽然失败了，但不是无权。这类例子历史上有的是，当然都是挨骂的。秦始皇的太后使吕不韦掌握政权。汉高祖的吕后是无称号的女皇帝。韩信是她杀的。有段时间江山几乎姓吕。汉代外戚掌大权。权倾人主的霍光，掌兵权的卫青、霍去病、窦宪都是皇后家里人。唐朝除武后外还有韦后。杨贵妃能使杨国忠掌权。至少在逼她死的军人眼中她是能左右朝政的人。宋明的后妃也不是对政治无影响。清代开国有孝庄后，亡国有慈禧太后，下退位诏书还是隆裕太后主持。如果说帝王专制大权独揽，那权中有不小一部分是属于女性的。经济上，秦时的巴寡妇清以发财得名。一般是男主外，女主内，家财常是妇女主管。何况有“季常之癖”的“惧内”的男人从来不在少数。“忽闻河东狮子吼，拄杖落地心茫然。”（苏轼）女的不但能文，而且会武。有李清照，也有农民起义军领袖唐赛儿。当然这些都不能掩盖妇女受压迫被歧视的事实。她们是在重压下抬起头来的。打骂，买卖，裹小脚，不许识字，不当作人，都不能使所有女性屈服。男对女的一项措施是不许妇女识字读书，使她们只能有直接见闻得来的知识。可是妇女并非人人不识字而且无知可能闹事更大。总之，女的固然在地位上受男子玩弄欺凌以致被认为并自认为轻贱，但她们又何尝不能玩弄男子于掌上，驱使他们，甚至干涉他们的政治态度及前途，如明末的名妓对名士（《桃花扇》）。所以从整体说，从全社会说，以性别分，女性是受男性压抑的。这是显文化，不容否定。同时，从局部说，从一个个人说，男性受女性支配的事并不希罕。这是隐文化。应当说，文化是男女双方共同创造的，而女性起的作用决不会比男性小多少。连《文选》里都有两位古代女作家，班婕妤和班昭（曹大家）的诗赋，后一位还是大学者，是经学家、史学家。

客：这种情形不能说外国没有。印度的，日本的，欧洲的，各有其女性隐文化，不过和中国历史上的不一样。欧洲的圣母，印度的女神，日本人的世界最早的（十一世纪）长篇小说女作家紫式部都是中国没有的。欧洲中世纪的英雄美人也和中国的不同。法国宫廷中活动的贵族夫人也不是中国的后妃。现代变化很多，中外还是有不小的差别。也许这就是外国高呼“女权主义”时中国人不大响应的原故吧？女性文化的现代兴起可能在中国更旺盛。女作家，包括台湾、香港的在内，现在不是越来越多吗？不过这属于隐文化，是不会大嚷大叫的。能不能说，以性别分人群，则女视男如符号而男视女如意义；男女仿佛谜面谜底，谜底是不露面的。

主：我们从应用“场”和“序”说到显文化和隐文化，又提到了“武文化”和“女性文化”，还得问问民俗心态吧？那就要另起话题了。

治「序」·乱「序」

客：我们谈到了文化可分显隐。我想就隐文化提一个问题。中国的文化历史中，春秋战国以后，秦是个承上启下的总结时代，年代不多，影响极大。显文化大家知道，已有许多研究。有没有隐文化需要注意的？

主：秦代形成了一个从来没有这样大规模的统一文化场，也就是信息场，以帝国政府为中心，但秦始皇帝决不是以前的周王。这是从东周几百年间的文化纷争产生出来的。可是没有多久秦朝就亡了。到汉朝经过两代才有稳定的“序”，所谓“文景之治”。秦、汉和后来的隋、唐以及元、明的情况差不多。三次变化从模式说非常相似。这不是一姓王朝的兴衰快慢问题，可以说是文化的“场”由一种“序”变为另一种“序”的过程问题。史实和形势很清楚，需要的是解说。可以有不同角度的解说。若主要从文化说，广义的，包括显的和隐的，可以有什么样的解说？我想简化一下，撇开中间的隋、唐，比一比秦、汉和元、明。不过元朝是蒙古族当政，有个种族文化作为重要因素，不如将秦和明来比。明朝的开国之君，太祖朱元璋和永乐皇帝朱棣，很像秦始皇。接下去的皇帝，直到末代崇祯之前，都不见得比秦二世高明多少。秦宦官赵高比明太监刘瑾、魏忠贤还高明些。激烈的农民起义推翻朝廷，秦末明末一样。可是为什么秦只二世而明可以维持近三百年？信息中心的强弱系于什么？能不能从文化上找一找解说？若不是只换术语和框架，这就会把隐的显出来。

客：你是不是说，从战国形式的分立的“乱”达到稳定而有“序”的“治”的统一的大“场”，要经过一段过渡期，表现为一个短促的王朝？是不是说，秦、隋、元分别是达到汉、唐、明的过渡期？那么，明的朝廷并不强却能长久维持，而且接下去的清朝未经过渡又稳稳统治了两百多年。那么多的内忧外患未能使清像秦那样一下子就垮台。这是为什么？若朝廷作为一个“场”的中心，秦和明相比，除皇帝个人外，还有什么不同？元朝忽必烈如同隋朝杨坚，不亚于唐朝李世民，何以稳定不下来，而相差不多的朱元璋、朱棣反而稳定下来？这当然不能仅从皇帝和朝中少数人作解说，恐怕不是中心而是全局的问题。先乱后治的道理是不是比先治后乱的道理更难讲？从文化说，不乱是不是比乱的原因更“隐”些？

主：我看先得把治、乱的文化意义说清楚。是不是可以说，“场”总是有“序”的。“序”可以有两类，一是治，一是乱，各有各的“序”。历来圣贤都是讲理想的治的序而不讲实际的乱的序，以为乱就是无序。试想假如乱中无序，那么治的序从何而来？用武力推行文化以至思想是不大见效的，几乎是不可能的。治序必定是从乱序中出来。同样，乱序不能只是治序的打乱破坏而是另一种序出来要代替原来的序。有时两序相仿，例如梁山泊的排座次和宋朝廷的座次属于一个模式，那不能说是两种序，只能说一是山寨的次序，一是朝廷的次序。乱序和治序不是这样，是不同的序。同序的不一定能相互代替，要看其他条件。不同的序相代也不能突变。两种序包含着不同的民俗心态。一个趋向“乱”，一个趋向“治”。古人常说的“人心思乱”或“人心望治”就是指这个。

客：既已“开宗明义”，那就来看看相隔一千年以上的秦和明两次“场”中的“序”有何不同？为什么一个不能“治”下去而另一个可以？从统治者方面说，明朝廷比汉、唐都不如，为什么也能稳定而治？难道秦制是乱“序”而明制是治“序”？为什么汉承秦制又治了？只是除去“苛法”和建同姓王国吗？从《史记》的《秦始皇本纪》能看出什么？

主：从这篇以始皇、二世、李斯、赵高为主要人物的政治文化总述我们可以发现，战国时期的重要的文化“场”的“序”到秦统一天下时改变了。变成什么？汉朝贾谊的《过秦论》一大篇（全文见《史记》，中段见《文选》）总结秦之亡为一句，“仁义不施而攻守之势异也”。对秦之兴总结不出来。唐朝杜牧离得远些，在《阿房宫赋》中用六个字描写秦之兴：“六王毕，四海一。”和司马迁的论述相合。秦朝的特色是将中国合成一个大统一的“场”。这是前所未有的。其所以能成功，当然是历史发展的要求。秦始皇当然是历史的工具，不过他是一个有思想有意志的工具。他所想的和所做的有什么是达成这个统一场的呢？那要看同他合作的李斯。秦用李斯建立王朝创立许多制度，而李斯被用由于上书谏逐客。秦始皇是很不喜欢“客”的，而战国时列国，包括秦，是用“客”而兴的。“客”是战国文化场中最显著最活跃最起作用的分子。从李斯这篇上书和贾谊那篇论中所列就可以看出来。（两文都入《文选》。）这些周游列国游说之“客”中还应包括孔、孟、墨、庄、荀、韩非、孙膑等圣贤诸子及其门徒，做官未做官，出名不出名，著书不著书的，都在内，不仅是苏秦、张仪之流。这些人公开地或隐蔽地在各国之间串连，出许多富强以战胜他国以至一统天下的计谋。他们的祖师言行录，门徒备忘手册，本门要诀之类的书都是内部读物或者对外宣传品。这些书包括《老子》在内，都是有一定读者对象的，是多半在口头传诵的，所以不能都存留下来。若没有这些人，战国只能混战，只是一些文化板块，如何能一统天下？东汉许慎在《说文》中说，七国是“田畴异亩，车途异轨，律令异法，衣冠异制，言语异声，文字异形”。使各国串连通气的正是“客”。（经济上是陶朱公、范蠡之类的商，史书留名的多兼充当政客。）“说客”中苏秦“合纵”使各国攻秦，张仪“连横”使各国降秦。他们是战国分立的“场”中所必需，因而为一统的“场”中所必除。秦始皇见到这一点，所以逐客时单用了李斯而不用韩非。（据说两人都是荀子的弟子。）他统一了天下就再也不允许有“客”存在并活动。不必等到秦二世，秦始皇在认为李斯的作用耗尽时也会杀他的，正和当年秦王杀商鞅一样。由此可见，分立板块而由“客”串连是战国文化场的特点，是乱“序”。由此达到“一统”，而统一场中就再不容“客”。秦朝的文化政策几乎都是为堵塞“客”的产生而制定的。这是不是战国板块文化场和秦朝统一文化场的重要不同点？

客：从春秋孔子起，这些“客”不但周游列国，还能到处讲学、收门徒或求学（如苏秦游学），使文化流通和发展。当统一的场形成以后，多块合成一块，自然就废“私学”、“游学”，烧去“非秦纪”的史书和“非博士官所职”的“诗书百家语”，废除六国文字，达到“书同文字”了。李斯、赵高各自编出新文字的识字课本（李斯《仓颉篇》，赵高《爰历篇》）。建立“博士官”（高等学府）统一教育。非官方的书只留下医药、卜筮、种树等技术书。要学“法令”只许“以吏为师”。这一大套文化教育法令是统一文化场所必需的。问题是：这有什么不好？为什么行不通？何以这一套到汉朝经过公孙弘、董仲舒才定下来，而私学私书还除不尽？为什么到西汉末期，刘向、刘歆、扬雄又在天禄阁校勘官藏古书，去认六国的“古文奇字”？（可见书未烧完。《左传》这时出现还不被承认，“博士”不立专业，要刘歆去信争。《文选》中有此信。）战国时乱哄哄的“百家”有什么好？“一统天下”后的一家有什么不好？我们不要用两千几百年以后的世界的眼光来看，要照当时的形势看。

主：不错，从板块文化场变为统一文化场正是从战国到秦的变化。这在当时是必然的。由此而来的，由丞相李斯建议和始皇帝批准颁布的一系列法令措施也是应运而生的。（“客”将分立场串成了统一场同时消灭了自身存在的依据。）然而不行。秦始皇太自信了，太乐观了，以为灭了六国，一统天下，要防的仅仅是六国的后代和他们的谋士“客”，于是对文化作了严格的统一规定以防“客”，想不到“客”会有后代，想不到要有什么人来代替“客”。始皇不认识，那时也不可能认识文化的意义。他看轻了文化。他知道文化是对付人的，又误解了人。人虽可以变成兵马俑，听从统一号令，但人又不是俑，不可能和兵马俑完全一样。军事上这样做都有危险，兵士中会出现陈胜、吴广。政治上经济上统一“场”、“序”必须具备成熟的足够的条件。第一要件便是活人。兵马俑不是活人，只能在墓中和死人在一起。活人有合乎六国的“序”的，有合乎秦“序”的，不像俑没有分别。统一文字并通行隶书再设立“博士官”确是合乎需要而又具备可能，但若以为这就够了，那是只知其一，有文的文化，而不知其二，无文的文化。那些无文的大多数人呢？仍然处在板块文化之中。上层出现了统一文化，下层仍然是互不相通的板块文化。《孟子》里一说“南蛮鴃舌之人”，二说楚人学齐语要到齐国去，否则学不了（俱见《滕文公》）。当时恐怕只有上层通用语，可以供“客”到处游说，可供各国首脑办外交，引《诗》以结盟。《诗》是将各国“风”化为通行语的标准课本。所以孔子说：“不学《诗》，无以言。”（《季氏》）然而极大多数的人是各守其板块文化的语言和风俗而不改习惯的。当时明显的文化板块有：中原的从殷商以来的文化，包括“桑间”、“濮上”的“郑卫之音”。（这里有女性的呼声，是进步还是落后？）还有西方的周秦文化。（内含西戎?）不算北方的其他民族，燕赵也自有文化。东边海滨有齐文化。（鲁似近中原。）东南先有吴越，随即并入庞大的南方荆楚文化而成为吴楚相通的长江流域文化。（这力量能和北方对抗而刘、项以楚亡秦。）这几大板块仅仅靠“行商”如弦高“座商”如陶朱公以商品流通来联系是不够的。他们可以促成统一，但维护一个大板块还远远不够。经济通气之外还需要人的通气。怎么能那么快就不再需要“客”的流通和“私学”的传授了呢？像萧何那样的吏除了教法律政令之外还能做什么呢？何况原来六国的无数“萧何”也不是很快就能都成为秦吏的。虽经李斯、赵高强迫推行，文化的统一场终究是表面文章，不如军事政治统一得快。汉又分封王国。文帝不采贾谊的“治安策”。那策是只知除病，不知病除掉以后本身没有元气恢复健康，又会得病。景帝试了一下，不成功。武帝时才初具规模，仍是表面。直到元、明、清三朝大统一才能消化板块，但也化不净。已经一千几百年了，显文化一统江山，隐文化照旧板块。始皇、李斯虽有开创之功，只是开创而已。战国的板块文化场的“序”是不能化为秦朝要求的兵马俑文化的“序”的。统一场的“序”在两千多年前是不可能形成的。秦使天下为一国，文化上不能适应。文化是以经济为基础而与政治相应，又内含喜乡音而守乡土的民俗心态，所以分立不断。汉封王，唐不封王而有藩镇，宋无藩镇而辽、金、西夏、大理、吐蕃多国分立。元统一不久，明朝又裂土封王。清朝才出现政治文化统一场的局面。这是着急不得的。秦始皇以为有了白起、蒙恬、章邯率领兵马统一天下，有了连六国长城为一以防范北方异族，销六国兵器铸为金人十二（显然是象征），这就够了，其他无足重轻，可以随意制定。这是原始的天真，是不知道也不相信有文化场，而文化场是活人的民俗心态力量的集聚，不能任意指挥的。秦初并天下的第一个诏书中一再说“兵吏诛灭”六国。他想不到“兵吏”不能制造并率领统一文化场。

客：由此是不是看出了一条？中国之大，必定文化分成板块，但又趋同，所以要一步一步形成统一文化场的“序”。这不是秦始皇的功过问题。他本人在统一天下后车马不停，南北东西奔走，毕竟不能代替当年“客”的流通。“博士”消灭不了“私学”。能背诵《尚书》的伏生还是活下来了。这显然是两种“序”。能不能说战国的文化场“序”是乱“序”而秦朝的是治“序”呢？这是不是有点像欧洲的罗马帝国而缺少基督教？乱“序”不能由少数人统一管理，所以比治“序”更难办。然而若有人以为可以平稳地由乱“序”而治“序”，恐怕是不懂文化。欧洲的国小，罗马帝国以后还变了几百年，而且各国不同。中国的情况不能比。硬套不是解说。

主：先不忙定符号招牌，只可试试。战国是板块文化而有间隙通气。这是不是乱“序”，和后来的东晋十六国、五代十国属于一个类型？不敢说。至于秦始皇所想做到的恐怕不会是治“序”。

客：可是一直到明朝还是这一条秦始皇思路。明太祖、成祖也可以称为秦若干世。明代的裹小脚是使妇女成为不容易自由行动的俑。八股文是使读书做官人成为头脑不容易自由思想的俑。这种俑化思路以为大家一样就是治、平。这好像不是秦以前诸子百家提倡过的，也不像是孔孟的。李斯是荀子的学生，这也不像荀学。恐怕还是秦始皇在秦国情况下才能有的思路。李斯不过是迎合而出谋划策。可是开国名王的第二代往往不行。秦二世不用说。汉高祖以后惠帝不行而吕后掌权。唐太宗之后高宗不行而武后掌权。明太祖之后建文帝不行而成祖继任。这又是为什么？

主：吕后、武后仍是继续不断的后任，不过是由隐文化的妇女出面了。名王的儿子或孙子不行，这是另一问题。主要是那条思路及其执行继续下来了。可以问的是：秦为什么二世换了朝代而汉、唐、明可以不换？

客：这是不是说，后来的思路和所作所为多少还合乎治“序”？秦二世是第一次作试验所以不成功。

主：不是第一次试验。秦国已实行多年了。秦始皇是想把天下变得和秦国一样。秦二世和赵高不懂或不赞成继续始皇和李斯的思路，以为天下已定不必再像始皇那样操心亲自每天阅一大堆文件亲自到各处跑了，不知新的文化场未能形成正是危急之时。这里面有一个对人（不论贵贱）的看法问题。人的俑化和俑的人化是两回事。人化俑不行。俑化人可以。始皇对此不能明白。他把“黔首”（老百姓）搬来搬去，一搬就是多少万。不仅迁奴隶，还迁富户（当然连带他们所有的奴隶）。这是把人当成俑。他以为兵和吏是俑，民也是俑，活着时就可以像死后在墓中那样排列整齐，以为这就是治“序”。错了。所以不成功。若有俑化人，那可能构成文化场的序。人化俑只能构成坟墓里的序。那不是治序而是死序。从陈胜、吴广当戍卒可见秦的兵是俑。兵的来源，既不是征，也不是募，而是“一锅端”（闾左）。秦实行的是商鞅以来的耕战两分法，也就是孔子教导的“足食、足兵”二分法（《论语·颜渊》）。不过法家是硬来，儒家是软干，但都要求“民信”（商鞅徙木立信）。始皇把“民”硬性分割，一边人去种地，一边人去当兵。这很简单，是把人当俑。没想到大雨误了行期，当斩，于是陈胜、吴广开动了思想。怎么样都是死，造反还可能活。有选择了。人是能选择的动物，不是无选择的俑。加上秦二世、赵高的糊涂和六国板块文化的余力，又没有板块王国可以缓冲而由皇帝独自挑重担。这样，秦就垮了。在统一场中人的活动作用比在板块中大。若反而把人当作比在板块中更少活动的俑，统一场自然有瓦解危险。这不是统一场不行，而是统一场的“序”所依靠的人尚未形成又受到阻挠。不知这样说法通不通？

客：什么是“俑化人”？还不清楚。

主：我想到十九世纪中叶，英国议会中有位名人演说。他主张英帝国统治殖民地要兴办教育。不是普及教育，而是办大学教育，培养少数人当官吏。同时确定文官制度，用中国式的考试办法。他预言，将来会有许多官吏，人是当地的人，但说的是英国话，想的是英国人的想法，用英国文明治理当地。这就是俑化人的理论构想吧？确实是人，但实际是俑。这和人化俑不同。那确实是俑，但实际是人。那很危险。一旦人由隐而显要自作主张，作选择，就会出陈胜、吴广。俑化人不同。确实是人，自己思想行动，自有选择，但实际是俑，所有自以为是自己的一切都是外人教会的，自己不知不觉暗中照人的样，等于听从自己以外的指挥。那样就可以治。是不是治“序”？不敢说。秦始皇需要培养俑化人，可是他只相信“兵吏”，只要人化俑，所以失败。他不是两千多年后的英国的维多利亚女皇。

客：你这套俑论或人论太抽象。还是回到秦和明、统一和板块的问题上来吧。就中国历史说，乱“序”存在于板块文化场，治“序”存在于统一文化场。秦是统一的大“场”。明像汉一样分割为板块。为什么秦治得短而明治得长？两朝皇帝都是开始英明继任昏庸的。

主：明朝虽然裂土封王，却不是战国、十六国、十国那样的板块。货和人的流通比以前不知扩大了多少倍。文化比以前更像统一场。上层分封对朝廷不是利而是害。到亡国时还闹福王、唐王、鲁王、桂王的纠纷。秦和明都是统一文化场，用相类似的治“序”。明晚了一千几百年，各方面有大发展，应当是照秦“序”更不行，为什么反而行呢？是不是秦“序”需要更为发达的条件，当时才开始，汉朝还得分封板块，同时定于一尊，到元明时代才有更多的条件，更多的需要，齐国公羊高进《春秋》的理想要求“大一统”才可以实现了。

客：明朝廷从上到下有什么发展了或变更了秦的不成功的制度的？

主：这就还得回到人和俑的问题。文化的主体是人的活动。政治更是要看人。秦的“治”是靠“兵吏”。兵属于军事，是另一回事，不必谈。吏，在秦是主要的，因为有“苛法”和“酷刑”要吏来执掌，而且吏还要教“法令”，培养后继人。全国这么大，又不分割为属国而一并划为三十六郡，朝廷直接统治而不间接统治，这就更需要听指挥的直到最下层的官吏。东周列国时是贵族依血统分封，层层把关。从《论语》可以看出，鲁国的国君是周的贵族下放。季氏三“家”是分别为鲁君掌权的又一层贵族。阳货以及孔子门人冉有、季路等“家臣”是又一层掌握实际直接治民的大小不等权力的。官吏从何而来？除贵族出身的以外，从办私学的孔子那里来。阳货可以明劝暗令孔子做官。孔子的门徒除早死的颜回外几乎都是官，或是可以做官的候补者。国君也常问孔子有什么门徒可以做官（从政，为政）。大弟子冉有、季路都是季氏的家臣。季氏要出兵打仗，这两位还向老师报告，挨了一顿批评。（《季氏》）还有弟子原思等人当地方官。孔子经常出外周游列国作“客”。他是办私学培养并推荐官吏的，同时充当国和“家”的政治顾问，“从大夫之后”。（《宪问》）用这一眼光读《论语》可以看出开篇讲的“学”、“习”就是学政治，学做官。孔子办的是政治大学，向各国政府输送官吏。秦统一天下，当然不要这些给六国尽力的“客”和“私学”，一律取消。可是官吏从哪里来？“以吏为师”。哪里来的那么多的吏？秦国原有的也不够用。只好仍用当地原有的以及新由皇帝提拔出来的。这些官吏很靠不住。萧何就是一例。他很能干，能当宰相，可是当小吏而不为秦用倒造了反。汉代在“萧（何）规曹（参）随”袭用秦制以后才开始了新办法，“选举”（选拔，举荐），也就是由当地名流推荐，于是有了“名流”、“门阀”。闹腾到三国时还不行。太学、博士只念经书争派系无能力培养人。秦有七十多“博士”，恐怕是书呆子居多。曹操、诸葛亮的兵法不知是从哪里学来的。唐太宗想出个统一考试的办法夹，一直传到明朝。分散培养，统一考取。分散的私学自然照统一的取录标准教。《文选》中有“策秀才文”，那在唐以前。唐考诗赋，诗盛。宋考策论，散文兴。明太祖出自民间，深知必须将人俑化，决定了将“经义”定为八股。这是秦以后的大发明，一直行到十九世纪末。八股的好处暂不论，和小脚一样是明代文化的大题目。可以说，到明代，秦制中心的官吏从培养到选拔到控制使用的全套办法才完成了。这个统一文化场有了治“序”的“人”的依靠了。这个文官制度和英国先在印度后在本国实行的文官制度有异曲同工之妙。各有为各自的“场”的“序”服务的功效，为治大席国所必需。

客：恐怕还不止这一条吧？八股文培养书呆子，如何能进行有效的“治”呢？

主：不错。这又是明清两代的大事。有个“僚”或“师爷”的系统。这仍是秦代“以吏为师”的延续。大概各朝代都有。不过元明以前做官比较简单。白居易、苏轼以诗人当刺史、太守，只要喝酒作诗就可以。在杭州各修一道堤就是了不起的大事。至今还叫白堤、苏堤。元以后不同。文化场扩大而且复杂化。当官做吏不那么容易了。萧何也罢，宋江也罢，都不够格了。吏需要专业化。于是出现了一些会做官而又做不上官的人给官当实际工作人员，也就是“僚”。低的本地人就当“吏”，像京戏《四进士》里的宋士杰，或是《红楼梦》里给贾雨村大人出主意的“门子”。“僚”有门派，例如出名的“绍兴师爷”。这是战国时“客”的转化，也是从周朝开始的“士”的演变。贵族大官除外。一个穷念书的，或是阔少爷，考取进士，没在朝廷等候做大官而下放当知县，得到肥缺或瘠缺。这比在翰林院陪皇帝候放差实惠。怎么当官？没学过。于是亲戚朋友以至于同学、周乡、同榜考取的“同年”都来荐信了，荐来一批专业化的“师爷”或称幕僚帮助当官。这主要有三行：一是“刑名”即司法，管问案子，要懂法律案例，可以捞钱。“绍兴师爷”是这一行中最出名的。二是“钱谷”即财务，管税收和会计，造假账，懂“四柱清册”，会办“交代”。（“四柱”是：旧管，新收，开除，实在。）要贪污，不可缺少。三是“文案”即秘书，掌管文书往来。看来不重要，可是公文和书信中一字一句用对用错可以升官或革职。应酬人的“八行”书信更是写得好未必有功，写错了一定有过。“文案”还能代表官去联络关系，少受嫌疑。有了这些“僚”或“幕”就可以“走马上任”了。到任上还得用好当地的“吏”，交结好当地的“绅”，如退休在家的“老大人”和有在京在外当大官的家属亲友以及什么“霸天”，否则也当不成官。这些都有了，那就可以作诗喝酒打牌娶妾什么都干了。不用说上面还得有靠山。这一整套是明代完成的治“序”，适合于大一统文化场。正史、实录、野史、诗、文、小说、戏曲里到处都是例子。这是做官。要发财，这还不够，另有门路，就不必讲了。

客：清末《老残游记》中的老残摇着串铃出入于官场和其他

场，是不是也还有一点战国板块文化场的乱“序”里的“客”的味道？他以医卜为生走江湖，不是串连各文化信息场的一个“量子”吗？是两千多年的传统不衰还是残余呢？能不能说，统一文化场需要一个一个的人作为“基本粒子”而以个人的各种平等结合来组成有某种“序”的“场”；板块文化场不需要这样，是以家族或某种不由自主的血缘、乡谊之类关系组成的集团为“分子”的？是不是在统一文化场出现时才逼出一个一个的人，才发生所谓“人化俑”或“俑化人”的问题？

主：秦始皇禁“挟书”只留下“博士”，烧书只留下医药卜筮农书，这就给方士开了大门。他相信方士，求神仙。到汉代出现了儒生和方士的结合。天人、谶纬之学兴盛起来。儒生本也属“客”。各种的“客”，包括讲“纵横”的“说客”，也和方士结合了。战国的“客”化为后世走江湖和居庙堂的会读书作文又会占卜和治病的“士”，以传说的姜太公和诸葛亮为首。大概板块文化场从未清除，还时时占上风。有民俗心态作“窝主”，所以乱“序”中的人消灭不了，不要这些人的治“序”也安稳不了。有文的文化成为统一文化场，那无文的文化场还照旧遵从板块文化的“序”，仍行板块文化中的行规、帮规，有不结帮的帮。

客：秦汉儒生和方士结合，后来的佛徒也是方士吧？

主：这种“士”的问题是一时讲不明白的。

一九九一年

轨内·轨外

《论语》可以作为一部文学书看，里面有故事，有对话，有文章，用种种形式表达思想。在以简帛作书的时代里，书面语言不能不简短；这书又是传闻记录，往往残缺不全；又是传授门人弟子的内部读物，不像是对外宣传品，许多口头讲授的话都省略了；因此，书中意义常不明白。自从汉代以来，孔门弟子所传的手册《鲁论》、《齐论》等编订成一书，最后又经政府颁布，成为识了字就要读的经书之一。一直到二十世纪（一九〇一年）废除八股科举不用这书作考试题目来源以后的三四十年，《论语》仍旧是读书人最熟悉的。这样一部圣人之书是高高在上的经典，和不识字的多数老百姓的民俗心态应该是离得远了吧？事实并不是这样。不但书中有两千多年前的民俗，而且它成为家喻户晓的书，一直进入笑话、谜语，“雅俗共赏”了。教孩子读《论语》是从前私塾的普遍任务。因为书中充满了“子曰”，教书先生便被戏称为开“子曰铺”的。书中坚持的“三年之丧”守孝成为历时两千多年的丧葬礼俗。书中有些话如“不亦乐乎”、“四海之内皆兄弟也”、“欲罢不能”、“割鸡焉用牛刀”等等，被引用于庄重的或不庄重的上下文里。所以许多不识字的也知道孔圣人的话而且心态相通。我们不妨考察一下这书里的雅中之俗。仍然不挑选，只抽样。

《论语》中称呼人，除用官名或谥号以外，单称“子”的都被认为是指孔子。称“子”加姓的除“孔子”外，曾子，即曾参、有子，也称有若，两处提冉子（《雍也》、《子路》），别处仍称冉有。此外，门人都称其“字”（号），如子路、子贡、子夏、子张及颜渊等。对有些人直呼其名而不加称呼，那是不受重视甚至受轻视的。这些不同称呼区别亲疏、尊卑、贵贱，正符合中国从上到下历来的习惯：不同称号表示不同关系，对方的不同地位，错不得。

为什么独独有子、曾子称“子”和孔子一样？（冉子称字的多。）可能是这两位的门人记下老师语录也照原样集在孔子的一起未改。编集可能不止一次，作为古书不加改动，传承门派不分明了。这和古代印度不同。他们主要是口传，刻写在贝叶上的很少，而且较晚。他们古时作“经”作“传”和传授诵读的人都是多少有巫师身份的。所传经典包括祭祀仪式。“作法”和咒语，带有神秘意味。口传的经典都以祖师命名，如他氏、鹧鸪氏。内容可有互抄或共同来源，但都有门派标签。这种情况不仅“婆罗门”、“仙人”、巫师有，其他教派的“沙门”、“法师”也有。中国上古传授知识技能的一些人也不免和巫师有联系，但很快就和政治发生更密切的关系，脱离了巫师地位。孔子说："未能事人，焉能事鬼?"(《论语·先进》)中国拜的神是活人（天子）或死去成神的人，和印度的"天"（神）不同而与"佛"（太子出家）类似。中国很早就烧灼龟甲兽骨作文字，后来又刻、写简书、帛书，不都靠口传，既无保密之必要，也缺少保密之可能。官方文告还铸上钟鼎昭示天下长久保存。(印度只有阿育王石刻诏书。)得到书的人可以披阅，增删，毫无著作权观念。往往编集者也是作者。有时加上一个名人称号作为主编，也算作者，如《老子》等子书。(印度古经书不标作者，有标的大都是后加的。)西汉末期刘向、刘歆、扬雄还在认"古文奇字"校勘古书。到东汉才算定下来。经、子书大都是文集，多少经过整理排比，增删、传承已不明显，不像古印度传经都留下门派标签如汉初情况。《论语》本来也是"子"书之一，和《孟子》、《庄子》等是一类。《孟子》里也有别人称"子"。《下孟》(《孟子》下卷）开头出现了告子，以此为章名，口头上这部分也叫《告子》。告子和孟子的对话收在书中，互相辩论，二"子"并称。这样看来，孔子门徒有子、曾子的话也称"曾子曰"、"有子曰"收在《论语》里就不足为奇了。甚至有人怀疑过，"子曰"的"子"不一定都是孔子。在那多凭口传而书写也不讲究什么著作权的时代里，门人传老师的话夹着自己的话，门人的门人记下来不区分老师和太老师是极可能的。对老师的话有意或无意增删改动不是不尊重老师。把自己的话算在老师头上也不算假冒。这些类似佛经初结集时情况。

为什么要提出这另外二“子”？因为要引他们的话和孔子的话对证，要明确他们的地位。《论语》的编排不一定是经过研究讨论的结果，但《上论》（上卷）和《下论》（下卷）的末章（第十章《乡党》和第二十章《尧曰》）显然和前面的语录体不一样，当然是有意排在后面或后来加入的。《上论》第一章也就是全书开篇，正好是孔子、有子、曾子三“子”都出来“亮相”。有子三次，曾子两次。以后除“曾子”还一再现身外（《泰伯》、《子张》），有子再见就称有若而不称“子”了（《颜渊》）。“子曰”都算在孔子名下，不知还有没有“有子”的话了。我们不妨读一读这首篇《学而》中的三“子”。

第一篇共十六章。第一章是最为人所熟悉的。现在能记得《论语》的人不多了。还得抄下来。

子曰：学而时习之，不亦说乎？有朋自远方来，不亦乐乎？人不知而不愠，不亦君子乎？

开头便说“学习”。这个词现在还流行。孔子讲的是什么学习？全书讲“学”很多。明白讲出“学诗”、“学礼”的也有，可是含混的居多。“吾十有五而志于学。”（《为政》）“虽曰未学，吾必谓之学矣。”（《学而》）“何必读书然后为学？”（《先进》）显然这学是有特指的意义的。讲了“学”和“习”之后，下两句更不明白。什么朋友？为什么要“自远方来”？不被人知道而不生气就算是君子，岂不是要求太低了？为什么对知名度这样重视？不知名的人多得很，个个都会生气，那也未免太小气了吧？

第二章是有子语录。第三章又是孔子的话。第四章是曾子语录，大家都熟悉。

> 曾子曰：吾日三省吾身。为人谋而不忠乎？与朋友交而不信乎？传不习乎？

曾子的话和第一章孔子的话是对应的。试看：

> 孔：学而时习之。曾：传不习乎？
>
> 孔：有朋自远方来。曾：与朋友交而不信乎？
>
> 孔：人不知而不愠。曾：为人谋而不忠乎？

两位先生重复了“习”、“朋”、“人”，讲的是相同的三样，不过次序互相颠倒。孔子说的，一是学习。曾子说明是复习由传授得来的东西。二是朋友。曾子说明对朋友要着重信。三是别人知不知自己。曾子说明要为人谋而忠。（此为一解。依据他处可有别解。）

三条指示人的三种关系。一是师徒关系，学习，传授。二是朋友关系。三是自己和别人的关系。

曾子说明了，对人要“忠”，要“为人谋”。那么，孔子说的“人不知”应当是不知自己忠于为他谋。辛辛苦苦为人打算，结果是人家不知道，难免会不高兴了。可是“不愠”，一点也不生气。忠于为人而不求人知道，这样自然可以算“君子”人了。于是孔子的话得到了注解。

“学”的什么？还有“朋友”、“人”都有所指。指的什么？暂时“悬搁”，以后便知。这里重要的是标出忠、信。第八章孔子又说到“君子”，说了“学”，说了“友”，说了“主忠信”。这又正好和曾子的话相呼应。

“信”尤其重要。且看第四章曾子讲“三省”以后，第五章孔子讲“道千乘之国”，首先就是“敬事而信”。第六章又说“谨而信”。第七章是子夏的语录，又说“与朋友交言而有信”。更明白了。第八章孔子说“主忠信”，又见于《子罕》篇。第十三章是有子语录，头一句就说：“信近于义，言可复也。”又提出“义”，将“信”、“义”连起来了。第一篇中十六章有六章讲到“信”。讲到“学”的五处。讲“不患人之不己知”的还有一处（末章）。此外，讲“诗”一处，是子贡说的。讲“礼”两处，都是有子说的。由此可见，这第一篇差不多是围绕孔子和曾子提出的三条进行讨论的，着重的是交朋友，要求的是要有“信”。这是全篇的一个重点。另一个重点是有子提出的，以后再说。

这个“信”字非常重要。以后孔子还着重说：“自古皆有死，民无信不立。”（《颜渊》）宁死也不能失信。又说：“人而无信，不知其可也，”（《为政》）“朋友信之”。（《公冶长》）孔子这样看重朋友，这样看重信。忠、信相连。信、义相连。忠、信也是忠、义。

这使人联想到“忠义堂”，《忠义水浒传》。朋友重义气。义气就是要有“信”。说了话不算，怎么交朋友？孔子、曾子、有子这样看重人我关系、朋友关系、师徒关系，这正是他们当时及以后两千多年中国的重要社会关系。为什么从远方能来朋友？不是普通认识的“点头之交”就算朋友。朋友是“五伦”之一，是以“信”结合起来的，是和师徒关系连接起来的，是有特定意义的。“够不够朋友”不是常用的话吗？中国的帮会不是讲义气吗？从《史记·游侠列传》直到现在的新武侠小说不是讲义气吗？义气就是对朋友要守信。“一诺千金。”《论语》中说“子路无宿诺”（《颜渊》），说子路“好勇”。显然子路有侠客之风。孔子说：“由（子路）也好勇过我。”（《公冶长》）可见孔子也好勇。他还再三说到“勇者”。那么，孔子及其门徒看重师徒及朋友关系就不足为怪了。圣贤思想和民俗心态是相通的。

这一篇的第三章只记下孔子的一句话：“巧言，令色，鲜矣仁。”（又见于《阳货》）

仁，据说是孔子及儒家的一个旗号，《论语》里多次提到。可是为什么第一次提到时和“巧言令色”连起来？恐怕也得和上下文中孔子、曾子、有子的话连起来才能明白。“巧言”，讲得好听，靠不住。“令色”，表面态度很好，实际行动却未必。这样的人怎么能交朋友？对待人会怎么样？不用说，向老师学习也不会靠得住。这样的人很难信任。说他“鲜矣仁”，那就是离仁很远。“仁”是为人之道，是理想的人。人的理想，首先要做到曾子天天自我反省的三条，做到孔子要求的“悦”、“乐”、“不愠”。一个言行不一、表里不一的人当然不行。那就几乎没有（鲜矣）“仁”，不合为人之道了。“刘关张桃园三结义”经过《三国演义》的宣扬，成为人所共知的标本。“义结金兰”和“拜把子”是朋友结合的最高形式。“与朋友交言而有信”是这一篇中子夏说的话，也是民间历来奉为道德标准的一条。在《论语》中是信、义相连。在《孟子》里成为仁、义相连了。“义”越来越时兴，在民间超过了“忠”和“仁”。

孔子说的“信”不止是从朋友一方面说。第五章说的“信”就是治国之道。以后还讲“民无信不立”等等。圣人的看重“信”和民间的看重“信”是一脉相承的。

“信、义”、“忠、信”、“忠、义”以外还有另一方面，“孝、悌”。这就是第二章的有子语录：

有子曰：其为人也孝弟（悌），而好犯上者鲜矣。不好犯上而好作乱者未之有也。君子务本。本立而道生。孝弟（悌）也者，其为仁之本与？

抽象语言符号的意义常出于一种结构关系。“忠、信”对待朋友是社会关系。“孝、悌”对待父兄是家族关系。有子将家族关系和君臣的社会关系联系起来，正是用的“同构”的类推法推理。孝是服从父。悌是服从兄。父兄是上，子弟是下。不“犯上”就不会“作乱”。对“君上”以及他手下的层层官吏，也同对父兄一样。

君、父相连，忠、孝也就相连。所以后来的皇帝常“以孝治天下”，号召的其实是“忠君”。说官要“爱民如子”，实际是要民以官为父。

忠、孝、信、义就是“仁”的要求，为人的基本准则，也是治国要道。“本立而道生”。这“道”就是“天下有道”、“天下无道”的“道”。

《论语》一开头四章。第一章讲学习，指出师徒朋友关系。第二章讲孝悌，指出父子兄弟君臣关系。第三章讲仁，把“巧言令色”的虚伪不“信”排斥出去。第四章讲出忠、信。第五章讲“道千乘之国”，即治国之道，对事、对人、对民的要点，是归结。头五章已经总括了全书的主要符号系统。这就是学习的内容：学治国，学做官。子路说的最明白：“有民人焉，有社稷焉，何必读书，然后为学?”（《先进》）

“五伦”是君臣、父子、兄弟、夫妇、朋友，为什么以上所讲独缺夫妇?《论语》中只提到选婿、嫁女（《公冶长》），几乎没有讲夫妇之道。不仅是“唯女子与小人为难养也”（《阳货》）。孔子说，武王的十个臣子中，“有妇人焉，九人而已”（《泰伯》）。很明显，妇人不算人，做了大官，好官，还是不算。对“夫妇”的沉默正是又一条重要民俗。男尊女卑，“乾坤定矣”（《易》）。从妲己、西施、杨贵妃、潘金莲以来，史书和小说戏曲不都是这一条吗？妇女从来是同物品一样可以买卖和送人的。孔子看中了公冶长，就“以其子妻之”，把女儿嫁给他了（《公冶长》）。这是儒家规定了民俗呢？还是民俗规定了儒家呢？恐怕是交互作用而普通人的民情风俗更有力量吧？

孔子、有子、曾子和子夏、子贡等大儒把人和人的关系结构作了“音位”式的排列。不是分析一个个“音素”，而是在所排的音位符号关系上加上“忠、信、（义）”，“孝、悌”等符号而总名之曰“仁”。各利关系的总体结构是平行的“家＝国”，也就是“孝＝忠”。用老百姓的话来说就是上和下、官和民的关系。（恐怕中国无论什么古书都没有完全脱离这个“上、下”符号关系。）孔子要求学习的大概就是这个。这看来是美妙而完整的结构，是国家社会的正轨，也就是“本立而道生”的“道”。他们要把一切人纳入轨道。然而，道路上的轨迹难道是凭空设想出来的吗？

符号大都暗含正负。孔子及其门徒的这一套都是有反面的。大师们未必想到的是，这一套符号结构的“道”同时也可以是反结构的和负面的“道”。“犯上作乱”的梁山泊就挂着“替天行道”的旗子和“忠义堂”的匾额。“造反”的商汤、周武居然是“应乎天而顺乎人”的“革命”（《易》），是遵循天“道”，当然也属于“仁、义”的圣人之列。这是怎么回事？有子说得好，“道”是对付“犯上”的。“正”是对“反”而言的。

不必去查“乱臣贼子惧”的《春秋》，在《论语》里就有正负两面。开头三句话“不亦”什么“乎”就是不确定的问话。接着是有子说的“孝、悌”，针对负面的“犯上”。随即将“巧言令色”排斥在“仁”以外，也就是负面。再接上曾子的反省，又是三句问话。这和《大学》、《中庸》那样肯定下断语是不一样的。《四书》都以孔子为祖师，但并不属于一个门派和一个时期。

孔子设定各种关系的轨道。有轨，就有轨内、轨处。在《论语》中，妇人不算人，而“子见南子”，一个妇人，以致“子路不悦”，孔子发誓。（《雍也》）齐国陈恒“弑君”，孔子要求出兵讨伐，君臣大义凛然。（《宪问》）可是“公山弗扰以费畔（叛），召，子欲往”。惹得子路又“不悦”。紧接着，“佛肸以中牟畔（叛）”，又是“子欲往”，又是子路反对。（《阳货》）君臣名分为什么又不顾了？孔子还答应权臣阳货说要出来做官，说了又不做。对朋友也不那么讲“信”。孺悲不知是不是朋友，孔子不见，“辞以疾”，同时又在室内“取瑟而歌，使之闻之”。（《阳货》）原壤总是朋友吧？挨孔子骂“老而不死是为贼”，还挨了一棍子。（《宪问》）开篇就说“人不知而不愠”，又说“不患人之不己知”，可是后面又说：“莫我知也夫！”还叹气说：“知我者其天乎？”（《宪问》）又是很想人家知道自己了。前后两“知”虽有所不同，也不大合拍。总之，《论语》中布下了轨道，可又有出轨的言行。这正像“天下有道”、“天下无道”一样，一正一负。“无道”也有自己的“道”，往往还是那个“有道”的“道”。有“天道”，就有梁山泊好汉“替天行道”，所谓“盗亦有道”。

孔子、有子、曾子依据人的社会地位，把妇女和小人（僮、仆、奴、隶在《论语》中不见。《子路》中一处用“仆”，是指御车。）排除在外，构成一个关系网，排成一个符号系统。对每一符号的要求算是那个符号的意义。符合要求便可以戴符号，否则不算。这就是“正名”。这系统中的层次是由低而高，由小而大，由家（父、子）而国（君、臣）而天下（天子、万民）。每层各单位中都自尊卑上下。尊者，在上者，代表卑者，在下者，等于全体。全体永远大于局部。在上者高于其他任何个人。天子等于天下。君等于国。父等于家。有大“家”，是掌权贵族的，如鲁国的三“家”，各有家臣，等于小国。普通老百姓的家是父兄做主。同姓的家合成族。家族是一体，荣则俱荣，灭则同灭。全族是一个人。一个人是全族。这不是孔子发明的。秦国对商鞅，秦朝对李斯，楚国对伍子胥的父亲，都是灭族。演成戏的《赵氏孤儿》也是。以后还扩充到灭三族，灭九族，以至明朝永乐皇帝朱棣灭方孝孺的十族。清朝雍正皇帝兴文字狱时株连到族以外。最少的是灭满门，全家抄斩。上有罪，责在下。父有罪，打儿子。从前父亲死了，讣文开头就要说：“不孝某罪孽深重，不自殒灭，祸延显考（父）。”下有福也归上。儿子做了官，父母得诰命。贾元春当妃子，修起了大观园。“一人得道，鸡犬升天。”这是中国的历代民俗，不是谁创造的。理论解说是孔门的：全体大于局部，大小系统中的尊、主等于全体。上下必须分清。任何个人都属于一个小系统以至大系统，有自己的符号地位，意义要求，排入森严的上下尊卑秩序。各系统还要区别内外。横向的个人联系算是朋友。一地区的“朋友”是“乡党”，依长幼“序齿”为尊卑。所以“自远方来”的朋友就希罕了。符号要求只规定卑的一面，服从的一面。于是天子——君臣——父子——兄弟——朋友的意义就只是在下的要忠——孝——悌——信。朋友也分上下，排地位，至少得“序齿”。分出长幼也就定了尊卑，如刘、关、张。吃饭、走路都依照序列。讲师徒名分，结“金兰”兄弟，更不用说。这个上下尊卑的系统结构为的是防犯上作乱。下服从上就是不乱，不乱就是治，是太平。这个结构的符号系统就是“道”。“天下变道亦不变”本身是不错的。符号系统好比数学公式，本身怎么会变呢？然而符号的意义会变，戴着符号的人更会变，好比天空不变而日月星辰时刻都在变。符号不变不过是“纸上空文”。正系统背后永远有个负系统。孔子及其门弟子排出这个系统，作出理论解说。诸子百家都没有做到这一点，所以永远只能在治国中处于从属地位。秦始皇不懂其中奥妙，不知儒生讲往古是说未来。他想自己另创一套。没有民俗依据的不能成功。结果还是未出孔门圈子。公羊氏《春秋》和《易》“经、传”加上方术的“天”论，指示了以后两千多年的民俗心态。

这种符号叫作“名”。“正名”是“为政”的大事。对于“名”古往今来几乎达到迷信的程度。可是和许多外国不同。例如印度人迷信神名以为不断念诵可以得福，至今还用神名罗摩作问候词。口诵罗摩如同口诵阿弥陀佛。诵佛号传进中国，只因那是称号，不是名字。外国人名可变地名，如华盛顿。中国人不习惯。父名、帝王名、圣人名、神名、尊长名都是不许上口的。皇帝名不许写全，要“敬缺末笔”。太上老君、关圣帝君，不叫李耳、关羽。对朋友只称字（号）、官职。对古人也同样。李太白（白），杜工部（甫）。秦始皇命令讳他的名字，这不过是表达中国人对名的心态：重视，于是忌讳。

名分之名只是符号，可戴可摘。《春秋》有一条记事：“郑伯克段于鄢。”《左传》的解说，大家比较熟悉。段是郑伯的弟弟，为什么不说？“段不弟（悌），故不言弟。”他不遵守为弟之道，即不合“弟”的符号的意义，所以剥夺了他的“弟”的称呼，不管他的血统如何。于是名常不符合实。是弟可以不叫弟，不是弟也可以叫弟，如结义兄弟。有“殉名”，也有“冒名”了，溥仪三岁登基照样是皇帝。大臣拜他，拜的是皇帝名位符号，不是拜三岁小孩。对于“名”的迷信，上上下下千百年似乎没有“疲软”趋势，仿佛“天”不变“名”亦不变。当初孔子一提“正名”，子路就说：“有是哉，子之迂也。”于是孔子讲了一篇大道理。（《子路》）他的主张是人的身份必有符号。人必须符合符号的意义。不然就“言不顺”，“事不成”。要求是“君君，臣臣，父父，子子”（《颜渊》）。这是孔子的“名”论，亦即符号论。他那套理论看来已成为民俗，可又不是民俗。孔子和子路的主张都在民俗心态中，不过是一正一负。名不变（正名）而实可变（不迂）才是重名的真相吧？

中国重符号。人生而有符号。无人无符号。符号往往可以决定一切。要变，只有“多年媳妇熬成婆”。人生出来就定名为“子”。出生于什么家，就是什么人。周围的关系都定下了，而且一成不变。印度人信轮回，经佛教传到中国来。那是一切由前生定。中国是一切由出生定。（参看范缜《神灭论》论战。）佛教的轮回可以由今生定来世，给了一点点主动权。中国则没有。生下来戴上什么符号就定了终身。不管前世来世。这是由家族及周围一切人定下的，毫无自主权。（似印度教种姓。）要修来世吗？那就念佛吧。只有靠佛力、外力，才行，自力非常有限。说是可变，其实不许变，不能变。佛教开的通向未来的口子补了缺，得到了信仰，可是没起多大作用。倒是讲前生注定适合中国的符号论需要，有利于由“正名”达到“太平”的轨道，所以接受得很顺当。休要埋怨了，是“前世造的孽（业）”啊。正续《红楼梦》不都是在这上面兜圈子吗？薄命司的册子早已注定了。

孔门诸子所定下的，提倡的，符号系统的具体规定取名为“礼”（“乐”是配合“礼”的仪式节奏的。）要知礼，行礼，守礼，但同时有负号的“非礼”。礼是正，由上而下的是顺。反之为邪，即叛、逆、反。顺，要“上行下效”，“草上之风必偃”（《颜渊》）。不妙的是邪也可以自上而下，同样“上行下效”。从孔子以前的汤、武算起，一直数下来，历史上“在上者”的“邪”行不会比“在下者”少。原因很简单。“下民有罪”，上面有层层官吏直到帝王来加罪；而上面有罪，只好等候上天降罚，或则什么人替皇帝写“罪己诏”，说一声“万方有罪，罪在朕躬”（《尧曰》）、（《书·汤诰》），“百姓有罪，在予一人”（《尧曰》）、（《书·泰誓》）。最多不过打一下龙袍。这很靠不住。靠得住的，历史上常见的，是“以毒攻毒”，或自宫廷，或自下层，不计其数，人所共知。所以有轨内就有轨外，有合轨就有出轨。历史的妙处在于符号系统可以照旧，“名”

不变，“道”亦不变。从前人常称“名教”，真不错。照现代语意义说就是符号的宗教。恐怕这正是孔门学说对于治国胜过所有诸子之处。他不是得天下的，是“平天下”的。“天下有道则见（现），无道则隐。”（《泰伯》）

由此引出另一个问题。人究竟有无自主选择可能？大体上看，人总是按照自己周围的群体的习惯而思想行动的，所谓自主不过是在不同习惯之间的选择。可供选择的很有限。（所以外来的有时会帮点忙。）但选择仍然往往是依照不自觉的原有习惯。（所以外来的不一定进得来。）假如一切都已天定，命定，无可选择，那就听命了。于是想“知天命”。（《论语》中一再提到。）不能改也想知，要知道指示行动的习惯轨迹。这问题，不算《诗》、《书》、《易》，从春秋战国起就有许多人，不仅是知书识字的人，大伤脑筋，有种种想法，出种种主意。孔子作《春秋》是对史事和人加符号以见天命。《论语·微子》篇中又记下了和孔子言行不同的人。不同在于认为天命中有无选择余地，能不能“知其不可而为之”（《宪问》）。汉代以后，宋代朱熹重“理”，陆九渊重“心”，张载重“气”吧？到明代王阳明大倡心学。明清之际王夫之发扬张载。都说是尊孔，那么争的是什么？重要的就是选择性问题。理学一套比较清楚。王符号的秩序系统早已排定，负的是邪。邪不胜正。所有的邪都得压抑下去，以确保符号秩序。即使邪胜了正，也还是邪。符号不能改。蜀汉、五代、南宋，不论疆域、权力大小，都是天子，正统。不应有选择也无可选择。选择的意思是在正负号或正邪之间，只许正，不许邪。心学认为可有选择，认为心，即多年多人所形成的每人都有的习惯心态，是正号的，可信任的（良知、良心）。正可胜邪。两者相较，当然是不许选择的理学更显出符号的尊严和上下秩序的安定。因此从元朝到明清朱学大盛。但心学的信从者也不少，而且见之行动更易见效，结果被认为是“乱”源。两者同为众人所知。“天理、良心”流传众口，两者都要。张载、王夫之等说的较难明白，所以一直不占上风。王夫之的书题为《俟解》。黄宗羲的书题为《明夷待访录》。他们知道自己的想法只有在将来才用得上。这些人都尊重孔子名号下的符号系统，只是对正负符号的变和不变有分歧意见。说的是宇宙面目，想的是人生途径。

在《论语》中，孔门老师及弟子除了讲修身、齐家、治国、平天下的符号程序外，还教人如何处世待人，即世故。这不仅是对待朋友用得上，而且不必书本，可以口头辗转相传，所以传得更广。讲大道理的可以总括为说“仁”。讲世故或处世小道理的总其名曰“智（知）”。《孟子》以讲大道理为主。《荀子》兼及世俗，以大道理讲小道理。《庄子》是把小道理讲成大道理。《老子》是内部口诀，当另案办理。诸子的书各有听话对象。例如孙吴兵法是给将帅看的。商君、韩非挂名的书是给帝王及其辅佐看怎么富强得天下的。《论语》供门人读，分别仁、智。这个分别一直传了下来。“仁者见仁，智者见智。”讲这一方面的话散在各篇。如：“知之为知之，不知为不知，是知也。”（《为政》）“成事不说，遂事不谏，既往不咎。”（《八佾》）都是处世之智。将仁者智者并提的先是指对待

“仁”的态度。“仁者安仁，智者利仁。”（《里仁》）一个以“仁”为目的，一个以“仁”为手段。君子与小人对照。仁者与智者并列。智者并非小人，但不是仅以“仁”为自足，而以“仁”为“利”。一个好像不计较，一个明显有计较。两者对比：“智者乐水，仁者乐山。智者动，仁者静。智者乐，仁者寿。”（《雍也》）还可加一个勇者作陪。“智者不惑。仁者不忧。勇者不惧。”（《子罕》）、（《宪问》）但是“仁者必有勇。勇者不必有仁。”（《宪问》）可见勇者比仁者低些。到了《中庸》便成了“智、仁、勇三者，天下之达德也”，三者并行了。《论语》教仁和智。前者是治世之道，后者是处世之道。想来在春秋战国之时，若真正不智而迂，只怕不但不能周游列国，连命都保不住的。“子畏于匡。”（《先进》）“在陈绝粮。”（《卫灵公》）所以还得有智又有勇。大概也由于这一点，先秦诸子书里少不了教人怎么认识世界，怎么对付种种人。

《论语》中流传众口的警句极多，大都是世故。例如：“不在其位，不谋其政。”（《泰伯》）、（《宪问》）“道不同不相为谋。”（《卫灵公》）“小不忍则乱大谋。”（《卫灵公》）“欲速则不达，见小利则大事不成。”（《子路》）“人无远虑，必有近忧。”（《卫灵公》）“死生有命，富贵在天……四海之内皆兄弟也。”（《颜渊》）“己所不欲，勿施于人。”（《卫灵公》）等等。

《季氏》篇第一章是孔子和冉有、季路（子路）的一番对话，不但是极好的文章，标准的中国式说理辩论，而且其中许多话几乎是人人“耳熟能详”了。如：“不患寡而患不均，不患贫而患不安。”“既来之，则安之。”“吾恐季孙之忧，不在颛臾，而在萧墙之内也。”这一篇中还有些总结性的话。如：“益者三友，损者三友。”“三愆”，“三戒”，“三畏”，“九思”。

> 君子有三畏：畏天命，畏大人，畏圣人之言。小人不知天命而不畏也，狎大人，侮圣人之言。

短短几句话把轨内和轨外亦即君子和小人的神貌对比出来了。怕“大人”犹可说也，怎么怕“圣人之言”？想一想，“大人”可怕，不过一时，“圣人之言”，一句话，“不虞之誉”，不测之祸，都会随之而来，而且能使千百万人千百年间由这句话得祸或得福，这岂不可怕？可是小人就是不怕。一个“狎”字，一个“侮”字，不在乎的神气跃然欲出，真是“肆无忌惮”。“狎”、“侮”就是瞧不起。什么“大人”、“圣人”，全不在话下。对天命是因为不知所以不畏，“无法无天”。“你管得着吗？”这可以只是心里话，不一定说出口，见于行动。口头上“是，是，是”，心中另有想法，只盼“有朝一日”。这三不畏和那三畏岂不是几千年来识字的和不识字的人的一种心态？孔圣人总结于两千几百年前，而后来的无论是《资治通鉴》或者《海上花列传》都大量表现出这种心态。像这样的“圣人之言”可以说是正确到了可怕的程度了。

《述而》篇中有一章不妨全抄下来：

互乡难与言。童子见。门人惑。子曰：与其进也，不与其退也。唯何甚？人洁己以进。与其洁也，不保其往也。

孔子见互乡童子，不仅是圣人的门徒当时大惑不解，需要老师来自说明，后来的大贤朱熹在注中说，“疑有错简”，“疑又有缺文”，看来也是不大明白。那么，我们怎么能懂？如果说文化有轨内轨外之分，或君子小人之别，这里正是两者的交错点，交换站。因为轨内轨外不是两种文化而是一种文化，甚至不好说是两面，只好说正号负号。两者经常交错，交换，或说“交流”，即交互发送并传播信息。孔子在这里“以身作则”了。“互乡难与言”，不知是怎么回事，总之是不好说话。居然有个互乡人，而且是童子，大概是青少年吧，不知身份，来和孔子相见了。可惜相见时的对话和见前见后的因果都没有记下来。这当然是孔门弟子坚守轨内，只记圣人之言，尽量不记“非圣”之言。这无可厚非。从孔子的解说中可以看出，这次见面，双方并无不满。互乡童子并没有“狎”、“侮”圣人。这叫作“洁己以进”。干干净净地来了。当然圣人也就“与其洁也”，加以承认与接待了。至于这个来客的以前以后是不是不“洁”，有什么“不轨”言行，那圣人是“不保”的。这就是“既往不咎”（《八佾》）。圣人的宽大为怀其实是处世之道。“唯何甚？”又何必过分？过分了，对人对己都没有好处，大家只看眼前洁不洁心里明白就是了。“眼不见为净。”这就是圣人的“无可无不可”（《微子》）。洞察并且表达这样的民俗心态恐怕只有圣人才能做到自自然然，毫不勉强。门下贤人以及大儒朱夫子坚守轨内轨外森然有别，对这种交换信息方式迷惑不解也是不足为怪的。与此对比，庄子未免太露形迹，看得出是装糊涂，所以他不能成为圣人。老、庄都不要当圣人，也不是当圣人的料。

《论语》确实是包罗万象的百科全书，总结了春秋战国时期的上上下下君子小人的民俗心态，又在以后两千几百年间大大影响了后来的人的言行心态，不管识不识字都在内。不过孔子及其门人毕竟是两千几百年前的人，而且这书不是一人一家的专门著作，记录不全，“微言大义”太多，只能作为线索，要查考文化中的民俗心态还得再到别处去。

一九九〇年

新诗·旧俗

诗，这是中国文学中庄严的女神，又是被玩弄的婢妾。有风、骚、雅、颂，也有试帖诗、打油诗、小曲子，还有诗谜、诗钟。诗，又雅，又俗。诗有权威。《论语》中最多的除“子曰”以外就是“诗云”。古典小说中多的是“有诗为证”。诗又没有权威。随便什么人都可以作诗，作得什么样都可以算诗。

新诗，在许多人眼中是从外国来的撒旦，比话剧更为洋化。它从出现到现在一直挣扎在襁褓之中。大家都认为，连新诗人自己也承认，这是从外国搬来的。激烈的人甚至说，这是用中文写的外国诗。最初的倡导者胡适说，新诗出现是因为新内容要求有新形式。其实他想的新内容只是从外国来的旧东西，新形式也只是旧有的白话。两者都并不真新，只是在当时显得新。重要的是提倡的人要完全代替旧有的，将现存的全换掉。这才引起所谓新旧的激烈冲突。这是改朝换代的冲突，不是真正新旧的冲突，所以拖延、反复，而且表现为中外之争。其实未必完全是传统和外来的文化之争。

不妨看看新诗孙猴子是不是跳出了中国民俗心态老佛爷的手掌心，是不是“假洋鬼子”。

初期的新诗不用说。那些新诗人差不多都是从旧圈子里往外跳的。越着急想跳得远，反而越出不了那个怪圈子。不做旧诗而念外国书的也不是从外国跳进来的。当时还是大学生的年轻女诗人冰心的收在《春水》或《繁星》中的一首小诗，过了几十年我还记得，大概没有记错。

黄昏了。
湖波欲睡了。
走不尽的长廊啊！

稍一排列组合便可成为：

湖波欲睡黄昏至。（湖水倦黄昏。）
不尽长廊缓缓行。（长廊行不尽。）

词意一样，但是，这两句旧诗七言句（或五言句）很平常，变成三行白话诗就很不错了。这是为什么？是不是由于白话有了三个虚词显出神气，而文言诗句只能加“可叹”、“可恨”来明讲呢？

这首新诗连音律也是旧有的。三行诗是三、五、七字排列。每行以轻声的虚字落尾，等于同韵。三行的平仄排列整齐，口头一念就知道。画成符号看看。平作—，仄作｜，轻声用·。

— — ·

— — ｜ ｜ ·

｜ ｜ ｜ · — — ·

新诗句能不能吟，往往由于平仄调不调。徐志摩的“道一声珍重，道一声珍重”能吟，是“仄仄平平仄”。同一诗节中的“一低头的温柔”，“不胜（平声）凉风的娇羞”，“蜜甜的忧愁”，平声太多了，不能用旧诗调子吟了。可能是诗人想创出表现“娇羞”的新调吧？旧诗虽有古诗和拗体，新诗中平仄别扭的诗句只能用话剧台词的腔调念。汉语的节奏、音调，恐怕不能和英语、法语的沟通。英、法也不互通。新诗甩去了旧诗音律的胞衣，至今还未弄清汉语音调的诗律。文字同而口语音调各地歧异。这是如来佛的手掌心吧？

冰心这首小诗不是外国的。不像泰戈尔的英译小诗（孟加拉语原诗是旧体诗），也没有欧洲浪漫主义的味道，更不是日本俳句。这好像是两句旧体诗化为三行口语句，陈词滥调便新鲜了。诗令人想起北京颐和园中的长廊，但也许是在未名湖畔写的。那里是只讲英语的燕京大学。这诗若转成英语，又不会是好诗了。只能说这是用白话分行停顿说出可以是两句文言诗的意思。诗人心中也许有泰戈尔的英文小诗，写出来的却是中国诗。中国人的诗思。湖边，黄昏，走不完的路，这是中国从古到今读书人和作诗人常有的情怀。这属于中国一部分人或一个群体的言行习惯。除用白话分行念外，并不新。所以大家都写白话诗时，它便被淹没了。

改换面貌行不行？

黄昏
欲睡了湖波
无穷无尽
走
长廊

离口语更远，念起来不顺口。长袍马褂换了西装而已。变了符号排列，未变符号意义。仍旧是黄昏、湖、长廊，三个符号。

再看二十年代三十年代之交的戴望舒。他是谁都知道受法国象征派影响的。他的成名作是《雨巷》。他曾被称为“雨巷诗人”。可是作者以后不再作这样的诗了。为什么？也许是因为这还是属于上面引的冰心的诗的同一类型，仍在旧诗中打转，所以不想再重复了吧？是不是他以后跳出圈子去了？不一定。且看这诗的开头一节：

撑着油纸伞，独自
彷徨在悠长，悠长

又寂寥的雨巷，
我希望逢着
一个丁香一样地
结着愁怨的姑娘。

以下还有六节诗，都是这第一节主题的变奏。这首诗和前面引的冰心的三行小诗不是我特意挑选的，只是联想起来的。两诗相隔不到十年吧？作者都是大学生。两诗相合处是一个“长”字。长啊！长啊！走不完的路啊！高雅的“长廊”也罢，平凡的“雨巷”也罢，都使行路人感觉到太长了。这不仅是两诗、两人的心情，是二十年代的中国读书青年的心情吧？不是普遍的，但也不是希罕的。闻一多的《死水》不也是这样吗？不动，不变，不是使人感到“悠长”吗？那个二十年代不是极跳跃极富变化的时期吗？为什么有些人，感觉敏锐的诗人，会觉得“长”呢？不要忘记，那也是以“呐喊”、“彷徨”（鲁迅）、“沉沦”（郁达夫）、“幻灭”、“动摇”、“追求”（茅盾）、“灭亡”（巴金）为书题的时代啊！这些词不会令人感到“寂寥”而“悠长”吗？郭沫若在海外，望见“女神”，回到国内，仍处“瓶”中，以后作的多是旧体诗了。

《雨巷》诗，从这第一节可以看出，除了“我”和“姑娘”以外，剩下的是油纸伞、雨巷、丁香三个符号，或说是音符，由旋律连接起来的音符。这三个符号都有“民俗”的意义。

“丁香”。为什么是丁香呢？荷花行不行？荷花无论含苞或开放，都不能是结着愁怨。为什么？只是由于观察所得和联想吗？不仅是这样。这里只能是丁香。丁香与愁怨相结，这至少是在一些读书人心中成了习惯语，也就是成“俗”了。“丁香空结雨中愁”。这是读词的人所熟悉的句子。丁香小，一簇一簇的。巷子窄，一条一条的。这才“结”，才“长”。那么大的荷花配得上吗？诗人是随着大家那么想而挑出符号的。这是个人表达的众人的心态。它形象化又行为化了。这就可称为“民俗”。民俗不止是婚丧仪式和迷信。

开口就是油纸伞。这是长江流域直到南海边，尤其是“天无三日晴”的西南区域，出门人必带的防雨器具。带了千百年了吧？有雨，无雨，上路总要带伞。这不是从前英国人常拿在手里而且首相张伯伦还以此作为标志进入漫画的那种高贵的绸布伞，而是中国一般人用的油纸伞。这种伞被淘汰没有几年，在穷乡僻壤也还未绝迹吧？所以这伞不仅指雨，还指雨中的人的习俗。换一换行不行？

> 披着塑料雨衣独自
> 彷徨在悠长，悠长
> 又寂寥的马路上。

这同将丁香改成荷花一样，同“穿着游泳衣独自/彷徨在游泳池旁”一样，变成另外一回事了。不是物的形象变，是人的形象变了，心态也随着变了，成为另一种人的符号了。

雨。这不是暴雨，雷阵雨，是江南梅雨天的小雨，连绵不绝，无穷无尽。阴雨，阴暗的雨。伞，遮住了天，像云掩去了太阳。雨、巷、伞、丁香几个符号互相吸引，各以其意义组成了一个“场”（磁场），烘托出“我”和“姑娘”，一实，一虚。

雨，在中国历代诗中经常出现，比“日色”出现的多。在家，有雨不能出门。“满城风雨近重阳”，是秋天。“雨打梨花深闭门”，是春天。在路上，遇雨不好走路。雨中的活动构成中国民俗心态的重要符号。从《诗经》中周公咏“杨柳依依”、“雨雪霏霏”就开始了吧？

放翁陆游的诗句：“此身合是诗人未？细雨骑驴过剑门。”不是打伞，是骑驴。慢腾腾地在陡峭的山路上，在陕西和四川之间，一步一步走去。“细雨”不知会下多久。驴蹄不知会不会打滑。这样的情景不是指道路“悠长，悠长又寂寥”吗？然而不然。这使“此身”可以成为“诗人”了。当“诗人”是乐？是苦？是美？是丑？是善？是恶？是幸？是不幸？是现实？是幻想？是赞美？是讥讽？不一定。何况还未必能成“诗人”，还是疑问？前面两句点明了：“衣上征尘杂酒痕，远游无处不销魂。”正是“清明时节雨纷纷，路上行人欲断魂”。远游，路上，雨中，真是“悠长”啊！“行行重行行”，“走不尽”啊！

为什么要骑驴？放翁大小也做过官吧？何不骑马，坐车？难道不带随从？这些是诗外的关于作者的题目。正如问“雨巷”是在杭州还是苏州一样。诗不是录音报道。读诗不是调查核实。是要追到诗外，但要追查的是诗内的诗外。诗中语言符号有什么意义，组成一个什么“场”，互相吸引，又吸引读诗人？“丁香空结雨中愁。”“细雨骑驴过剑门。”“走不尽的长廊啊！”中国读书作诗人的心态就是这样。不仅是他们的，也是民间的心态。走长路，所以油纸雨伞是必备的。骑驴比骑马更慢，更觉得路长。“雪拥蓝关马不前。”（韩愈）马也走不快。

不打伞，不披雨衣，还有别的雨具没有？“青箬笠，绿蓑衣，斜风细雨不须归。”戴斗笠，披蓑衣，又是另一种雨中民情。苏曼殊诗句：“雨笠烟蓑归去也。”这是和尚诗。“归去也”，只是喊一声罢了。“不如归去。”归到哪里去？“田园将芜胡不归？”陶渊明还是世家大族子弟，家乡大小有个田园啊。披蓑衣是下田，不是走长路。“披着蓑衣独自/彷徨在悠长，悠长……”行吗？不行。不合民俗，那是另一种情调。蓑衣和雨巷，不互相吸引而互相排斥了。那也能构成一个“场”，是另一种“场”。

“暮春三月，江南草长，杂花生树，群莺乱飞。”（《文选·丘迟答陈伯之书》）既没有雨，又没有人，传诵千古只是由于讲了时间地点和草、花、树、莺的“布景”吗？这里面暗含着的“回来吧”当时怎么能打动“叛将”之心使他归降呢？以后又怎么不断被人记住单独引用呢？这不是点出了空舞台而暗指台上的人物活动吗？在这样的景色上人该怎么活动呢？江南春将老时的民情风俗种种活动便在这“歇后语”中留下了，“呼之欲出”了。舞台上是有人的，正在等你揭幕。江南对江北的呼叫，对燕赵人会不会有吸引力？磁铁不能吸引非金属。诗可以跳跃，有时不同也可以吸引，同反倒会排斥。不过这几句不是诗，是书信，所以下文明说：“……人之情也。将军独无情哉?”将军是武人，也是人，也有人情，所以这封劝降书说政策不多，讲人情不少，还以景引情。隐的什么情？“不如归去。”“远游”路太长了。“魂兮归来!”从《楚辞》以来就有了。这是千百年亿万人的民俗心态。

诗中不都是这一种情，但这是“俯拾即是”的。从古到今，直到喷气式飞机把地球表面上的距离缩短，路不长了，才使“远游”“思乡”淡化了吧？但未必已经消灭。尽管全世界布满了“中华料理”，在纽约、巴黎就没有人想念酒酿元宵小吃了吗？这种 nostalgia（怀乡病，念旧）在外国人中不知还有多少，在中国人心中还少不了吧？

苏曼殊的诗：

春雨楼头尺八箫，
何时归看浙江潮？
芒鞋破钵无人识，
踏过樱花第几桥？

又是“春雨”思归。“芒鞋破钵”指和尚。“樱花”指日本。浙江观潮指中国。“尺八”是乐器，是中国的，又是日本的，是古日本人从中国带回去的。

本世纪初年，曼殊上人在日本闻“尺八”而思归。到三十年代，新诗人卞之琳又以“尺八”为题作诗了，也是在日本。诗只二十行。开头是：

像候鸟衔来了异方的种子，
三桅船载来了一枝尺八。
从夕阳里，从海西头，
长安丸载来的海西客
夜半听楼下醉汉的尺八，
想一个孤馆寄居的番客
听了雁声，动了乡愁，
得了慰藉于邻家的尺八。
……

这岂不是如诗中下文所说的“还飘着一缕凄凉的古香”？这“古香”是什么？是民情，是风俗，是众人心态，是诗中的“归去也，归去也，归去也——”。卞之琳在日本作为“海西客”听到尺八，想起了唐朝“海东客”日本诗人阿倍仲麻吕·晁衡在长安听尺八吧？他是否想到苏曼殊？卞诗比苏诗更复杂，精巧，深沉，可是“情”还是那样，主音符也仍是尺八。为什么要变调？不能不变。若用更古的写法，可以是：

候鸟传奇种，

西来尺八箫。
念彼长安客，
深宵慰寂寥。

卞诗不能成为古诗，正如苏诗不能成为白话“十四行”一样，各有各的“场”，各作各的诗，只有一点相通，民俗心态。

“人生天地间，譬如远行客。”“长夜漫漫何时旦？”“客从远方来。”带来的信怎么说？“上言长相思，下言长相忆。”王粲《登楼赋》：“虽信美而非吾土兮，曾何足以少留？”重视远行，怀念乡土，思忆乡土上的人。这不仅是由于交通不便，中国地域太大，而是一种民俗，民情，至今未绝。新诗人艾青在三十年代明白说出了：“我爱这土地。”“因为我对这土地爱得深沉。”他写的诗，题为“大堰河”，既是地名，又是人名。爱土地是爱土地上的人，习惯的，熟悉的，在自己周围活动的人。一生一世种庄稼的，谁不爱土地？

不到一百年以前，人无论穷富，离乡远行或远游归来，都要正式拜长辈，祭祖，上坟，受晚辈拜。这是不可缺少的礼仪，是大家遵守的风俗习惯，是有共同监督的压力的，不能违抗以致习惯成自然的。土地的意义是地上的人（无人便是荒地）。人的意义是家。家的意义是不止一家构成的乡。乡土的意义是人情。不止一个人的情，即民情。共同具有的，不能不有的，习惯行动，包括言语，这就是风俗人情。磕头作揖可以变成鞠躬握手，祖坟可以铲平，父母子女可以互不理睬，可是另一种祖先，另一种礼拜，另一种称呼，另一种习惯仪式，另一种言语行为符号是必定要出来代替的。还是免不了有一套。漂泊，流浪，“独往独来”，“无牵无挂”，是做不到的。倘若原有的遭到打破毁弃而残迹尚在，新起的或者借来的又不成套，这就会有言语行为习惯的混乱，伴随着人和人关系以至于社会组织结构的混乱。民俗的兴衰成败是不随个人意志为转移的，是个人不可抗拒又不可制造的。当年王昭君远嫁匈奴。丈夫死了。照那边风俗，她应当嫁给他的儿子（不一定是她自己生的），即作为遗产传下去，因为父子（或兄弟）是一体。据说她派人回来请示。朝廷允许她服从当地习惯。这不是混乱，是不同习惯的并行。多种习惯并行是常见的，所谓“各行其是”。但心态往往仍然共同。若忽此忽彼，或明此暗彼，不成为习惯，又心态不定，不成为共同习惯，那才是混乱。这样，互相间的矛盾冲突激化了，天子诸侯也无法制止，历史称为乱世。千百年万千人习惯中的心态是不那么容易改变的。乡土气息，或说土气“同乡”观念，就那么容易打破吗？剪发、放脚、改装容易，只是改样子，换的是物，不是心。习惯心理，不论破一个什么或立一个什么，道路都是悠长的。不耐烦长而要短，那只有跳。新诗跳出了旧语言和书写印刷形式，跳出了民俗心态吗？有的跳出去了，仿佛跳到了外国，跳到了“未来”。若真能这样，那就是失去了本土，失去了现在。事实上这是几乎做不到的。据说中国新诗没有翻译的外国新诗销路大。要选择旧，念旧诗。要选择新，看外国诗。又新又旧，不新不旧，不一定曲高，一定和寡。不脱离旧有民俗心态而又有新的符号组织的，有的诗确很高明，然而能欣赏的又有多少人呢？

卞之琳的诗《距离的组织》（一九三五年）只有十行，是很新的诗。诗人在注中（见《雕虫纪历》）自称，这诗“并非讲哲理”，而又提出“时空的相对关系”，“实体与表象的关系”，“微观世界与宏观世界的关系”，“存在与觉识的关系”，又提到“旧戏的台白”，“诗词的传统”，“说话人”，“旧戏的结构方式”，又引报纸。这是新形式、旧词句、新思想的组合吗？且看原诗：

想独上高楼读一遍《罗马衰亡史》，
忽有罗马灭亡星出现在报上。
报纸落，地图开，因想到远人的嘱咐。
寄来的风景也暮色苍茫了。
（醒来天欲暮，无聊，一访友人吧。）
灰色的天。灰色的海。灰色的路。
哪儿了？我又不会向灯下验一把土。
忽听得一千重门外有自己的名字。
好累啊！我的盆舟没有人戏弄吗？
友人带来了雪意和五点钟。

诗中的“独上高楼”，“暮色苍茫”，“醒来天欲暮”，不都是旧诗吗？空间和时间的跳跃组织也不是从来没有的，不过是大家熟悉了不去想罢了。例如李白的诗：

长安一片月，

万户捣衣声。

秋风吹不尽，

总是玉关情。

何日平胡虏，

良人罢远征？

忽而天上，忽而地上，忽一，忽万，忽近在长安，忽远在玉关。符号跳跃，诗则如一气呵成。有什么“一以贯之”？月、风指时间，地名指空间，中心是人情，捣衣是民俗。末两句忽然“说话人”从第三人称转换为第一人称。这是不是现代诗？成不了现代的是捣衣习俗。现代仍灭不掉的是念“远征”“良人”之情，或说心态。李白、卞之琳相距一千几百年，可是他们的诗在有的地方可以说还是一致的，或说是可以吻合的。

两诗若说思想，远，可以说是相隔几千年；近，可以说是相隔不到一百年。就诗论诗，也许是自然，气势，今不如古；精巧，深沉，古不如今。强作解人，是在读者。重要的还是解说。李义山（商隐）的《锦瑟》岂不能解为涉及存在主义？他咏的不是“存在与时间”（海德格尔）吗？差不多句句都是吧？不过诗究竟不等于哲学，也不是哲学的图解。哲学也不负责解说诗。

言归正传。以上谈的都是读书人，作诗人，实际上这些有“文”的“文化”人所表达出来的是无“文”的“文化”人的习惯心态。识字的人可以和不识字的人在形象上相差很远，但是心有相通之处。这就是在民俗心态上。不妨略略查一查“有文”、“无文”双方的交界点。这就不一定要找诗了。我们已经看到了最“洋”的新诗里的“土”气。现在先从近代小说里找个引子。

一九二三年起在上海《申报》连载的娑婆生（毕倚虹）作的小说《人间地狱》第四回中说，一个杭州暗娼阿美被鸨母带到上海“做生意”。请别人给她取了名字叫“薇君”，印了名片。阿美不知这是两个什么字，便问：“是韦驮菩萨的韦，督军的军么?”鸨母也是一字不识的，便说：“对了。”她们只知道，观音菩萨有个站在旁边的武装护法神，手持大杵，名叫韦驮。辛亥革命推翻皇帝以后，代替原来的总督、“制军”的最有权势的大官叫督军。因此把“薇君”两字弄错，由文而武了。于是文人嫖客根据名片来纠正了。告诉她们，“薇”是蔷薇花的“薇”，可是“君”字就想不出一个浅近的“君”字来。想出个“戏子”的名字有个“君”字，但又怕犯忌讳，不能用。最后只好改成“琴”字，重新印名片。“风琴、洋琴的琴字，又好听，又好说，那是再好没有了。”不论这是否作者的编造，有意讥讽军阀，总是划出了识字有“文”和不识字无“文”两种人的一个“文化”界限。君王的“君”字随着皇帝退位了，也从不识字的人的文化圈中隐退了，只能从评书弹词中知道了。菩萨并不随着退。“督军”出来代替“总督”，成为地方上最高的土皇帝。名称符号有的换得快，有的换得慢。同音的字如“君”、“军”更加分不清。不仅是不识字的人容易弄错，识字的人也往往是错了而不以为意。错字往往变成了正字。向来音近或形近的字常被混用。可是实有的人物处在共同的文化圈中不能随意转换。督军虽然实际上是一地区的君王，“军”字毕竟不能代替“君”字。但不识字的人就不分了。这是有“文”和无“文”两种文化的交会点。妓院正是一个交会处。在这里，在两者的交互影响中，无“文”的力量比有“文”的往往还大些，因为他们的心态是从更多的人的更广泛的民俗中产生出来的。有“文”的文化所增加的毕竟有限而且不容易进入无“文”的圈子。“薇君”不是照无“文”的方便改成“薇琴”了吗？无“文”的民俗心态可以进入有“文”的圈子表现出来。所以连号称从外国搬进来的新诗也免不了。这个如来佛的手掌心是跳不出去的。佛可以改换名号，你还得礼拜。

从三十年代后期起，战火蔓延全国以至全世界。战争立体化了，前后方同样遭劫。除西半球以外，大多数国家都在战火笼罩之下。中国的识字读书人在“国难”中进入了无“文”的文化圈深处。在各类战场上和防空洞中有“文”无“文”混在一起了。张恨水的通俗小说《巴山夜雨》写到了一点战时重庆的人。情况变化，无“文”的文化总是或暗或明占上风，也许是那时更占上风了。原因很简单，他们人多势大源远流长啊。

公认为“欧化”的新诗和旧诗和民歌民谣的异同不仅在于语言形式，更在于内含心态和所发挥的语言符号意义。这可以说是有“文”的文化和无“文”的文化的一个交会点。看来是绝不相干的实际上有千丝万缕的联系。

不注意无“文”的文化，不重视历时最久范围最大的民俗心态，中国的有“文”的文化是说不清也说不全的。文化，文学，脱离了这个土地是生长不出来的。不考察无“文”，就看不清有“文”。看不清文化全貌，怎么能说得清对外来文化的选择性呢？不过首先还是看看有“文”里怎样隐伏着无“文”吧。新诗是一个点，古书难道不是吗？

客：我们是不是谈得太多了。记得是从用符号解说文化开始，要追查什么民俗心态的。怎么走上了信息场。现在越谈越远，仿佛谈一种“历史物理学”了。岂不是荒唐之至。讲这些历史上的“场”啊，“序”啊，与民俗心态何干？与我们预定试破的中国文化之谜何干？讲句时兴的话，谈这些难道就可以算是找寻中国文化的“软件”吗？

主：我觉得并不是离题万里。到底是走了一段路，从有文的文化追到无文的文化，后来只能用符号来解说“文心”了。假如我懂物理学，我也许会列出什么公式来表现中国人的民俗心态的不变模式。这一点我做不到。不仅是因为我不懂物理学，而且是由于我们对自己的民俗心态的了解还远远没有达到能列公式的程度。恐怕连下定义，作界说，也办不到。硬要做，也不过是新的八卦五行，换个符号罢了。符号是抽象的形式，意义却是多种多样千变万化的，具体的。

客：那么，我们是不是就只能谈这些了？

主：我觉得还有两个人物值得提一下，也算是把谈过的空话略微落实一点吧。这两个人都姓孔，一个是孔夫子，一个是孔乙己。前一位是“至圣先师”，是历史人物，我们谈过的《论语》中的主角。后一位是落魄识字人，是小说中的虚构人物。两人真假有别，地位悬殊，又相隔两千几百年，好像万万不能相提并论，可是又不妨联系起来，不能说是一脉相承，至少可以说是并非毫无关系。先说真假。孔乙己是虚构的，连名字都是编的绰号，不必索隐核实。即使找得出原型，甚至作者也会点头，还不是小说中的那位。化为真人，上了舞台银幕荧屏，也是另一个人。说他是假的，这不错。可是孔夫子就那么真实，是真的活人吗？谁曾见过？代代相传而已。说历史真实，一真一假；说在我们心中，两人一样，都得靠我们虚拟。不过孔子资料多，可以编造一生；孔乙己材料少，只有几件事。这不只是量的问题吗？当然历史和小说是有区别的，不可否认孔子的曾经存在。但是说两个名字，两个人，都可以当作符号，挂在意义上面，各自传达许多信息，不是也可以吗？何况孔子也不是一个。在这个符号下面有一个是我们谈过的《论语》里的。还有一个是从汉代起尊为先师，后来高升为文庙中的神，同帝王列入一等，本来只称“素王”，后来竟得封号为“大成至圣文宣王”。这是成神的孔子，和《论语》中记的活人孔子不是同一意义，只是同一符号。此外还有一些孔子，那是各门各派奉为祖师爷或掌门人的。例如董仲舒尊的是照公羊高讲解的《春秋》发挥出来的。宋明的程、朱、陆、王又各讲各的孔子。清末康有为又讲出一个“改制”

的孔子。还有更早的，如孟子也标榜孔子，荀子据说也归入孔子门下，还有庄子等也给孔子加上一些说法。这各种意义都挂在一个符号之下，当然互有关联，可是也不能等同。这些孔子还不如孔乙己确切，只有一个。

客：那怎么谈孔子？全网罗进来拼凑，构拟？是还原历史，还是尊一家之说？或者是纳入外国人所习惯的框架来谈？能不能将孔子现代化、国际化？

主：孔子毕竟是历史人物，所以我们可以把汉以后的作为第二解说而“悬搁”起来，或说加上括弧，把秦汉间所传的作为第一解说来考察。照这样看只怕要以《论语》为主，因为这里解说的孔子断了后代，是独立的。此书在西汉本来不十分受尊重，后来的种种解说都是借此符号发挥自己认为的意义。所以虽说是东汉郑玄编为定本，还可以相信是西汉所传诵的三种本子的合订本。同时这书又是一个丰富的信息场。我们以前谈的是书，现在可以谈谈书中之人。

客：怎么说断了后代？不是说曾子、子思传下来了吗？还有子夏（卜商）挂名写了《毛诗》的《序》。还有大戴、小戴的《礼记》。还有《春秋》和《易传》。

主：《论语》中的孔子和你说的经过这些人解说的不一样。举例说，《论语》中曾子解说孔子学说的“一以贯之”的所谓“一”是“夫子之道，忠恕而已矣”（《里仁》）。其他处的曾子是忠恕并提吗？《论语》明明说，“夫子之言性与天道，不可得而闻也”（《公冶长》)。《礼记》的《中庸》篇(宋以后独立)开口便是"天命之谓性"。又说"仲尼祖述尧舜,宪章文武,上律天时,下袭水土,譬如天地之无不持载,无不覆帱,譬如四时之错行,如日月之代明",如此等等是《论语》中的那位孔子吗?《论语》中的孔子门徒没有一个真有嫡传人到汉代。找《史记·仲尼弟子列传》也不行。《论语》中记得最多的首席大弟子颜回不用说,早死。子路、子贡、冉有、子游、子夏、子张、有子等等还有不少,谁是汉代哪个门派的祖师?只有曾子据说传了孔子的孙子子思(孔伋),还有《孝经》、《礼记》也称道他。但这些挂曾子名号的话只能作为《论语》中孔子的一部分教导的发挥,不能肯定即为曾子所传的孔子。从前学塾中供的孔子牌位旁边的四位是颜、曾、思(子思)、孟。后两位是晚辈,不在《论语》中。前两位无传人。所以我们讲孔子还是专讲《论语》中的孔子吧。这是独立体系。虽也杂,还有根有据。而且例如《论语》说"齐景公有马千驷"(《季氏》),现在山东临淄发掘出据说是齐景公的墓,内有殉葬的马儿百匹,可见所说属实。不过我们也只能照此书作出一种解说。若照其他解说讲孔子,可以以《春秋》为主,或者以《易传》为主。那是另外的孔子,也可以成立,但不能混淆。历史上存在的孔子是否兼备,那是另一问题。事实上我们讲秦汉孔学的经典传播无非依据孔安国的伪《古文尚书序》和刘歆的《移让太常博士书》,加上《史记》所载。刘向、刘歆父子天禄阁校书才是整理政府的图书馆、档案库,说不定里面还有萧何从秦朝政府那里搜图籍时带出来的。《汉书·艺文志》是依刘氏《别录》。刘氏父子是经书主编，曾否掺假暂不必论。刘歆明明说："夫子没而微言绝，七十子卒而大义乖"，"道术由此遂灭"。孔安国说到孔府墙中藏书的发现和散失。他的《尚书传》虽伪，这些话即使出于东汉或更后也不会是凭空捏造的吧？所以说《论语》中的孔子及其门徒的传授的线断了，只有以《论语》为原始依据了。

客：不必考证了。这些都是讲古典文学的人的常识。我只问你，为什么将孔夫子和孔乙己扯到一起？

主：孔子是有文的文化的大宗师。但若不管其他书，只说《论语》中的孔子，他又是属于无文的文化的。在这一点上和两千多年后识字而沦落的孔乙己可以算同一类人。不过一个不断飞升，一个难免堕落，毕竟相隔太久相差太远了。

客：有文的文化中的孔圣人当然也是《论语》中的那位。无文的文化怎么说得上？孔子是显文化的赫赫人物，难道又是隐文化中的不出名的代表者？这信息从何而来？从戏曲小说及民俗仪式看，在无文的文化中，孔子的地位不比老子高。

主：你说的是太上老君吧？老子也有好几位，和孔子一样，这且不提。说孔子同时也属于无文一方面，不是毫无道理的。首先是他没有书。《论语》是他的门人的门人记下的传闻。从书内称谓看，总是在第三代以下，不会是第二代的著作。这正像释迦牟尼的《经》是不止一代以后各派弟子将所传诵的"经"几次结集起来一样。"结集"的原文本义是"合唱"或"集诵"。大家到一起来背诵本派所传诵的所听说的，以“如是我闻”开头。耶稣也同样。他的言行是四大使徒分别记下的《四福音书》。苏格拉底也是靠色诺芬和柏拉图所记，自己未曾著书。这四大圣人本来都是在无文的文化之中的，也是本来属于隐文化的《论语》第一次编集为《齐论》、《鲁论》两部，是两地所传。再次编集加上散失的用古文字写的《古论语》，成为一部书。书中有些重复句子，可见是编集而未删。孔子和门人并没有著书，只是口头传授。《论语》中讲到的书只有《诗》，再三提起并征引。关于《书》、《易》的话不仅少而且含混。学《诗》不仅为修养，又是为了“言”和“政”以及“使于四方”办外交（《子路》）。传说孔子删《诗》，也不是作诗。《易传》算不得孔子自己的著作。《春秋》是鲁国史书，说是经过孔子编订，也不是他作的。孟子所说的自己也不一致（《滕文公》、《离娄》）。齐公羊高、鲁谷梁赤两家所传之外，《左传》是后出的，还有“真伪”争论。现在流行的本子是晋朝大将军杜预编订的。杜预那篇《序》可以算是中国古代“释义学”的开创，比欧洲讲《圣经》的释义学（后来发展为阐释学）未必多让。《春秋》的公羊学或左、杜学都不是孔子及其门人的。再从《论语》所记的内容看。孔子自称“吾少也贱，故多能鄙事。君子多乎哉？不多也”（《子罕》）。这也有孟子的证明：“孔子尝为委吏矣。曰：会计当而已矣。尝为乘田矣。曰：牛羊茁壮长而已矣。”（《万章》）管账目，看牲口，当时自然是“贱”役。“子入太庙，每事问。”（《八佾》）可见他不是按时进太庙的贵族，号称“知礼”而未见大世面。他讲的礼、乐都不是书本子，是可以口传的。三《礼》不是他的著作。他也不重视读书。子路说："何必读书，然后为学?"他也只说是"佞"，即巧辩（《先进》）。他还说过"行有余力，则以学文"（《学而》）。孔子并不以有文的文化为高。他还要"从"（依从）"先进于礼乐"的"野人"（《先进》）。他是教政治和为人之道的。因此他不必看重书本而且不和"隐者"绝缘，反而再三说他同情隐者（《微子》）。所以他和那些"耦而耕"的、芸田的等等非"君子"人是通气的，比对阳货之流掌权人物还更亲切。他显然接近于无文而离有文较远。还有，孔子最赏识的弟子颜回是穷饿早死的人，和孔乙己是同类，不过不丐，不偷，学问大，道德高，但生活上高不了多少，住在贫民窟（"陋巷"）里。孔子重视的另一个门人是子路。这是个"好勇"的人，直爽，说话算数（"无宿诺"，《颜渊》），"衣敝缊袍与衣狐貉者立而不耻"（《子罕》），"愿车马衣轻裘与朋友共，敝之而无憾"（《公冶长》）。孔子说自己"乘桴浮于海"时"从我者其由（子路）欤"（《公冶长》），还说他"升堂矣，未入于室也"（《先进》）。子路的言行不像书生而像侠客。他是战死的。又一个得孔子喜爱的门人是善于"言语"的子贡。这是个"货殖"专家，会做生意，据说还会办外交，以其财富地位在各国串联并为老师宣传（见《史记》）。古时商人地位是很低的。这是不是个江湖人物？把《论语》和《孟子》一对照，立刻可以看出孟子是多半和国王大臣打交道的，是住"上宫"（高级宾馆）的，是"后车数十乘，从者数百人，以传食于诸侯"的阔"客"（《滕文公》）。孔子却是"栖栖"道路，仆仆风尘，又“在陈绝粮”，以致从者都饿病了（《卫灵公》）。又“畏于匡”（《子罕》），这时几乎死了大弟子颜回（《先进》）。他会见各种各样的人都平等相待，和王公及权臣打交道不多，也不十分擅长，不如孟子会说话。如此说来，若有文无文不是仅指识字不识字，《论语》中的孔子排在无文一边并不委屈。这实际是尊重他。无文的文化中有极大多数的人，他们和孔子在《论语》中的许多主张是完全可以相通的。孔子讲名分，讲忠、信。江湖上难道不讲？梁山泊为什么要“排座次”？洪秀全为什么要称天王？李秀成不是“忠”王吗？反孔的太平天国尚且没有完全跳出孔子画的圈子，其他可想而知。反过来，那些号称尊孔的帝王是遵守孔子的教导吗？不孝，不悌，教臣下忠而自己不信，为夺皇权不顾名分，种种违背孔子在《论语》中的教训的是有文的高高在上的人，还是无文的处于社会下层的人？孔子设下的轨，江湖之人不全遵守，庙堂之人又何尝不是经常出轨？孔子说卫灵公“无道”，只因为他任用了能干的臣子所以未“丧”（《宪问》）。有文的文化中的孔子只是招牌。有文之人尊孔是要求别人照办而自己在外的。无文之人虽不尊孔却实实在在是和孔子有些心态相通的。当然这只是说的《论语》中的孔子及其门人，不是那位至圣先师及其名下的其他解说。《论语》也不能照朱熹的解说，那是朱不是孔。

客：若就民俗心态而论，能不能说出一点孔老夫子给后世留下了什么长久不衰的东西？

主：我以为有三位大人物的三条在从秦汉到民国的两千几百年

民俗心态中一直起作用，仿佛球场上大家承认的规则。尽管不断有犯规的，但守规和犯规的规是同一的。若以为可以将“犯规”提高，提倡破坏一切规，以“无规”为“规”，不是糊涂便是别有用意，而且是做不到的。人群不可能有无序的序。无论玉皇大帝或元始天尊都做不到同时立序又毁序或以毁序为立序。这会像孟子所预测的：“缘木求鱼，虽不得鱼无后灾。以若（你）所为求若（你）所欲，尽心力而为之，后必有灾。”（《梁惠王》）当然也许不会“灾及其身”，可是必定逞一时痛快而后患无穷，后人倒霉。我说的三位三条不是这样。第一位是孔夫子。他在《论语》中有很多教导。其中不靠汉武帝下令尊儒术在“博士”中设专业而越来越深入人心的不是礼、乐、仁，而是“忠孝”二字。君父是一体，所以这二字实是一事，就是忠于一个活人，在家是父，在国是君。这要无条件地，主动地服从、崇拜。外国多有宗教，拜一个上帝或不止一个神。以一个活人为神而且人死成神的以中国为首。所以中国不产生外国那样的宗教而可以收容外国神。连“宗教”这个词也是外来的。忠孝意识（规）伴随不忠不孝行为（犯规）一直在民俗心态中占越来越大的地位，有越来越多的解说。外国人难以理解这样的极端。第二位是秦始皇。他宣布“天下大定”，“分天下以为三十六郡”，实现了《禹贡》的“九州”，将孔子常称的“天下”具体化。他的一切言行都是照齐国公羊高对《春秋》第一句中“王”字的解说，“大（动词）一统也”。这个“一统”“天下”由秦始皇创立，越来越成为绝大多数人的心态。开口闭口“天下”。分裂也不忘

“一统”。第三位是汉高祖刘邦。他破秦之后当众宣布：“父老苦秦苛法久矣。诽谤者族。偶语者弃市。……吾当王关中，与父老约，法三章耳：杀人者死。伤人及盗抵罪。余悉除去秦法。”（《史记·高祖本纪》）这三条“法”只有一条意义，就是人人对等取值，也就是“公平”。不“族”。不罪“毁谤”（对朝廷）及“偶语”（私议）。杀人、伤人、偷抢，各自“抵罪”。罪和刑相“抵”（相等）。后代一直是大家承认的“杀人偿命，欠债还钱”，“一人做事一人当”，就是这三章“约法”。这个立法的对等原则是极其重要的，是孔夫子和秦始皇都想不到的。这在中国历史上是破天荒的。这是从家族本位转换为个人本位的第一声呼唤。自从刘邦宣布以后一直传下来。承认和否认，实行和破坏，也一直是正负并行，越来越成为民俗心态。不论有文、无文，显文化、隐文化，打官司、打仗，不是要求对等，就是要求不对等，总离不开这一条。孔夫子、秦始皇、汉高祖，“忠”、“一统天下”、对等“抵罪”（报仇），是不是在中国两千几百年来的民俗心态中根深蒂固？是不是中国的三大神？三神各有缺点：孔夫子招牌空中挂。秦始皇有钱不会花。汉高祖说话不算话。

客：你把孔子和帝王并列不要紧，又把孔子和孔乙己拉到一起，是不是会使我们的邪门歪道的闲谈既亵渎了孔子又唐突了鲁迅，对这两位伟大人物不敬？

主：讲无文的文化本来就亵渎圣人。不过我觉得这实在是尊重他们，把他们和我们的绝大多数人的心态连起来。我不以为他们本人会见怪。

客： 不谈大人物，还是谈孔乙己吧。

主：《孔乙己》这篇小说不过两千多字吧？发表时我还在描红，写“上大人孔乙己化三千七十士”等等笔画少容易写的字。在《呐喊》中看到《孔乙己》时我已经小学快毕业了。一见题目就很奇怪。怎么会有人叫这名字？一读之下几乎终身不忘。完全相同的人和事是没有的。大致相同或有点相同的人怎么像是就在周围呢？甚至我害怕自己会不会成为孔乙己。怎么好像是看到我周围的正在沦落和将要沦落的识字读书人都有几分像孔乙己呢？我的哥哥喝酒时，我的小学老师讲古文古诗时，仿佛都有一股孔乙己气味向我扑过来。读古书时也觉得陈琳、李商隐这些人都有一股孔乙己气味。他们替别人写信写公文时恐怕还不如孔乙己饮酒时那样自得其乐。卖文和偷书究竟哪个高些？作诗和饮酒是不是一类心态？司马迁“下蚕室”时有没有孔乙己被打断腿时的心情？孔乙己写“伏辩”时有什么滋味？是“诚惶诚恐不胜战栗屏营之至”吧？我后来又看到《在酒楼上》，越来越觉得不对了。这一声声“呐喊”怎么那么尖锐，竟扎进我住的偏僻小城来而且进了童子的心呢？我有点害怕鲁迅的小说了。

客： 这是你在特殊环境中的特殊心态吧？

主： 我不以为是这样。我没有什么特殊。特殊是说只有这一个。我的情况不是独一无二的。我的哥哥便和我属于同一符号。《孔乙己》里的人都是些符号。符号化为人便不止一个。咸亨酒店是一个信息场，里面有戴着各种符号的人走来走去。长衫和短衫是两类符号。长衫客在里屋，短衫客在柜台外，信息是隔开的。掌柜的和伙计是在两者之间奔走串联的。酒客和孩子们各有各的符号。所有这些都如同《呐喊·自序》中所说的，“只能做毫无意义的示众的材料和看客”。这篇短短的小说就是把这个酒店信息场上的孔乙己及其看客来“示众”，同时也是传达一种信息，显出看示众和被示众的心态。孔乙己是长衫客，却不在里屋而在柜台外。这是一个信息。他读过书，会写好字，是雅人；又偷东西，是俗人；有雅有俗，这是另一信息。书生加乞丐成为一个人，在偷书中合一了，这又是信息。好喝酒，不欠债，终于死后还欠下十九文铜钱的债。这是不得已的。他死去也不安心吧？举人“家里的东西，偷得的么”？自然要写“伏辩”，低头认罪，被打断腿。断了腿还要爬去喝酒。自己不能考中“半个秀才”，还要教孩子们认字。人家不懂的话还要讲。这些都是信息。难道这些符号所传的信息都是特殊的吗？掌柜、伙计、大人、小孩，全觉得他可笑，所以他成为“示众”的材料，有“看客”。我看了不觉得可笑，反而有点恐惧，怕成为孔乙己，被“示众”。我不是乞丐，也没有偷东西，只是识几个字，懂得“多乎哉？不多也”，而且知道上下文。这样就会成为孔乙己吗？可是我又恍惚觉得曾经被当作，而且自己也认为，是孔乙己，并且被“示众”。那不是梦吧？我们真是那么喜好“示众”吗？在信息场里，人人是传达信息的符号。符号的所指是可以转移的，不是特定的，只有一个。符号各有特色，但不是特殊。符号需要解说，这便是信息。“示众”便是组成信息场。

客：照你的说法，我们谈了半天，加上你的独白，好像也有点着落了，只是还嫌抽象，朦胧，不大明白。

主：酒店是信息场。在《孔乙己》里，无文的文化，短衫客，有文的文化，长衫客，由于孔乙己的兼差而连起来了。他是有文而陷在无文的包围中示众，所以可笑。《呐喊》中另一篇小说《药》写的是茶馆，那更是信息场了。前半是法场，后尾是坟场，都是信息场，不管在场者说话不说话。不在场的告密的那位三爷，在场不说话只忽然大叫一声的乌鸦，还有那始终不露面只见鲜血的死者，吃血馒头终于死去的小栓，不都是传出信息的符号吗？说夏瑜就是秋瑾，就不可以说是别的人例如徐锡麟吗？

客：还可以说出这几个信息场中各种符号所指出的显文化和隐文化以及其中的正负“序”吗？

主：这有什么难？两篇小说写的都是清朝末年的事，显然是治“序”。举人家的东西不能偷。造反要杀头。读书而考不中秀才活该当乞丐。“示众”和“看客”到处都是。这里面的隐文化呢？死了的造反者，飞走的乌鸦，“红眼睛”，黑衣汉子，“花白胡子”，这些是在治“序”中的，也可以是在乱“序”中的，是正号的，也可以是负号的。看客可以被示众。被示众的也可以是看客。一个小的信息场中有显文化，有隐文化，有治“序”，也可以有乱“序”，而且正负俱全。

客：有没有“无序”？

主：自然界中有没有，不知道。有序无序互相转化是一种说法。在人文中，或者说在人的文化活动中，不会有“无序”。总是有一种“序”，或隐，或显，或属治，或属乱，或正，或负，还往往兼而有之。除非死亡，没有“无序”。没有活人的文化活动了，自然界的“序”仍在。埋进土里会腐朽，烧了会化成灰。那个符号还会起作用，传信息。

客：这两篇小说中识字的人很少。酒店掌柜识字也不过是记账。《药》中的识字人只怕是那个被杀头的。

主：两篇中都是有文的文化被示众而无文的文化当看客。是不是这也和显文化与隐文化相对应呢？《孔乙己》中的一句话：举人家的东西“偷得的吗”？答“偷不得”，这是一种“序”。答“偷得，只是要挨打”，这又是一种“序”。答“偷不得，抢得，拿得”，这是另一种“序”。以举人划界是一种“序”。《儒林外史》中范进中举，立刻有张举人送房子。没有做官便能收礼，这是“礼”的妙用，也属于举人符号的意义。传说张献忠打进四川时，凡举人以上都要杀。举人是读书人做官的第一步吧？这不是“序”吗？

客：我们从你的小册子《文化的解说》和符号学谈起，到现在谈到了《孔乙己》和《药》，究竟我们前进了多少呢？恐怕中国文化这个谜还是没有破开吧？

主：文化毕竟不是谜语，是又有谜底又没有谜底的。讲符号，讲“场”，讲“序”，总想把意义定下来，总是定不下来。讲自然界总要用上数学，要“设定”。可是人文并不跟自然界一样。这是人和自然的或者说活人和死人的区别吧？

客：我们谈得太多了。你在《文化的解说》末尾写了四个五言句。现在是不是重复一下另写四句？西方也读的东方《圣经》的《旧约·传道书》说："已有的事后必再有"，"日光之下并无新事"。若只就符号体系论，好像是不错的。模式常常重复：人，生、老、病、死；物，成、住、坏、空。阴阳能括一切，一切有序，成场。若就符号的解说论，就意义或内容论，又是不断变换从不照原样的。不管怎样，你就再说四句吧。

主：好，有了，不止四句。

解说文化难，破谜亦不易。
老去学雕虫，九年徒面壁。
岁月纵无多，河山不我弃。
旧俗识新民，轨外依轨内。
无文是文心，瓦砾成珠玉。
谈笑信息场，隐显皆有序。
仰视浮云行，赋诗不成句。
掷笔起彷徨，安知天地意。

一九九〇年

读书·读人·读物

据说现在书籍正处于革命的前夕。一片指甲大的硅片就可包容几十万字的书，几片光盘就能存储一大部百科全书；说是不这样就应付不了“信息爆炸”；又说是如同兵马俑似的强者打败病夫而大生产战胜小生产那样，将来知识的强国会胜过知识的弱国，知识密集型的小生产会胜过劳动力密集型的大生产。照这样说，像过去有工业殖民地那样会不会出现“知识殖民地”呢？这种“殖民地”是不是更难翻身呢？有人说目前在微型电子计算机和机器人方面已经有这种趋势了。从前农业国出产原料廉价供给工业国加工以后再花高价买回来，将来在知识方面会不会出现类似情况呢？不管怎么说，书是知识的存储器，若要得知识，书还是要读的，不过读法不能是老一套了。

我小时候的读书法是背诵，一天也背不了多少。这种方法现在大概已经被淘汰了。解放初，有学生找我谈读书方法。我当时年轻，大胆，又在学习政治理论，就讲了些什么“根据地”、“阵地战”、“游击战”

之类的话。讲稿随后被听众拿走了，也没有什么反应，大概是没多大用处，也没有多大害处。后来我自知老经验不行了，就不再谈读书法。有人问到，我只讲几句老实话供参考，却不料误被认为讲笑话，所以再也不谈了。我说的是总结我读书经验只有三个字：少、懒、忘。我看见过的书可以说是很多，但读过的书却只能说是很少；连幼年背诵的经书、诗、文之类也不能算是读过，只能说是背过。我是懒人，不会用苦功，什么“悬梁”、“刺股”说法我都害怕。我一天读不了几个小时的书，倦了就放下。自知是个懒人，疲倦了硬读也读不进去，白费，不如去睡觉或闲聊或游玩。我的记性不好，忘性很大。我担心读的书若字字都记得，头脑会装不下；幸而头脑能过滤，不多久就忘掉不少，忘不掉的就记住了。我不会记外文生字；曾模仿别人去背生字，再也记不住；索性不背，反而记住了一些。读书告一段落就放下不管，去忘掉它；过些时再拿起书来重读，果然忘了不少，可是也记住一些；奇怪的是反而读出了初读时没有读出来的东西。忘得最厉害的是有那么十来年，我可以说是除指定必读的书以外一书不读，还拼命去忘掉读过的书。我小学毕业后就没有真正上过学，所以也没有经历过考试。到六十岁以后，遭遇突然袭击，参加了一次大学考试，交了白卷，心安理得。自知没有资格进大学，但凭白卷却可以。又过几年，这样不行了，我又捡起书本来。真是似曾相识，看到什么古文、外文都像是不知所云了。奇怪的是遗忘似乎并不比记忆容易些。不知为什么，要记的没有记住，要忘的倒是忘不了；从前觉得明白的现在糊涂了，从前糊涂的却好像又有点明白了。我虽然又读起书来，却还离不开那三个字。读得少，忘得快，不耐烦用苦功，怕苦，总想读书自得其乐；真是不可救药。现在比以前还多了一点，却不能用一个字概括。这就是读书中无字的地方比有字的地方还多些。这大概是年老了的缘故。小时候学写字，说是要注意“分行布白”。字没有学好，这一点倒记得，看书法家的字连空白一起看。一本书若满是字，岂不是一片油墨？没有空白是不行的，像下围棋一样。古人和外国人和现代人作书的好像是都不会把话说完、说尽的。不是说他们“惜墨如金”，而是说他们无论有意无意都说不尽要说的话。越是啰嗦废话多，越说明他有话说不出或是还没有说出来。那只说几句话的就更是话里有话了。所以我就连字带空白一起读，仿佛每页上都藏了不少话，不在字里而在空白里。似乎有位古人说过：“当于无字处求之。”完全没有字的书除画图册和录音带外我还未读过，没有空白的书也没见过，所以还是得连字带空白一起读。这可能是我的笨人笨想法。

我读过的书远没有我听过的话多，因此我以为我的一点知识还是从听人讲话来的多。其实读书也可以说是听古人、外国人、见不到面或见面而听不到他讲课的人的话。反过来，听话也可以说是一种读书。也许这可以叫作“读人”。不过这绝不是说观察人和研究人。我说的是我自己。我没有那么大的本事，也不那么自信。我说的“读人”只是听人说话。我回想这样的事最早可能是在我教小学的时候。那时我不过十几岁，老实说只是小学毕业，在乡下一座古庙里教一些农村孩子。从一年级到四年级都在大殿上课，只有这一间大教室。一个教师一堂课教四个年级，这叫作“复式教学法”。我上的小学不一样，是一班有一个教室的；我的小学老师教我的方式这里用不上。校长见我比最大的学生大不了多少，不大放心，给我讲了一下怎么教。可是开始上课时他恰恰有事走开了，没有来得及示范。我被逼出了下策，拜小学生为老师，边教边学。学生一喊：“老师！先教我们，让他们做作业。”我就明白了校长告诉的教学法。幸而又来了两位也不过二十岁出头的教师做我学习的模范。他们成了我的老师。他们都到过外地，向我讲了不少见闻。有一位常在放学后按风琴唱郑板桥的《道情》，自己还照编了一首：“老教师，古庙中，自摇铃，自上课……”这一个学期我从我教的小学生和那两位青年同事那里学到了很多东西，可是工资除吃饭外只得到三块银洋拿回家。家里很不满意，不让我再去教了。我觉得很可惜。现在想起来才明白，我那时是开始把人当作书（也就是老师）来读了。现在我身边有了个一岁多的小娃娃。我看她也是一本书，也是老师。她还不会说话，但并不是不通信息。我发现她除吃奶和睡觉外都在讲话。她发出各种各样信号，不待“收集反映”就抓回了“反馈”，立刻发出一种反应，也是新信号。她察言观色能力很强，比大人强得多。我由此想到，大概我在一岁多时也是这样一座雷达，于是仿佛明白了一些我还不记事时的学习对我后来的影响。

我听过的话还没有我见过的东西多。我从那些东西里也学了不少。可以说那也是书吧，也许这可以叫作“读物”。物比人、比书都难读，它不会说话；不过它很可靠，假古董也是真东西。记得我初到印度时，在加尔各答大学本部所在的一所学院门前，看到大树下面有些大小石头，很干净，像是用水洗过，有的上面装饰着鲜花。后来才知道这是神的象征。又见到一些庙里庙外的大小不同的这样的神像石头以后，才知道这圆柱形石头里面藏着无穷奥妙。大家都知道这是石头，也知道它是像什么的，代表着什么，可是有人就还能知道这里面有神性，有人就看不出。对于这石头有各种解说。我后来也在屋里桌上供了一个这样的石头，是从圣地波罗奈城买来的。我几乎是天天读它，仿佛学习王阳明照朱熹的“格物”说法去“格”竹子那样。晚清译“科学”一词为“格致”，取《大学》说的“格物致知”之意。我“格物”也像王阳明一样徒劳无功，不过我不像他那样否定“格物”，而是“格”出了一点“知”，觉得是应当像读书一样读许多物。我在印度鹿野苑常去一所小博物馆（现在听说已扩大许多倍），看地下挖出的那些石头，其中包括现在作为印度国徽的那座四狮柱头，还常看在馆外的断了的石柱和上面的刻字。我很想明白，两千多年前的人，维持生活还很困难，为什么要花工夫雕刻这些石头。我在山西云岗看过石窟佛像，当时自以为明白其实并不曾明白其中的意义，没有读懂。我幼时见过家里的一块拓片，是《大秦景教流行碑》，连文字也没有读懂。读《呐喊·自序》也没明白鲁迅为什么要抄古碑。有些事情实在不好懂。例如我们现在有很多博物馆，却没有听说设博物馆专业和讲博物馆学，像设图书馆专业和讲图书馆学那样。有的附在考古专业里，大概只讲古，不讲今。听说南京大学和杭州大学有，但只是半个，叫作“文博”（文物考古和博物馆?）专业。北京大学曾有过半个，和图书馆学在一起，不知为什么取消了。我孤陋寡闻，不知别处，例如中山大学，还有没有。我们难道只是办展览会把古物、今物给别人去读么？可见“读物”不大被重视，似乎是要“物”不要“读”，“读物”不如读书。记得小时候一位老师的朋友带给他一部大书看，说是只能当时翻阅，随即要带还原主。老师一边翻看，一边赞叹不已。我没见过那么大的书，也夹在旁边站着看。第一页有四个大篆字，幸而我还认得出是《西清古鉴》。里面都是些古董的画。我不懂那些古物，却联想到家中有个奇怪的古铜香炉，是我哥哥从一个农民那里花两块银洋买来的，而农民是耕地耕出来的。还有一把宝剑，被人先买走了。我想，如果这些刻印出来的皇宫古物的画都得到老师赞叹，那个香炉若真是哥哥说的楚国的东西，应是很有价值了。我却只知那像个青铜怪兽，使我想到《水浒》中杨志的绰号“青面兽”。我家只用它来年节烧檀香。这个香炉早已不知何处去了。我提到这个，只希望不再出现把殷墟甲骨当作龙骨，当药卖掉，吃掉；只想说明到处有物如书，只是各人读法不同。即便是书中的“物”也不易读。例如《易经》的卦象，乾、坤等卦爻符号，不知有多少人读了多少年，直到十七世纪才有个哲学家莱布尼兹，据说读了两年，才读出了意思。这位和牛顿同时发明微积分的学者说，这是“二进位”数学。又过了两百多年，到二十世纪四十年代才出来了第一台电子计算机，用上了我们的祖宗画八卦的数学原理。听说《河图》、《洛书》中的符号在外国也有人正在钻研，有些是科学家、工程师，是为了实用目的。读《易经》、《老子》的外国人中也有科学家，各有实际目的，不是无事干或为了骗人。物是书，符号也是书，人也是书，有字的和无字的也都是书，读书真不易啊！我小时念过《四时读书乐》，到老了才知读书真不易。

从读书谈到读人、读物，越扯越远，终于又回到了读书。就此打住。

一九八四年

眼前道路无经纬，

皮里春秋空黑黄。

——薛宝钗

△ 听说你近来看了几本新书，又有了不同寻常的怪论，是不是？

□ 这是你听来的，不是我说出的。

△ 那么你现在说说，好不好？

□ 我要说的不见得是你要听的。你听去的也未必是我说出的。对话不容易。现在有人进行问答，如同接见记者或口试，这不是对话。有的双方经过别人翻译，成为三人双重对话。还有的仿佛是对话而实际是聋子对话，各说各的。也有的进行辩论，不聋了，仍旧是各说各的。我们能不能对话而不属于这几种？

△ 我不知道你怎么看柏拉图式和狄德罗式的对话，或则《论语》式、《孟子》式、《金刚经》式等等对话。恐怕你说的那几种还不能概括。

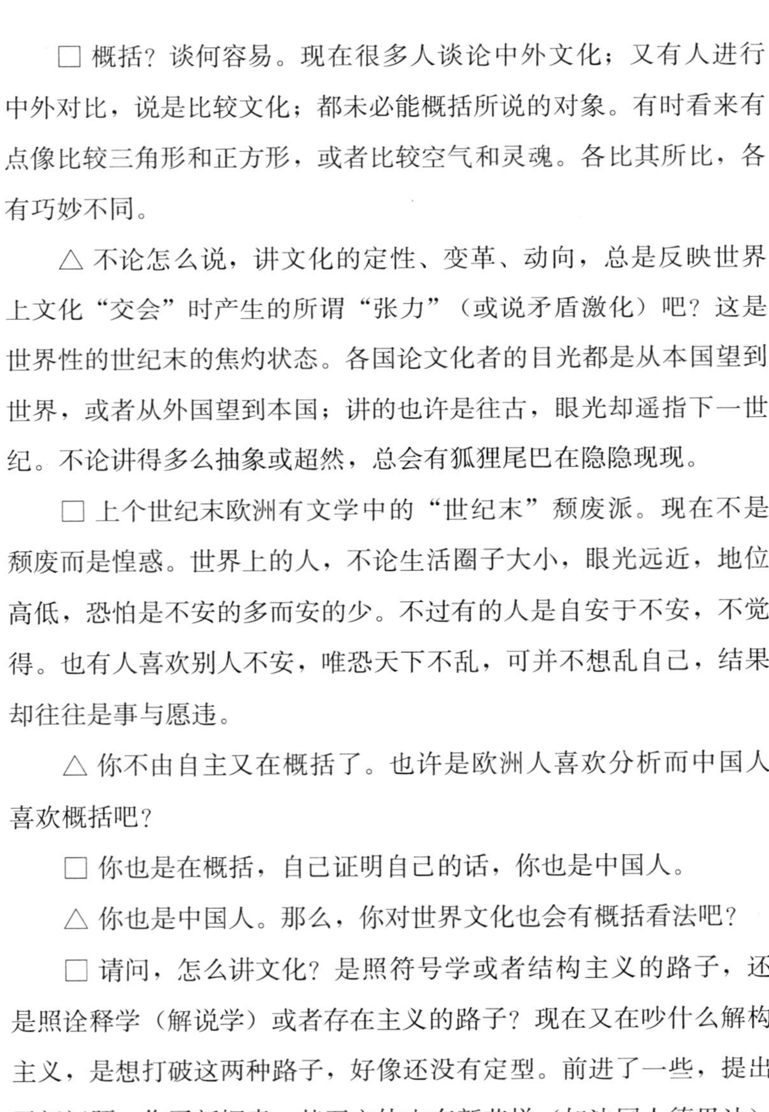

□ 概括？谈何容易。现在很多人谈论中外文化；又有人进行中外对比，说是比较文化；都未必能概括所说的对象。有时看来有点像比较三角形和正方形，或者比较空气和灵魂。各比其所比，各有巧妙不同。

△ 不论怎么说，讲文化的定性、变革、动向，总是反映世界上文化“交会”时产生的所谓“张力”（或说矛盾激化）吧？这是世界性的世纪末的焦灼状态。各国论文化者的目光都是从本国望到世界，或者从外国望到本国；讲的也许是往古，眼光却遥指下一世纪。不论讲得多么抽象或超然，总会有狐狸尾巴在隐隐现现。

□ 上个世纪末欧洲有文学中的“世纪末”颓废派。现在不是颓废而是惶惑。世界上的人，不论生活圈子大小，眼光远近，地位高低，恐怕是不安的多而安的少。不过有的人是自安于不安，不觉得。也有人喜欢别人不安，唯恐天下不乱，可并不想乱自己，结果却往往是事与愿违。

△ 你不由自主又在概括了。也许是欧洲人喜欢分析而中国人喜欢概括吧？

□ 你也是在概括，自己证明自己的话，你也是中国人。

△ 你也是中国人。那么，你对世界文化也会有概括看法吧？

□ 请问，怎么讲文化？是照符号学或者结构主义的路子，还是照诠释学（解说学）或者存在主义的路子？现在又在吵什么解构主义，是想打破这两种路子，好像还没有定型。前进了一些，提出了新问题，作了新探索，甚至文体也有新花样（如法国人德里达），不过还是可以用前面两条路子概括吧？至于实用主义，那是到处都有的，不在话下。

△ 据我看，国际上讨论的主题是客观性，问题在语言和思想。据我所知，法国人黎克尔想打通一条合二而一的新路子，但仍是偏于一方。他将弗洛伊德化为“玄学鬼”，好像是企图把本世纪的各种思潮，语言学、心理学、物理学，包括相对论、量子论和格式塔理论等等都纳入一个思想体系。看来喜欢概括的不仅是中国人。你我前面说的不准确。

□ 可以有种种概括法。我想从思想传统来概括。目前世界上争论文化和哲学的都着眼于传统。德国伽达默尔和法国德里达都解说过传统。结构主义人类学者法国列维-斯特劳斯的概括原始社会思想也是追溯传统。传统是指传到今天的。这是逃不出也割不断的，仿佛如来佛的手掌心，孙悟空一觔斗翻出十万八千里也出不去。因为这不仅仅是在时间和空间的量度之内的。现在外国人提出的“语言先于思想”（伽达默尔）或“书写先于文字”（德里达）的问题，仍然是客观性（结构、系统）或主观性（主体、意识）的问题。这也是如何看待传统的问题。这样说有点玄虚。外国人照他们的参照系说话，对于中国人又隔了一层。加上或换上中国传统哲学说法也会同样玄虚。我们还是用普通人的语言来谈吧。

△ 普通就是寻常，也就是一般，这也是概括。

□ 概括文化，划分类型，虽然出于本世纪，也是古典或古董了。我们为了从所谓东西文化或者中外文化的说法稍稍前进一步，不妨在世界文化中概括出大类型。我看可以概括出三个（当然不能包罗一切）。这是很普通的看法，但也不是持各种观点的人都承认的，只算是概括的一种吧。这三型是：一、希伯来——阿拉伯型。二、希腊——印度型。三、中国——日本型。

△ 你说的这三型毫不新鲜。听听你的解说。

□ 三型名称只是符号，并不是说中国人个个必属于中国型。三型中可以用第一型为标尺。这一型中的要点是：一、上帝。有一个上帝创造世界和人，主宰一切。二、原罪。人类始祖违反上帝禁令，被逐出乐园。从此人类有了后代，个个人生下就有罪。要到世界末日审判时才能回乐园和上帝再到一起。三、灵魂。每人都是上帝创造的灵魂。灵魂是不会消灭的。四、救世主。上帝为拯救人类使世上出现救世主（弥赛亚、基督、先知），信仰他的人得救。信仰不需要讲道理。五、“选民”。人类中有的人，例如犹太人，或则信仰基督、耶稣的人，信仰先知穆罕默德的人，是上帝的“选民”，受到上帝特殊眷顾，是从乐园来又回乐园去的。其他人属于另一种。这一文化型可以把犹太教、基督教各派、伊斯兰教两派、一直到上帝教都概括在内。这种文化可说是有上帝和一元的文化。

△ 我可以由此推出第二型。那是无上帝和多元的文化。所谓上帝是指创造一切并主宰一切而又独一无二的上帝。古希腊和印度都没有这一类型的上帝。他们的神不是上帝，管不了什么事，而且多得很，互不相下。他们的神都很快乐。人也不是生来有罪命定吃苦而是以享乐为第一要义的。希腊神话、宗教和哲学以及印度教各

派、耆那教两派都是这样。佛教也是这样，有过去、现在、未来（这三个原词都是印度字）三世佛。佛多得不计其数。说一切是苦，只因以乐为标准。苦不是第一义。乐不了，才处处觉苦，力求从苦中解脱，“往生极乐世界”。没有灵魂、原罪、救世主、“选民”。无论阿弥陀佛或则观世音菩萨都是要你颂他的称号。闻声救苦，不叫就不见得会应了。神、佛、菩萨、耆那（大雄）和救世主的意义不同。“我”、“命”和灵魂也不同，仿佛是没有个性的。

□ 这两型都要用宗教语言说，因为各种形态的宗教历来是文化的综合表现，最为普及。可是文化并不只有宗教形式。文化是遍及各方面的。“上帝、救世主、选民”不是都采取宗教形式和名称的。灵魂可化为意识、自我、主体、存在等等，哲学家一直追问到今天。“乐园——世界——乐园”的公式，黑格尔的绝对精神也没能逃出去。这两型文化的想法对立而问题共同，所以可以用第一为标尺而说第二。若以第二为标尺，以印度为准，那就要首先提出循环论。世界是无始无终的。有始有终的世界是要循环、要重复的。循环的宇宙有始终而又无始终，“如环无端”。人也是要“轮回”的，生而复死，死而复生。希腊只讲人神相混，无始无终，不重循环而重还原，另有发展。希腊讲的智和印度讲的智不同，但都不是信仰。重还原，于是哲学上有柏拉图、亚里士多德以及赫拉克利特、毕达哥拉斯等人的种种宇宙解说。他们都从外而内，从现象到本质，由二元、多元追一元。印度讲循环也是说明多而实一，无穷而有限。他们说的不是希伯来——阿拉伯那样的由上帝到人再由人到上帝的循环，而是生老病死、成住坏空这样的循环。这一文化传统并没有随古希腊、罗马灭亡，仍散在各处，不限于印度，特别是在哲学思想中。

△ 中国——日本文化为什么列为第三型？看来好像是前二型的混合。用第一型作标尺来看，这一型更原始些，还没有达到第二型，更没有达到第一型。

□ 十九世纪欧美人从基督教观点出发持有这种进化论的看法。近代印度也有不少人受其影响，极力把印度传统文化的多神解说为一神，但并不成功。二十世纪中对所谓原始社会思想的看法改变了。野蛮未必低，文明未必高。十八世纪的卢梭讲复归自然，并不是倒退而是前进。现在对原始文化改变看法也不只是历史的如实还原而是要前进。大家看到了文明的德国暴露出纳粹的野蛮。现在的人忽然大讲传统，有两种情况：一是保卫被破坏的，一是去破坏现存的。两者都可以打出传统的招牌。其实革新也有类似情形：有的是迎新，有的是复旧。两者都可以打出新招牌要求改变现状，和打出传统招牌一样。

△ 仍以第一型为标尺，这第三型该怎么解说？

□ 说中国——日本型，因为日本已有不少发展而中国也正在变化，只说中国概括不下日本。这一型的文化也同第一型对立，却又不是第二型。简单说，中国是无上帝而有上帝，一而又多，多而归一。也许正因此你说看来好像是前二型的混合或者未完成，其实是另一类型。中国没有创世兼主宰的上帝，但是又有不固定的上帝。中国是把前二型中分为双重或者三重的都归入人间。乐园和地狱都在现世，可以“现世现报”，从根本上改变了印度的报应说。可以“魂飞魄散”，又从根本上否定了不灭的灵魂。中国可以收容前二型，但必加以改变，因为自有一型。中国重现世，因此重人，可是中国传统说的“人”不等于前二型文化所认为的人。第一型的人是归属上帝的灵魂，大家都有原罪。第二型的人是无拘无束各自独立或者各自困在“业报”中一切注定的人。中国的是另一种“人”。有些欧洲语和印度语中有不止一个人字，而汉语中只有一个。“人格”、“人道”，中国没有相应的传统词，只好新造或用旧词改新义。在社会表现中，对待人的中国的律、刑决不等同于罗马和欧美的法，也不是印度的“法”（佛“法”、“法”论）。中国的礼、俗也不相当于欧美的法。不能把同类作为相等。中国的“心”、“物”在哲学中和欧洲的、印度的都不相同，因为文化中的“人”不一样。在中外对话中恐怕不止是人、心、物、法这几个词各讲各的，还有别的词，由于意义有差别，也是对话的障碍。我们往往只见其同，不见其异。例如“对话”就可以不专指两人相对讲话，其中有歧义。

△ 所以不仅要研究正解，还有必要研究“误”解。为了破除中外对话的障碍，找不到共同语言，只好用彼此了解的对方语言。一个讲英语，一个讲日语，双方又不能共用法、德、俄语，只好是讲英语的懂日语，讲日语的懂英语。那样，各讲各的，可是又各自懂得对方说的是什么。中国家庭中有夫妇各讲自己方言终身不改的。

□ 可是要懂得对方必然要有个翻译过程，或者说是自己不觉得跳过去又跳回来的过程。对传统文化也是这样。我们要能把传统文化用两种语言解说，要能同传统“对话”。

△ 文化范围太广，还是缩小到可以扩充为文化的哲学思想核心吧。不过我们不是还原古人怎么想，而是问古人想的和讲的现在怎么样。这是传到今天的传统。然后，传统语言化为今天语言，中国语言又化为外国语言。这是现在和过去的对话，又是中外对话。由解说而了解，又由了解而解说；由主观到客观（文本、原作者），又由客观回到主观（解说者）。这个循环过程是对话过程，也是思考过程，又是转化过程。从书本理论到实际行动也是这样一个循环过程。在解说之中，从符号到意义，得出代码本结构，再由符号体系到意义体系。由部分到全体，又回到部分，由语言到意义，又回到语言。如此等等，都是日常不知不觉进行的对话和循环过程。隐喻意义不同于符号意义；还有“剩余意义”和言外之意。象征不同于符号。象征既是能指，又是所指。例如神像不是神，却等于神，同样不可触犯。“故居”的意义往往是新居，有新意义。如果照这样进行对传统文化思想的“翻译”对话过程，那么我们对中国文化可以挑选什么书来着手?

□ 照这种途径，我觉得有四个对象是有中国兼世界意义的，可是被忽略很久了，不妨由此着手。已经有国内外讨论的大题目不在内。这可以说是四种学吧。一是公羊学。二是南华学。三是法华学。四是阳明学。

△ 这不正是儒、释、道的史学、哲学、宗教学、政治学吗？这是现在还存在的传统吗？难道要把这四者说成读史之学、处世之学、传教之学、经世之学吗？

□ 还不仅如此。《春秋公羊传》既是汉朝今文经学的要籍，又是清朝龚自珍、康有为等改革派想复兴或改造的经典。书的内容是史论、制度论，又是表现诠释文本的方法，又是由口传而笔录的对话及思考过程的文体。这是非常重要的一部书。古今解说不少，还需要现代解说。“尊王”思想在日本明治维新中起过作用。“大一统”（不仅原意）的说法我们现在还在用。既有历史意义，又有现代意义，可作很多新解说。《南华经》即《庄子》，正是现在国际间哲学语言中所谓“寓言”、“隐喻”、“转义”的书。《逍遥游》、《齐物论》，古今有多少解说和应用？不久前还在人们口上说和心中想。就其意义的多层复杂和文化影响的巨大说，岂止是道教的主要经典？是否可以说是一部流行的处世秘诀？其中的宇宙观也未必不能像《老子》那样和现代天文学及物理学挂钩。《法华经》全名《妙法莲华经》，原文本的语言是文白夹杂，内容是包罗万象，和印度孔雀王朝佛教之间有很大距离。可能是公元前后南亚次大陆西北部由大月氏人建立的贵霜王国的流行读物。书由西域进入中原，鸠摩罗什的译本传诵极广，一直传到日本。其中的“三乘”归一（三教合一）以及观世音（包公、济公、侠客）闻声救苦是中国文化思想的一部分。古今以至全世界研究的人很多，也有用现代方法解说的；但是中国还缺乏以现代“语言”作新解说。至于王阳明（守仁），近来才在国内有人提到，不以唯心论而摒弃。王学是有大众影响的。日本明治维新志士曾应用王学。在明末清初衰落，实际上暗地仍有发展。不但由他可以上溯朱熹、陆九渊直到汉代的《大学》，而且可以由他的“知行合一”下接孙中山的“知难行易”。他提出的四句话可略改数字：“无善无恶心之体，有善有恶意之动（心之用），知善知恶是良知，为（行）善去恶是格物。”这样，“无、有，心、物，体、用，善、恶，知、行”五对哲学范畴都有了。“物、心”对上了“天、人”。他说的“心”指什么？“良知”指什么？从前人人都会说“凭良心”，这是什么意思？他为什么这样说？对什么人说话？有什么影响？就这个人说，他既作高官，又被贬谪到最低层；能文、能武；有儒、有禅；既重事功，又讲义理；具有中国人心目中的诸葛亮式格局，却不是柏拉图的“哲学王”。

△ 这也是第三型文化和前两型相区别的一个要点吧？不但又合（一）、又分（多），又常、又变；而且又文、又武，赞美文武双全的风流儒将。像中国这样的多战争、善兵法、长于武术而又重文的文化，世界少有。

□ 中国“人”的理想形态，既不同于希伯来的“选民”，也不同于希腊和印度的“英雄”。王阳明属于这种孔子（至圣先师）式的具体而微的“完人”（包括缺点），也属于神化的老子（太上老君）式的“仙人”（包括俗气）。还有一点，阳明学要研究的“上下文”是，上承秦、汉、唐、宋、元，下启清代、民国的明代的关键时期（十五、十六世纪）的文化和思想。这也是全世界文化大汇合、大转变时期（十五世纪末哥伦布到美洲发现“新大陆”）。至于王守仁这个人的是非功罪、高大或渺小，那是另一问题。提出这四部书，讲的是学，是思想和文化，不限于书本及其作者。《传习录》和《大学问》并不是王阳明自己作的书，是他的学生记的。

△ 至于这些在今天中国的文化思想中还有没有，是什么形态，起什么作用，和现代化有什么关系；若消灭了，那又是为什么；这些更是另一层的问题。我们的“三型”、“四学”就谈到这里吧。

□ 我们的对话是一个思考过程。意见不一定正确，总算是一个思考结果吧。

一九八七年

试破文化之谜

客：你写的《文化的解说》使我想到两个问题。一个是，开头讲说一通符号学，后来不再提了。这是为什么？

主：所谓符号学应当是研究种种符号的。理论不止一种，应用更加繁多。这本小册子并不是符号学研究，不过讲到文化方面的一些符号的意义，由此引出一些对文化的看法，也就是一种解说。后面说的是一些考察的结果，涉及许多方面，当然不能一一提到文化符号。而且，符号学这个词在外国文中有专门涵义，在汉语中还没有通用的译名，又容易和"象征"理论混淆，还是不多用为好。本来这也只是一块招牌，一个符号。我写的不是商品，用不着处处贴商标。

客：另一个问题是：那小册子讲的主要是中外文化或说两种文化的对比、对撞或交流问题，是不是还没有说到全面？文化的全貌，特别是文化的变化，不仅有内外的对撞，还有内部的矛盾对撞吧？单讲内外对撞未必能解说文化。

主：不错。所以说到了传统文化和外来文化以至世界思潮，只是提出问题，作了一点解说，对于这些文化符号所显示出来的意义并没有作多少讨论，当然谈不上全面。

客：那么，何妨继续讨论？还是照研究符号的基本思路走下去。从文化“符号”探索其“意义”。这当然不能算是符号学的研究，也不必以此标榜，免得有招牌无货。

主：这谈何容易。我自从小时候读到梁漱溟讲演罗常培笔记的《东西文化及其哲学》以后，一直到“史无前例”的“文化大革命”，虽然在读书教书中，也就是在文化中，兜圈子，都不曾注意到这个笼统的“文化”本身。这以后，近十来年，才想到自己始终在这个“东西文化及其哲学”的圈子中间转，而从未问过究竟什么是“东方”，什么是“西方”，什么是“文化”，什么是“哲学”。这四个词都是中国汉字，可又都是现代才有新意义的从外国进来的新词，也不见得都有和外国原词一样的涵义。于是回头来检查几十年所学来的和对人讲过的都是些什么，又伸头探望一下七十年代、八十年代外国有了什么新花样或新问题。可是人已经到了风中残烛的晚年，勉强作了一点“文化的解说”的试探，再没有力量向前走了。

客：得不到“新知”，就商量一下“旧学”也好。“文化”一语，照旧笼统说，不必深究。不妨先查查中外文化关系，看看是不是一定要深入探索中国文化内部才能更多解说对外关系。

主：好，那就先提问题。不过不限于考察符号吧。

客：第一个问题就是，两种文化相遇是不是必定冲撞或汇合？为什么对外来的东西，有的学得起劲或者反对得拼命，有的不学，不闻不问，若无其事？

主：这是不是说，中国文化，主要是汉族文化，对外来文化有很强的选择性，不是拿来就要？

客：这种选择性恐怕不仅是中国文化有。例如，中国的造纸和印刷术，近邻印度就置之不顾。中国唐代道家盛行，皇帝尊重姓李的本家老子。这时日本人学去儒和佛而不传道教。

主：有取有不取，有迎有拒，有合有不合，这在中国文化对外来文化的关系上从古到今都一样。这只有从内部分析才能找出原因和条件而加以解说吧？

客：由此又引到第二个问题。有不学的不足为奇，奇怪的是，学的也常常拐弯子。日本学欧美开始是从中国学的。十九世纪中叶，日本明治维新以前，中国上海出版的译成汉文的欧洲书籍，日本人拿去翻印、翻译、传播，而在中国看这些书的人反倒很少。甲午中日战争以后，中国人纷纷去日本留学，可是到“东洋”去学的是“西洋”。除了当外交官的黄遵宪以外，几乎没有人到日本去学习和研究日本文化的。有的官员到日本去搜罗中国旧书，也不重视日本的汉学。当然这可以用日本当时幕府的“锁国”政策说明前者（日本），用日本维新较中国早而且离得近来解释后者（中国），而以“东方”学“西方”说明两者。但是不能解释对所学的东西的选择。日本从中国学去的欧美，中国从“东洋”学来的“西洋”，怎么说也是打了折扣的，或者是经过加工的。中国人开始学英文用印度课本《纳氏文法》，原本是为印度人编的，例句中很多印度事。中国人仍然学了多少年。中国有不少文学家、艺术家到日本，不但大都是去学欧洲的科学，如鲁迅、郭沫若学医，而且学文学艺术也学的是欧洲的。没听说什么人是去学日本的。学日本就是学日本的欧洲，或者不如说是学日本所学的欧洲。这是不是有点日本化了的欧洲？还是欧洲化了的日本？在三十年代日本大举侵略中国以前，中国人学的欧美文学新潮往往是从日本转口来的。例如新感觉派以至马克思主义文艺理论。直接从欧美来的影响不如转口来的大。这是为什么？

主：前一问题是学和不学的问题。后一问题是学的直接和间接问题。尽管可以找出一些外部条件作说明，但要作解说这还不够。不探讨本身内部大概还是不行。将近一百年前许多人去日本留学是被日本打败激出来的。他们仍然认为日本没有什么了不起，不过学了欧美罢了，所以到日本也只学日本的欧美，忘了欧洲文化本来是先到中国的。为什么中国人不先学而让日本占便宜呢？跟在日本后面向日本学欧美能胜过日本吗？为什么不问日本是怎么学欧美的呢？日本很快就直接学欧美了。中国还从日本转口。但不能说转口学一定不好。印度学欧洲是从英国直接学的，也未见得好。而且，不一定打败了的要学战胜者，后进必学先进。法国大革命不是学英国革命。美国建共和在法国之前。中国从前也不愿学外国。

客：由此又引出第三个问题。这样的对外学或不学的前因后果包含着什么成见和误解？起先有什么成见？例如看不起日本文化，以为旧的不过是学中国而新的又只是模仿欧美。后来又有什么误会？误会和原先的成见有联系，作用也许更大。成见和误会的根基是不是还在内部？

主：追“因”不是容易的事。查“果”说不定更难。借用现象学的术语，“悬搁”一下，暂放在括弧中。学什么不学什么的问题确实很有意思。比如说，中国人学从印度经中亚和南海来的佛教很有劲，可是对教义和修道法门不都欣赏。只有轮回报应和打坐念经传播广远，而这两者在印度不是佛教特有的。中国人对这方面的兴趣又远不如对传来的轮回故事、拜佛仪式、僧伽组织、寺庙建筑等等大。中国修的佛庙和佛塔比印度的壮观。石窟雕刻和壁画的规模也不比印度的小。敦煌、龙门、云岗等地私人刻佛像求福并标明供养人的造像比印度多。对主要是从中亚（贵霜王国）传来的佛教很热心，对在南海一带传播的佛教就较冷漠。又比如，印度戏剧的形式、技术和理论大约公元后一两百年即已形成，有了完整的分场分角色的剧本，有表演和音乐舞蹈程式以及语言规范，而且在新疆曾发现梵剧的遗留残本。可是中国的戏剧完成时期比印度晚得多，是在唐代以后又过了两三百年，在和印度交往已经大不如前而且印度次大陆北部已经是伊斯兰教文化占上风的时期。印度古典剧本大发展时（约三至十世纪），中国没有剧本。中国古典剧本大发展时（十二世纪以后），印度的古典梵剧衰亡了。中国的戏好像是从宫廷走向民间才大发展。印度的古典戏剧始终在贵族中打转。后来民间歌舞剧兴盛了，又没有先前那种古典剧本了。双方的戏相似处很多，相互关系却很少。许地山、郑振铎等前辈费了大力也只找到相似而找不出相关的证据。任二北前辈考索《唐戏弄》不知如何，我不敢乱说。中国传进了印度佛经中的讲唱故事形式，而印度的现在还未断的演唱史诗故事形式未必相同。是不是经过中亚转口站有了变化？还是各自有传统？另一件有趣的事是：印度古典戏剧中有个固定的角色是“宫廷丑角”。这人专在国王面前插科打诨无所忌惮。除了在剧本中，这样的人物在其他文献中不见，不会是实际上广泛存在的典型。反过来，在中国，戏剧中没有这样的角色，历史书中却记载着战国时楚国的优孟、优旃，唐代的黄幡绰、敬新磨等。五代时优伶封官。欧阳修《新五代史》还为他们特立《伶官传》。这些人的言行很像梵剧中的“宫廷丑角”，可是为人又不像（这也许是史书选择的结果）。梵剧中这类人是个千篇一律的角色。出身种姓很高（婆罗门），文化教养很低，地位和中国的优伶不同（也许像优孟）。宋元以来，戏剧发展起来了，宫廷中的这类人不见记载了。从五代上溯楚国，史书中这些优伶演不演戏？演什么戏？有他们时没有戏（剧本），有了戏（剧本）又没有了他们。古优伶怎么变成了新优伶？优孟化装为孙叔敖是不是演“现代戏”？他那样长久揣摩演习是不是已经有了表演原则？《史记》中的这个例子表明单靠文献不足以解说文化。这好像是学和不学之外的另一条了。

客：据我所知，还有一例。印度从古盛行辩论之风。文体也是这样，对话辩难很多。佛教和尚同样有这种风气。印度佛典中的理论部分，除辞书、类书、歌诀外，充满这类辩论问答。甚至佛说的经中还有问答体。《金刚经》是传不可言说的“空”的，还要再三问：“何以故?”（这是为什么?）龙树菩萨是讲“空”的祖师。他的《回诤论》的所谓“回诤”，用现代话说，就是“消除争论”，“反驳”，其中是双方对话。学术讨论会和毕业答辩会性质的。出家人和在家人的辩论会直到二十世纪还没有绝迹。在西藏、青海的佛教寺院中听说至今还有。这是真正的辩论。在《玄奘法师传》中甚至说，辩论失败的要成为奴隶或者砍头。这一风气为什么没有随佛教进来而只在藏传佛教中有表现？中国号称春秋战国时就“百家争鸣”。但齐国稷下的辩论没有传下来，也未留记录。孟子自称“予（我）岂好辩哉？予不得已也”（《孟子·滕文公》）。我们的辩论是“不得已”才进行的，而且往往是一面之词，或者是没有结果。庄周和惠施辩论知不知道鱼之乐，针锋相对，几句话就完了。韩愈辟佛只是写文章，没同和尚辩论。倒是在他以前的南朝范缜主张“神灭论”，和信佛教的人当面争辩过。朱熹、陆九渊的争论好像也只有在白鹿洞一次。从汉到清争论“经义”只在书本上，当面是不争的。《盐铁论》、《白虎通》是少有的。意见不投，不见面，或“退出译场”就是了。孔子曰：“君子无所争，必也射乎。揖让而升，下而饮，其争也君子。”（《论语·八佾》）实际上中国人的争辩何尝在印度人以下？从家庭到街巷哪里不吵架？可是表现的形式大不相同。识字越多的越不争吵。中印和尚彼此不互相学习这一点。这又是为什么？

主：其实也不是完全不同。留下来的记载和著作总是一面之词。古希腊难道是全不一样？柏拉图的《对话录》中苏格拉底总是占上风。其中问答也不是争辩。所谓“诡辩派”没有书传下来。苏格拉底终于是被毒药封住了嘴。可能是印度宗教派别多，所以有争辩之风。口头或书面争辩不一定能决定歧异，分出正误、胜负、强弱。佛教能离开出生本土到处传播而在本土反倒不能生长下来。这是为什么？

客：看来这些问题都指引我们去搜索各民族文化的本身内在矛盾了。对外的冲撞和内部的冲撞是息息相关的。秋风一起，有人立即伤风感冒，有人只说“天凉好个秋”，有人毫不觉得，看日历才忽然想起，原来是立秋了。

主：对外反应出现的是症候。从症候可以追索疾病的体内根源。这和从符号追索意义是一个道理。所以符号学这个字在外国文中原本是和症候学同一来源（Semeiology，Semiology，Semiotic）。

客：是不是也可以说类似从形式追内容，从现象查本质？

主：还是不要用哲学的和理论的说法吧。也不要提符号学、诠释学（解释学）、现象学等招牌了。我们只是对话、探讨，不是什么学，什么研究，不受限制。

客：那么，我们怎么追查下去？是不是好像福尔摩斯从罪犯留下的痕迹去侦查那样？这里还有个问题。从符号到意义是怎么“推理”的？是照什么道路一步步走过去的，还是跳跃过去的，还是像克里斯蒂老夫人创造的侦探那样，从假设推下去逼得犯人自行投首，还是有别的什么道路、方法？符号学破解文化符号是不是像破译密码那样？能不能有文化密码本？

主：我也不知道符号学的理论解决了这个问题没有。好像还没有公认公用的完整方案，编不出密码本。许多文化现象不能排列公式还原到符号逻辑，反而是像要倒过来从符号、公式还原到自然逻辑。这仿佛是不合逻辑的逻辑。表现出来的不仅是自然语言，还有行为。不要说这是“荒诞”，免得又生歧义。

客：这又引出一个问题，也和前面的问题有联系。我们究竟是怎么推理的？或不如问：我们是怎么得到知识的？我知道，印度古代对于知识来源有各派，都不反对的一种说法。这叫作“量”论。用现代话说是认识论也是逻辑。这是辩论中不可缺少的，所以也和辩论术有关。辩论好比打球，若没有彼此承认的规则就无从打起。这套理论也随佛教传进了中国，称为“因明”，也就是论“因”的学问。在印度一般称为“正理”。传进来了，只有玄奘一派讲了一段时间就断绝了。汉族不学。藏族传进比玄奘所传陈那的理论更发展的法称的理论，一直传下来。这个“量”论的原始基本说法也许对我们的追查有点用，不妨先谈谈作为起点，看看我们不爱学的东西是什么样的。一般逻辑表述总是离不开语言。印度的说法有些在梵语中很普通，变成汉语很特别。希腊的只怕也类似。这些我们不管，只讲基本的思路。

主：这其实是常识，所以在印度人人都可以承认，只是到了佛教中的陈那、法称两位菩萨（这词本是称号，“有觉悟的人”，不一定是神）才大进一步发展。正理派详细说明推理部分，为的是辩论。佛教中讲“空”的龙树、圣天（捷婆）两位菩萨较早，著作是激烈的辩论记录。他们运用了逻辑，却没有专为逻辑写书。简明提出基本的三“量”论而且传到中国来的是讲“形”、“神”二元的“数论”派的《金七十论》（真谛译出在五六世纪）。照“正理”说法，“量”，即知识来源和标准，只有四项：一是“现量”，“现”前所得，直接来的，即感觉。二是“比量”，“随”后推得的，间接来的，即推理。这一项是和现在所谓逻辑或论理学相对应的。三是“譬喻量”，能“近”取譬，举一反三，触类旁通，就是类推。四是“圣言量”，现成“得”来的话，也是从别人来而自己相信的话，是“神谕”一类的指示，不可怀疑的，不能辩论的真理。这在《金七十论》中有简单的说明和例证。看来这不过是常识的归纳，所以有普遍意义。印度人是这样认为，中国人又何尝不如此？“眼见为实”。总要亲自看到才算真的。用譬喻的同类推定是我们很习惯的。孟子、荀子都好用。“人性之善也犹水之就下也。人无有不善。水无有不下。”（《孟子·告子》）范缜《神灭论》的警句是：“神之于形犹利之于刀。未闻刀没而利存，岂容形亡而神在？”这正是“譬喻量”。至于“圣言量”，那就更不用说了。相信的就是真的，何必再问？反倒是推理很不容易。讲起其中道理有一大堆，从古到今成为专门学问，然而在中国并不发达。我们经常应用的很简单，无非是讲因和果。不但佛教讲因果报应，“有因必有果，无因必无果”，日常生活思想也免不了“因为”、“所以”。可是怎么知道这是因那是果？因怎么变成果？那就难说了。我们一般中国人不大耐烦也不大喜欢深究这一项，往往把“先后”当作“因果”。

客：这四种“量”里有没有错误？

主：这是印度逻辑的，特别是陈那的贡献，指出了错误和正确是并行的，同等重要。推理的决定要素是“因”。正确的称为“真”，原文意指确实存在的。错误的称为“似”，原文意指显现出来的。“因”有“真”，有“似”。这两个字译得很好。错的总是显得像是对的。错误和正确是对应的，而且两者都能作出有限的排列，都错在“因”上，可以画出“因轮”。“轮”，周而复始，这是印度人很喜欢用的词。陈那又将四“量”区分开来，认为只有“现”和“比”，即感觉和推理，是知识来源，正确的和错误的都在内。另两项是附在这两项上的。换句话说，不论“譬喻”或是“圣言”，都得合乎感觉所得，合乎推理规律。印度逻辑的又一贡献是分别自己认识和对人说理两者不同。“现”、“比”，感觉和推理，有正确的，也有错误的，都是“自悟”。对人讲道理，那是“能立”、“能破”，有正确的，也有错误的，都是“悟他”，即让别人“悟”。这不仅是分别了认识论和逻辑。梵文动词变化十类各有两型，名称也是指“为自”和“为他”，仿佛“不及物”、“及物”；而又不同。“因”也和“格”（位）的变化有联系。所以逻辑和语言有相同的模式。这些理论都传进了中国，可是中国汉人不欣赏，连玄奘法师讲经的讲义记录也遗失不传。直到清朝末年才从日本找回来。这时才有了金陵刻经处印出这些书。语言相差别以致思路相差别恐怕也是一个原因。汉语和梵语文体相似，可以逐字翻译，而构造和变化不同，又很难相通。此外还有，人、我、主、客，能、所，这些对立的哲学概念也经印度佛教传来，有了对应的词，但中国人欣赏的不是区别对立而是消除对立。“人我两亡”，归结为“空”。佛教经论喜分析，列“名数”，而我们不喜，以为繁琐。是不是我们古人不好辩论，不喜欢逻辑推理，而喜欢将阴阳对立合为太极？现代才有人（胡适）开始讲先秦的“名学”，说我们的墨子和公孙龙子讲的就是逻辑学。可是为什么断了呢？为什么印度传来的也不时兴呢？用欧美的或者印度的眼光看，中国人究竟历来讲不讲他们的所谓“逻辑”、“正理”、“因明”的学科呢？中国人为什么喜欢不讲推理的禅宗（顿、渐一样），喜欢不讲推理只宣佛号的净土宗呢？这两宗加上也不讲推理的密宗不就是在中国最盛行的佛教教派吗？

客：讲了一大通印度的，这些在中国文献里都有，不止是翻译的。我们是怎么对待这些的？是不是中国人不喜欢讲这些而实际上应用的还是这些呢？我们不是很喜欢讲道理吗？我们爱讲的是什么道理？是不是又要提到成见和误会的问题？不问清楚我们所习惯的思路，恐怕关于学外国的问题不容易理出头绪。

主：印度人的这一套着重在推理部分，作出些规定，为的是辩论中要用，要立“宗”（下结论），要说“因”，要引“喻”为证，还要有“破”和“立”的规定。中国人不爱辩论，推理自有一套。用印度说法，我们惯用的是“现”（感觉）和“譬喻”（类推），尤其是仰仗“圣言”，不耐烦关于“立”呀“破”呀的规定。我们喜欢问的是什么，怎么样，不大爱问为什么。问到了也是一句话就答复，定案。说“什么者，什么什么也”就够了。不追问“因”，对“因明”不感兴趣。我们讲的“理”是“道理”。“理”就是“道”，是本来就有的，不是追问出来的。“因”和“道”、“理”同样。我们对“正理”的辩论没有多大兴趣，觉得是“诡辩”，是游戏，是多此一举。究其实，一般印度人也差不多，也是讲信仰，尊重“圣言量”。这一套“正理”、“因明”愈过愈繁，只为辩论会用，专精的人愈来愈少，衰亡得也快。日本人传去了书也没有学习、发展。既然大家打的是篮球，那就不必问打排球的规则了。古希腊人和古罗马人需要在元老院和城邦会上演说，所以重视表达自己（修辞学）和说服别人（论理学）。中国除了战国时代有“说客”到处“游说”以外，是不注重学讲话和辩论的。学讲话是学另一种话，另有目的。《论语》中记孔子说：“不学‘诗’，无以言。”（《季氏》）又说：“诵‘诗’三百，授之以政，不达；使于四方，不能专对；虽多，亦奚以为？（又有什么用？）”（《子路》）学“诗”是为做官，办外交，学“官话”，和平常说话不同，不是辩论。

客：是不是可以说，我们的习惯想法和做法和印度以至古希腊罗马的有同有不同，所以对他们的东西也是有取有舍？如“因明”就是一例。从这一例可以看出我们历来的习惯是多用“譬喻”和“圣言”，依靠“现量”，而少用“比量”，或者说自己另有一套“比量”。能不能这样追查我们对待外来文化的内部思想情况？

主：这就是说，查一查我们先有的成见。这里我想再提出一点。那四种“量”的说法虽然合乎常识，却还不符合我们平时思想活动的实际。那是正规的思想方式的归纳，只在讲演、作文、考虑问题或者辩论时才明白使用。我们平常对一件事，一个对象，一个问题的反应想法往往是过去从别的无数人那里得来的习惯看法和说法。那是从生下来就开始不断积累起来的。有些是连想也不用想的。这些多半不是从自己的见闻（感觉所得）和思索（推理）来的，也不都是听从神明、圣贤、大人物的话。不少只是类推而来，想当然同样。这种个人所有的从群体积累来的思想习惯是我们不自觉的“经验”的一部分。有的表现为成语、谚语、格言，但多数不成为语言文字。一个人亲身经历接受的感觉经验是非常少的，而且还要经过自己的“解说”才能“一望而知”。推理也经常是习惯性的考虑。大量积累的多数人的共同心理状态是个人心理状态中的经纬线吧。因此，我们想知道中国人对外选择有什么取舍的尺度，这就要知道一般中国人或说多数中国人的心理状态或简称心态。心态要从行为（包括说话）去推测。中国人的多数向来是不识字或者识字很少或者识字而不大读书的。他们的心态的大量表现就是长期的往往带地域性和集团性的风俗习惯行为或简称民俗。这不是仅指婚丧礼俗、巫术、歌谣，这也包括习惯思路以及由此表现出来的行为因果。

客：可是我们怎么追查心态呢？难道要作调查、测验吗？对于已经过去的社会，对于古代，怎么调查呢？怎么能把死人当作活人去查他的心态呢？文化是有历史性连续性的。我们要查比较凝固的已有心态，也就是至少七八十年以前的文化啊。

主: 不妨试一试另一条路。可以说是“解说”文化的路。我们没有古人的录音、录像记录，也不可能有调查报告。但有另一种依据，就是文学作品。不限于歌谣和民间故事等等。不妨试试从非民间的查出民间的，从少数识字的人查出他们所受的多数不识字的人的心态影响。可以说是要从有文字的文学书中侦查不大和文字发生关系的多数人的心理状态、心理趋向。换句话说，就是要从文学中侦查民俗心态。也许由此可以测出民俗心态是不是决定我们对外选择（包括改造）的一种力量，是不是暗中起作用的因素。一个人高兴时决不爱听悲歌，这就是习惯心理趋向选择的外在表现。文化心理不这么简单。不可能用统计方法去查。由果推因，立案求证，都不容易。外国有人试作种种文化解说。他们的习惯是或者作实地调查，或者作抽象的哲学说明，或兼而有之，有种种牌号。我们不能全照其中任何一套，所以不便挂招牌。由此可见我们也是有选择的，本身也提供了试验材料。

客: 假如贴招牌，可不可以说是中国式的符号学或诠释学（解释学)？就方法说，这是不是像猜谜？从谜面认出谜底，又找出谜面和谜底的关系。这不是因果关系，是另一种关系，符号和意义的关系。从我们刚才谈的看来，我们平常人的考虑问题往往是依照习惯，即所谓经验。经验的组成部分中重要的是作解说。解说的来源一是人言，累积起来的；二是类推，观察得来的。这是我们的演绎和归纳。猜谜的方式和两者不一样，但仍好像是也运用这两者，而又用别的。

主：夸大些说，算是去试破一下中国文化之谜吧。不过只是“破”，不是“解”。希望打破一个洞，不预期揭出谜底。那还办不到，远得很。我们只是大题小做，钻出一个洞。

客：问答过程不必记录，我要退场了。

主：那就算我“独白”，一个人对自己“谈天”吧。

一九九〇年

辑　三

历史本身不管功罪、善恶，只认识发生事件的功能、效果。

历史确实是数学，虽是人所创造，却不知道人的感情爱憎和道德善恶，只按照自己的隐秘公式运行。历史前面挂着从前城隍庙里的一块匾，上写着四个大字：「不由人算。」

一梦三千年：周公

《论语》里记载大圣人孔子说过："甚矣吾衰也！久矣吾不复梦见周公！"能在孔圣人身强力壮时梦中常见的自然是了不起的大人物。

周公是什么人？

周公是一个谜一样的人物，是有血有肉的宰相符号。确切点说，他是三千年来中国宰相的代号。大大小小有名无名的相爷都多多少少有他的影子。

宰相是什么人？是陪伴皇帝老虎替他办事的人（"伴君如伴虎"），从秦始皇的李斯到慈禧太后的李鸿章都是。

周公是《尚书·周书》的主角，在《毛诗·豳风》中的作诗人和主题。他还被认为在《周易》的卦爻上加解说，因而是用八卦卜筮的必不可少的祷告对象之一，与文王、孔子并列。在历史传说中他是周朝制度的奠基人，是《周礼》或《周官》的制定者。他带兵打过仗，建设过洛阳城，受过贬逐，又是诗人、文人。他是个属于历史兼理想的政治人物的艺术形象。

"周公一世"是几个朴素形象的合成。后来的或优或劣或局部或全体的复制品越来越扩大化，复杂化，细致化。时代环境不同了，要处理的问题不同了，要对付的人不同了，但是当宰相的，不论有无宰相的名义，都带有一些周公形象，学得不好不得善终，如李斯。学得好的如萧何，就会保全自己，只是当差，办后勤。除推荐韩信外，自己不出主意。杀韩信时他不说话，好像还帮了忙。

诸葛亮是"周公二世"。他本来也是朴素的形象，越来越传奇化，成为另一种圣人。中国人无论识字不识字谁不知道诸葛亮？三个"臭皮匠"也敢和他比一比。可是三分天下一到手，诸葛亮就远远超过皮匠了。他"官拜武乡侯执掌帅印"。皮匠仍然是皮匠。然而刘备活着的时候，诸葛亮不过是萧何。掌帅印的刘备死了，他仍然只当宰相。六出祁山不打仗，和司马懿心心相印。两人都拥兵在外，自己不做皇帝。曹操曾经自比周公，作诗说："周公吐哺，天下归心。"这几位相爷都是周公的后代。

外国人不懂诸葛亮，又不懂曹操，就不懂中国人。若从根本上说，不懂周公就不懂中国人。扩大化了的难分解，不易懂，不如原始的比较容易像语言一样"分节"了解。晚期的宰相如李鸿章，就难懂。周公得美名。李大人受恶名。他是长江航运招商局的大股东，是大资本家，在第一批由官僚转化的资产阶级之列，这一点谁记得？中日甲午战争不是他主张打的。打败了，主战的皇帝和大臣没责任，却要他去日本求和。他在马关挨了一枪，又招来俄国干涉，才使日本军阀肯在稍稍降低条件的条约上签字。义和团也不是他召进京城杀“洋鬼子”和“二毛子”的。八国联军来了，慈禧太后跑了，面临“瓜分”亡国，又派他来丧权辱国一次，再戴一顶汉奸帽子。主犯隐藏，从犯遭殃。自古没有犯错误的皇帝，帝王永远正确，亡国怪手下不尽忠。但这也不是没有代价的。李鸿章打仗起家，联络外国人又周游列国见过世面，办海军，办陆军，办招商局，让外国人开矿修铁路，接替曾国藩，终于挖空了满族朝廷，由他的“北洋”将领袁世凯等人接班。他本想“以夷制夷”，结果是“以夷制夏”。无数资本家都是买办化身。他做“周公末世”，恐怕周公在天之灵未必愿意。然而末世周公只怕也只能是这样。功罪难以评说，还是看看“周公一世”吧。

周公姬旦是周文王的儿子，周武王的弟弟，周成王的叔叔。武王灭殷时大功臣是姜太公，即姜尚姜子牙，胜利后封到山东半岛靠海的齐国。周公本封在周，这时封到山东半岛南部的鲁国。这姬姜二姓两大族分据东海的山东，和周朝的根据地陕西遥遥相对，扼住黄河上下游。姜子牙去齐国了。周公派大儿子伯禽去鲁国，自己留在朝廷掌大权。亡国的殷纣王的儿子武庚，大概是作为“可以教育好的子女”封在原统治地河南，夹在周、齐间，周公的弟弟管叔、蔡叔封在武庚周围，奉命监护也就是监视亡殷的“顽民”。陕西、河南、山东，整个黄河流域是周公家族的统治地区。这就是所谓“封建”。这个战略部署好极了。后来的皇帝中有本领的得天下后往往照这个格局布置。例如周公以后两千几百年的明太祖朱元璋就自己定都南京，封最能干的儿子朱棣做燕王，定都北平，也就是北京。版图扩大了，东西两都变成南北二京了，但格局照旧。清初削平异姓“三藩”之后也是以满族人任湖广总督、两江总督，统领“八旗”驻军，执掌地方最高权力。至于管、蔡后来竟然用武庚号召为殷复辟反对周公而遭镇压，那是后话。正如燕王后来打败侄儿成为永乐皇帝一样，不是原先布置的。这些属于另一档次，与战略布局不是一回事。

周公的另一大功业是在河南靠陕西这边建立了一个新城洛阳。这又是伟大的战略部署。不仅给周平王东迁建立东周准备了退路，向更发达的中原地区进了一步，而且眼光直射到西汉、东汉。以后东西对立转为南北相峙，黄河上下游的丰饶转为长江上下游的富足，是版图扩大，经济发达，交通便利，人口繁殖的结果，布局模式仍出不了周公的画策。他仿佛真有未卜先知的本领，无怪乎算八卦的不忘祷告周公。

周公的主要官职是在武王死后成王年幼时当了没名义的摄政王。这又是后来三千年中一个重要政治形象。最后王朝满清开国是摄政王多尔衮，亡国时也有个摄政王保小皇帝宣统的驾。从秦朝吕不韦起，有名义没名义的摄政王不少。不过这些摄政王在皇帝长大“亲政”后大都没有好下场。周公也是遭到自动或被动的放逐。传说他这时还作了《鸱鸮》诗。诗收在《诗经》中，作得很好，但若真是周公作给成王看的，那胆子未免太大了。摄政王还少不了一个皇太后。秦朝吕不韦，清朝多尔衮，都有皇太后合作。周公如何？看《诗经》以《关雎》开篇，传说与周文王结婚有关。重“后妃之德”，周公也未必没有皇嫂做内应。夏、殷不算，西周亡国的幽王的故事就是烽火戏诸侯引王妃褒姒一笑。从此亡国的罪名有可能就加在后妃头上以保全皇帝威名。周公据说还曾祷告神要自己代替武王死，又保密，又在贬逐时泄漏给成王知道，因而能回来重掌政权。这些故事说来话长，虽然本身简单，却是后代再三变形式重复的历史模式。

周公的故事足够一部长篇小说或电视连续剧。到底是小说还是历史？说不清楚。学者们喜欢研究这类问题，普通人不耐烦去问真假，没法定。眼见未必是真，何况眼不能见的？当代流行所谓“纪实小说”。“小说”一词在外国话里本是“虚构”之意。我们又有“事实与虚构”的小说，两者夹杂分不清。这一直可以上溯到上古的历史文献如《书经》、《史记》、《左传》等。这是我们的悠久传统，割不断，灭不掉，砸不烂的。打倒再踏上多少只脚也只能把自己垫高些，真假照旧难分。当事人自己口述回忆、日记、书信就那么可靠？靠不住得很。这问题不好办，不问为妙。也许正因此，“假作真时真亦假”的《红楼梦》才会一出现抄本便风行，直到今天还不衰，还要查清事实和虚构。孔子衰了就不再梦见周公了。若是《红楼梦》和许多被当成历史的小说以及被当成小说的历史也衰了，那是不是圣人衰老“不复梦见周公”的时代快到了呢？何必寻根问底？正是：周公原是梦，一梦三千年。

一九九三年十二月

二圣

古代圣贤好像往往是成对的。不妨看看欧洲和中国的几位哲学思想家。

从古希腊算起，柏拉图、亚里士多德是一对。一个讲两世界，“理念”世界才是真的。一个讲本质及其属性。中世纪讲神学的，先是奥古斯丁，讲《上帝之城》，是新柏拉图主义吧？后来有托马斯·阿奎那，把亚里士多德也请进神学，说古希腊这两位异教师徒并不是互相敌对的，而是串通一气的。“吾爱吾师，吾尤爱真理。”学生说这话表面上背叛了老师，实际上还是继承他的。两位都可以在基督教神学中携手，同为上帝效力。近代开始，权威消失，圣贤多得很，最出名的大概是笛卡儿、培根。前者以“我思故我在”闻名。后者留下来的名言，在中国也许是“知识就是力量”，而不是破除“偶像”。快到现代了，当然康德、黑格尔有最高的“知名度”。一位的招牌是“物自体”。另一位的匾额上前面是辩证法，后面是绝对精神。所谓欧洲古典哲学仿佛是到此为止，最后两位巍然如西湖边上的南北高峰。

在中国，毫无疑问的最早的“二圣”是孔子、老子。一儒、一道，都是开山祖师。佛教是外来的，不论怎样变化，拜的总是“西方圣人”，这不算。那么，下一对是谁？一个是董仲舒，以“天不变，道亦不变”出了名，是大儒家，讲“春秋大义”，“天人感应”。另一位配得上的恐怕只能是比他晚得多的王弼。他是讲《易》、《老》的玄学家，早夭，名声不大好。汉、魏以后要算唐代，可是大哲学家不怎么多，文学盖过了哲学。两位文学家兼哲学家的是韩愈、柳宗元。韩是大儒家，树立了“道统”。柳在这十几年前曾以《封建论》骤享盛名，看来不大正统。再以后就是宋代的朱熹、陆九渊了。朱是道学先生，在元、明、清三代独霸儒学，至今余风犹烈。陆不大正统，很快就被压倒了。幸而明代出了王守仁，继承了这派心学，却打着“朱子晚年定论”的牌号，和朝廷尊崇的朱学暗暗相对。朱是明朝皇帝的本家，公开反朱是不行的，可是谁也知道王是反对朱的。明朝皇帝亡了国，许多人不说是由于皇帝糟糕，倒说是王学捣乱的结果，王也就被压下去了。这以后到了近代，异说纷起，随后外来的把本土的比了下去，谁是圣贤，难说得很了。

算了一通哲学“二圣”账，并无比较之意，倒是从文学角度看出点有趣的苗头。柏拉图瞧不起诗，拒之于理想国之外；可是他写的《对话》往往诗意盎然，讲美学也从他算起。亚里士多德作《诗学》，却是道貌岸然，诗意欠缺。奥古斯丁有部《忏悔录》算得上文学著作吧？笛卡儿、培根都会写文章。殿后的“二圣”的文章和道理艰深得很。幸而黑格尔有些书是讲课记录，还像点文章。孔子讲诗又删《诗》，“放郑声”。他讲的诗是庙堂的雅颂，政治外交伦理道德，不是文学。老子“绝圣弃智”，他的玄言奥语倒有诗意，还有韵律。韩、柳都是文人兼诗人。殿后的“二圣”朱、陆也是文采不足。他们都作诗，还以诗论战，可是诗味不足，重“理”轻文。

哲学和文学好像总有点矛盾，甚至在一位圣人身上也会表现出来，可是又好像联结着解不开。道理难讲，算是文、哲“二圣”吧。

一九八八年

孔子给颜回的评语是一个字："愚"。说他和颜回谈了一天话，颜回"不违，如愚"。然后，"退而省其私，亦足以发。回也不愚"。又不是愚，而是好像愚。老师说什么，他都说"是，是，是"，"不违"，像是傻瓜。可是他退下以后，怎么"省其私"？"省"就是"审查"。圣人不会去私访或者派侦探，或者听小报告抓"活思想"，搞"背靠背揭发"，怎么"审查"？而且什么叫作"发"？决不会是"发财"的"发"。

孔门弟子有位子贡，全名是端木赐。他会"方人"，即议论人的长短，或说是对当代活人作比较研究，曾受过老师的善意批评。然而孔子有一次问他比颜回谁更强些。这明明是叫他"方人"了。子贡回答说："赐也何敢望回？回也闻一以知十，赐也闻一以知二。"他很谦虚。可是颜回听到老师讲话只点头鞠躬称是，子贡怎么知道他听到"一"就知道"十"？当然是背后议论过。这种私自议论会不会有人向孔子禀报？

孔颜师徒对话有一项记录。孔子率领门人正在周游列国，中途遇难。好不容易逃了过去，却不见了颜回。随后颜回赶到了。孔子说：“吾以汝为死矣。”颜回答复：“子在，回何敢死？”对话很生动。一个说是“我以为你死了”。一个说是“你没死，我怎么敢死？”针锋相对，哪里像是愚人？

为人称道一千年以上直到现在的是所谓“孔颜乐处”。原来孔子称赞颜回时说他“一箪食，一瓢饮，在陋巷，人不堪其忧，回也不改其乐，贤哉回也！”这就是“贫而乐”。什么叫“一箪食”？他一个人还是一家，吃一顿还是一天？难道他一人一顿要吃一大锅饭？还是说只吃饭没有菜？“一瓢饮”是不是只有一瓢水喝？一次水太多，一天又太少。住在陋巷里是出不起高价房租吗？受不了这种“其忧”的“人”是谁？是左邻右舍吗？“巷”是北京的胡同，上海的里弄，住客个个愁眉苦脸，只颜回一个人“乐”，所以真是“贤”哪！是“不改其乐”，可见在这以前一直是“乐”，到了“陋巷”里只剩一箪一瓢吃喝了还是“乐”，这才叫“不改”。这是能上又能下，不管环境遭遇饮食居住变坏，照旧乐呵呵，好极了。可是为什么会变化？他是一个单身汉吗？《论语》里只说他有父亲，未说有妻子儿女。他靠什么生活？是待业青年吗？奇怪的是，当过“大夫”即部长级的官的老师孔子竟不帮助，反而叫好。孔子说过，“君子周急不继富”。他有个门人去做官，他送去“粟九百”门人不受，“辞”，他还坚决给，说可以转送“邻里乡党”。这不是“继富”，接济富人吗？颜回受苦，急需救援，他不送一点“粟”去，怎么不肯“周急”，援助急需的人？这位最可爱的大弟子死时，颜回的父亲颜路去请孔子给车子“以为之椁”。孔子不肯，说是自己当过大夫，是官，不是百姓，不能“徒行”不坐车。孔子的门人，也就是颜回的同学，“厚葬”颜回。孔子不赞成，说自己的儿子死时也没有给他车子，叹道：“回也视予犹父也，予不得视犹子也。”这是父子师徒之间的“礼”吗？生不送粮，死不给车，自己一定要摆官架子，还不是现任，是退休了的。

颜回死后，有一回鲁国国君问孔子，有哪位弟子“好学”。孔子回答说，有个颜回“好学”，然而“不幸短命死矣。今也则无。未闻好学者也”。又有个掌权的大官季康子问过同样的话，孔子也作了同样的答复。两次记录都很难懂。圣人门徒有谁不“好学”？不“好学”，去拜老师做什么？《论语》一开头就记孔夫子教导我们说：“学而时习之。”怎么颜回一死，学生里“好学”的就一个也没有了？三千弟子，七十二贤，除颜回外，全不“好学”？他说，“好学”的，听都没听说过（未闻）。什么叫“好学”？

颜回大贤对孔子大圣的称赞是：“仰之弥高，钻之弥坚，瞻之在前，忽焉在后。”这几句话是诗的语言，意识流，象征派。仰头看，好比望泰山越望越高，不错。可是“钻”什么？当然是钻研“夫子之道”了。越钻越坚固，钻不动。“闻一以知十”的还说钻不动，那“十”是怎么知道的？都是下文说的用“文”、“礼”，“诱”出来的？忽然在前，忽然在后，团团转也看不见摸不着，这倒像是《老子》说的“道”，“恍兮忽兮”了，怎么是孔子？

看来颜回是个荒诞的人，孔子是一位超现实主义者。

一九八九年

公孙龙·名家·立体思维

公孙龙说了一句“白马非马”，名垂千古。

他虽然小有名气，可是冷落了两千几百年，直到二十世纪初期严复才好像是发现了，原来他和所谓名家一派讲的是和欧洲人的逻辑学一路，于是把逻辑翻译作名学。随后胡适在美国写出了博士论文《先秦名学史》。名家的那些久被人认为诡辩的话，仿佛古希腊的智者们的一些悖论，又有了地位，归入哲学。名家在七十年代还曾被列入法家一边，作为新兴地主阶级的代言人之一。公孙龙在名家中算是幸运的。《汉书·艺文志》记载名家七人著作中只有他的十四篇文传下来六篇。

现在不研究公孙龙这个人和他的文章学说，不探讨名家，只试考察他们的命题（或照佛教徒说法，他们所立的“宗”）。这些在现代人看来可能有什么意义。

“白马非马。”这好像是说男人不是人或女人不是人一样，明显不对。但是依照公孙龙的说法，这话又有道理。

“非”，现代话说“不是”。在古代话里，“非”只是“不”，还可以是“不属于”，“不等于”。说白马“不是”马，“不属于”马，错了。说白马“不等于”说马，有道理。首先要求分析，把白和马分别开，作为两个词两个指物符号，表示不同意义。

“白马”是“白”加“马”。“白”指颜色，“马”指形体。“马”加上“白”和单独的“马”不相等。这里明显说的是词，是语言符号，不是说实物。着重的是“名”。“名”是指物的，是符号，必须分析指和物。

“马”可以指一匹马，一些马，一类马，一切马，任何马。“白马”不能指一切马，任何马。说“白马”不等于说“马”。分别的是名和所指的物。

说“马”可以包括白马、黄马、黑马、各种马。说“白马”只能指一种颜色的马。两名和所指的物都不相等。因此可以说，此名非彼名。所以白马非马。

说男人不是人或女人不是人和说白马非马一样，说的都是名和所指的物。名是语言符号，有所指，所指的是物。

公孙龙可以说是最早发现了语言是符号，词是能指，物是所指，而且认识到语言的歧义加以分析并举出例证。他对语言的认识是哲学的认识，有语言哲学的思想。他说的和《尔雅》不同，也不是《说文》那样在说明文字时加入哲学体系。他也许可以说是语言符号论者。

由现在人看来，白马和马不过是部分和全体或者个别和一般的关系，很容易理解。这种想法是现代才有的，是接受了外来的思路。中国人，尤其是古人，不习惯用抽象的概念组织思想。这不是说，中国人不会或者不喜欢作抽象思维。这是因为人总是用自己习惯的语言进行思考。部分、个别、全体、一般，这些词在欧洲语言中是口头常用的，在中国可不是，而是通行还不到一百年的外来新语言。两千几百年前的人有了新认识，不会用现在人的新方式新语言表达，而只能用当时自己习惯的方式。我们从古到今所习惯的抽象思维方式和语言和欧洲人从古希腊罗马或者文艺复兴以后所常用的很不一样，和现在学过外国哲学的人所用的也不一样。因此，用现代话理解和讲解古文、古书，很不容易，不能不处处小心。

语言不同可以翻译，但是通过翻译的理解，由于思维习惯不同，往往会有变化。佛典翻译过来，原有的分歧加上不同的理解，产生了新教派。中国通行禅宗、密宗、净土宗。在中国，阿弥陀佛比释迦牟尼佛更为人所熟悉。

即使是同时代同语言的人，对于同类的事也有不同的说法，用来表达不同的思想。试举孔（孔丘、仲尼）、老（李耳、老聃）、孟（孟轲）说的和“白马非马”同类的话为例。

《论语》中孔子答复弟子问仁的话多种多样，可见他明知仁这个词有歧义。他的每个回答都只是仁的一面。这正符合“白马非马”的思想，每个回答说的仁都不等于仁的全部意义。是仁，又非仁。但是孔子没有说过“白马非马”这样的话。他对歧义视为当然。《公孙龙子》中《迹府》篇引了孔子纠正楚王说“楚人遗弓，楚人得之”，改为“人亡弓，人得之”，是“异楚人于所谓人”，即楚人非人，相当于白马非马。《论语》中有不少同类例子。但是孔子没有作过对于词和义、名和实、物的分析。他不是把仁作为语言符号。

老子《道德经》说了道和名，开始就是“道可道，非常道。名可名，非常名”。他不说“常道非道。常名非名”。他没有照公孙龙的公式说话，但不是没有作分析。他是和公孙龙同样分析道、名和常的。他还说了不少同类思想的话，比孔子多。道家比儒家更接近名家。

《孟子》的《梁惠王》篇中记孟子回答问周武王伐纣王是否臣弑君时说：“残贼之人谓之一夫。闻诛一夫纣矣，未闻弑君也。”他是说，纣王是残贼之人，是一夫，虽是君也不能算是君。这也就是说，暴君不是君，正是“白马非马”公式，可他不这样说，不作分析，只说纣王不是君。

由此可见，这几位圣贤虽然同处于春秋战国一个大时代，说同样的语言，可是只有公孙龙一人看到了语言是符号，词所指的物可以有分歧，也就是意义有分歧，必须把一个个符号和所指的物都作分析，要求确切，不许含糊。

《公孙龙子》中除论白马外，论坚白、同异、名实、指物、通变五篇都是用同一思路对于语言符号作扼要的分析（《迹府》一篇是记录公孙龙和别人关于“守白”的辩论，不是专题论文）。例如，石头又坚又白，但坚是触觉所得的硬度，白是视觉所得的颜色，必须互相分开。两者同是说石头所有的属性，不是说石头，也必须分别。这只有认识到语言是符号，语词有歧义，歧义有不同作用，必须分析所指的是什么，然后才有可能想得确切。这里不是研究公孙龙，所以不再逐一分析他的其他命题，也不解说论证他的这本书，只从他的学说追问下去，看看能追到什么地方。

现在要问，这样的抽象繁琐脱离实际而仅仅重视分析语言符号或名的理论在现实中能有什么作用？这也就是查一查名家学说流传不广不远的可能原因。最好还是先比一比其他圣贤。

《论语》的《里仁》篇中有一章说，孔子对曾子说了一句“吾道一以贯之”。曾子回答说“唯”，是的。“子出。门人问曰：何谓也？”奇怪，这门人是谁的门人？若是孔子的，何不直接问孔子？若是曾子的，何必等孔子出门以后才问？是否由于礼貌？这些与主题无关，不记载，简上写古字不容易，省略了。书中同样例子很多。接下去曾子回答：“夫子之道，忠恕而已矣。”忠和恕是二，怎么又是“一以贯之”？曾子不解释，门人也不问，也许是大家心里明白，都省略了。这好像是一与二不分。可见孔门不重视分析。孔子讲“正名”，意思含糊。他所谓“君君”，未必是要核实，也不一定是说君必须像个君，恐怕是说，君就是君，不管怎么样都是君，你都得当他是君。“君要臣死，臣不得不死。”这和“天下无不是的父母”一样，君和父永远是对的。“臣罪当诛兮天王圣明。”马就是马，不论黑马白马都是马。“白马非马”不通。名要确定，不能分析，不可讲暴君非君。定名就是定位，有尊卑上下，各就各位，不准越位，这就是礼。礼就是秩序，不能乱。若照“白马非马”那样想下去，要求分析，确切，核实，认真，秩序恐怕就难以稳定了。因为名不副实，名实错乱的情况太多。要求稳定，就需要“礼教”。依名定位，不作分析，不许乱说乱动，天下太平。在这一方面，名家远不如儒家对统治国家有用。儒家的“名教”和名家关于名的思想大不相同。

孟子所处的时代已经是战国七雄，不是春秋五霸了，不能再像孔子那样依靠尊重周天子以求统一和太平了。他于是转而讲王道，反对霸道，那就要依靠好人，因此主张人性善。人性本善，个个都是好人，所以可以用和平的王道治天下。若是人性恶，那就免不了要用霸道了。论人性和政治思想密切有关。《孟子》的《告子》篇中有孟子和告子关于人性的讨论。其中说：“告子曰：性无善无不善也。或曰：性可以为善，可以为不善。……或曰：有性善，有性不善。”孟子和告子都用比喻类推。孟子提到白马，也分析出“白马之白”与“白人之白”，但只是用来类推“长人之长”。孟子不是作分析，是求同，不是求异，只是用来反驳告子。他们还利用歧义。告子说，性如同水，可以东流，也可以西流。孟子也说，性如同水，可是，“人无有不善。水无有不下”。水能向上，是激出来的势造成的。两人都讲方向，一个讲东西，一个讲上下。水流向东向西都是向下流。在孟子的书中当然是孟子正确。不过性怎么会同于水而不同于杞柳（如告子所说），就不管了。名家重视对语言符号和所指事物的分析，不用比喻类推，推理方法大不相同。

荀子（荀卿）主张性恶。《荀子》书中有《性恶》篇，反驳孟子。他说：“人之性恶，其善者伪也。”“伪”是人为，是教育改造。他认为性是天生的，“不可学”。“礼义者，圣人之所生也。”是可学而能的，是伪。要分别性和伪。所谓善就是“正、理、平、治”。所谓恶就是“偏、险、悖、乱”。圣人立君、礼、法、刑，才能“使天下皆出于治，合于善”，若人是性善，就都用不着了。又说：“善言古者必有节（证）于今，善言天者必有征（证）于人。”议论要“有符（合）验（证）”，故“坐而言之，起而可设（施行）”。孟子说性善，没有符验，坐而言之，起而不可行，所以不对。荀子论性时长篇大论讲道理，不用比喻类推。他的性恶论，说起来不好听，行起来有效。他不但宣布性恶，而且论“王霸”、“富国”、“强国”，既作赋，又作俗曲《成相》篇。他的学生李斯做秦始皇的宰相，统一天下。两千多年来，统治者往往打着孔孟的招牌，实行荀子的学说。一直到二十世纪五十年代的“思想改造”，六十年代的上山下乡接受“再教育”，恐怕都和荀子的性恶论思想不无关系。七十年代有“可以教育好的子女”的说法，就是说也有不可以教育好的，那更是性恶论了。《荀子》开篇就是《劝学》，提倡学习，也是从性恶论来的。

孔、孟、荀都不认为语言是符号，不分析词的歧义，和公孙龙等名家不同。孔子不论性。“夫子之言性与天道，不可得而闻也。”（《公冶长》）孟、荀论性，不作分析。现存的公孙龙的文章中没有论性。他若是只会说“善性非性”，“恶性非性”，接着又要分析，和孟、荀还怎么讨论下去？有什么实用价值？所以荀子在《非十二子》篇中批评名家惠施、邓析说：

“不法先王，不是礼义，而好治怪说，玩琦辞，甚察而不惠，辩而无用，多事而寡功，不可以为治纲纪。然而其持之有故，其言之成理，足以欺惑愚众。是惠施、邓析也。”

这大概可以算是一般人对于名家的看法，也就说明了他们的理论不能轰动和流传。“甚察”（过度的考察分析）又“无用”，“寡功”的“怪说”怎么能流行？但是名家的地位可不低。这从另两位名人的评论中可以看出来，一位是庄子（庄周），一位是太史公司马迁的父亲太史公司马谈。

庄子在《天下》篇中和荀子一样列举当时各家学说加以评论。荀子批评了六家十二人。庄子先评说四家八人，从墨家开始，以道家关尹、老聃为结，称赞这两位是“古之博大真人哉”。然后述庄周的学说。最后一段介绍惠施的理论作为“辩者”之首，又列举“与惠施相应”的“卵有毛，鸡三足”等悖论，指桓团、公孙龙为“辩者之徒”，“能胜人之口，不能服人之心”，说惠施“卒以善辩为名，惜乎！”还说他“是穷响以声，形与影竞走也，悲夫！”说他是“说而不休，多而无已，犹以为寡，益之以怪，以反人为实，而欲以胜人为名，是以与众不适也”。可见庄子责备他们脱离群众，但还是重视他们，列举一些怪说，保存了下来。

《史记》的《太史公自序》中有司马谈论述六家的要点的话。六家是：阴阳、儒、墨、名、法、道德。前五家各有缺点优点，唯有道家最高，而对名家的解说紧接道家之前，可见重视。他说名家的缺点是，“苛察缴绕，使人不得反其意。专决于名而失人情”。优点是，“控名责实，参伍不失”。这时已是汉朝大统一稳定时代，名家地位仍然不低。

荀、庄、司马说名家考察分析过火，使人不容易懂（不得反其意），只讲名而不讲人情，这正好是科学的客观态度。是不是可以说他们是春秋战国百家争鸣时代唯一脱离功利和政治而探讨客观真理的学术派别？东周春秋五霸时代，由孔子及其门人开始的、士人学者游说列国统治者干预政治的风气，不断变化形式持续了两千几百年。在读书人中，重视人性人情和功利的思想占上风，脱离人情的客观态度受轻视。与实际结合的技术发明，中国几乎一直在世界冠军宝座上，如指南车、丝绸、造纸、印刷、火药等等。直到近代落后了，但仍有善于仿制改进的高明技术。不能立竿见影有实效又脱离人情的科学理论往往被认为是无用空话。欧洲在近代文艺复兴和宗教改革以后，由伽利略、笛卡儿等开始，科学思想突破了由罗马帝国时代耶稣及其使徒保罗启动的神学的思想限制，技术同时突飞猛进，风靡世界。中国在相形之下落后中急起直追。技术不难赶上而科学迟迟不前。思想很难越出两千几百年走熟了的轨道。回顾春秋时代，孔子讲名（正名），后来法家也讲名（刑名），可是名家说名和他们不同，不切实际，讲的是语言符号，与人无关。战国时代人性成为热门话题时，名家不参加论人性。从汉代起，他们的“怪说”受到冷淡，思想没有继续流传下来。他们把语言看成符号又重视分析忽视实用的思想和客观看世界的态度没有传人。用现在眼光看，科学无不用符号，特别是数字，可以说是用符号眼光看世界。名家的语言符号观能不能说是科学思想的起点？不妨看一看他们的另外的一些命题。仍从公孙龙开始，再到惠施和其他辩者。

公孙龙说："物莫非指，而指非指。"《指物》篇说的话很难懂，文本流传可能字句有误。但是意思还是明显的。作者是古人，我们不能还原对证，不过可以对这些命题作我们的现代理解。他的白马、坚白、名实、通变等理论都不离语言分析，也就是讨论名。他所说的物首先是语言中的物，例如说马，马字指的是具体的马，不论白马、黑马、活马、死马，所以是一个符号，是"指"。但是"指"或符号本身不能是"指"或符号，因为符号一词所指的就是符号自己。所以"指非指"。一个指头可以指任何别的东西，独独不能指自己。因此这个"指"字作为符号，不能是指其他具体东西，只能指本身，因此也就不是"指"，所以说"天下无指"。不是说没有符号，而是说符号本身不是符号。

"坚、白、石，三。"触觉所得的坚和视觉所得的白和使人有这两种感觉所得的东西，石，当然是三样。这里着重的显然是分析。

公孙龙的论辩由于时代和语言不同，他所知道的想到的习惯的和现在我们的不一样，加上文本流传可能有误，所以我们不能句句看懂，懂的也不一定合他的原意。我们所作的只能是我们的解读、诠释，此处只举以上这两例。

惠施是庄子的朋友。《天下》篇中说"惠施多方，其书五车"。

他“历物之意”，“遍为万物说”，“散于万物而不厌”。南方有一位黄缭问他“天地所以不坠不陷，风雨雷霆之故。惠施不辞而应，不虑而对”。“惠施日以其知与人之辩，特与天下之辩者为怪。”由此可见，他是研究万物的，脱离了人情。庄子说他“弱于德，强于物”。这就是说，他不重视研究人性善恶道德，而是天天辩论万物之理，正是一位科学思想家，成为辩者、名家之首。可惜惠施的五车书都已散失，辩者们的议论也和古希腊的许多智者的一样消亡了。他们可没有古希腊文明中的一些人和书的好运气，得到阿拉伯人在东罗马灭亡时到欧洲传授因而复兴。从庄子列举的一些怪说看来，他们是以明显的悖论引人注意，当然还有大量的解说，有五车书，因此西汉的司马谈也没有说不懂。可惜现在书已亡失又缺乏解说留下来，只好由我们作现代人的阐释了。就《天下》篇所引的看，可解的大致显示出以下几方面。

一是关于无限的问题，由此引出一些怪说。可能是因为庄子讲“齐物论”，所以这方面引得多。无限，感觉达不到，想象不出来，在语言中是个符号，只存在于思维中，表现于数学为极限，在微积分里才化为符号能运算，由此，科学大大前进。惠施的时代里不能有微分积分的学，但是可以有关于微分积分中问题的思想。这个思想无法用语言表达，只好说成怪说，让人思考。当时必然另外有解说。若不然，怎么会有五车书？

“至大无外，谓之大一。”这是无穷大，没有边，无限，当然不能有外。

“至小无内，谓之小一。”这是无穷小，是一个变量，不一定是零。印度人给了它一个名字，佛教徒译成“邻虚”或“极微”，但那是极小单位，不是变量，不与极大相对。惠施说的“小一”很可能是几何学的点。

“无厚，不可积也，其大千里。”这明显是几何学的平面。

以上三句话相连，分明是说多面体（立体）的无穷大，无穷小量，点，平面。

“南方无穷而有穷。”这仍是说无限，但指定了方向，所以又是有穷，有限。

“今日适越而昔来。”这是说时间的无限。惠施好像看出了时间是由事物的连续不断的迅速变化而显现出来的，所以说，今天到南方已经是过去来南方，因为说“去（适）”时是在北方，还是“今”，说“来”时已经是在南方，是“昔”了。现在时不能停留，时间上没有不动点，于是成为时间的无限。说出现在，已成过去。佛教徒说“刹那生灭”是同一意思。

“日方中方睨，物方生方死。”这正是“刹那生灭”。时间上无物可以停留，一切都在不停变化。太阳刚刚正中，立刻就偏了。任何东西转眼就变，旧变为新，旧死新生。由变化显出时间。

“我知天下之中央，燕之北，越之南是也。”这是说地上平面的无限，所以任何点，北国之北，南国之南，都可以是中央。那时自然不知地球是圆的。圆球面上也是任何点都可以算中央。

“一尺之棰，日取其半，万世不竭。”这是说无限分割，仍是说无限。说法好像和古希腊智者的英雄追不上乌龟的悖论一样，其实不同。芝诺是揭露运动的矛盾。辩者是说明无限。

二是关于运动的问题。

“轮不辗地。”轮子在地上转，和地面接触的只有一点，只是一点又一点连续不断，不是辗转。这是解析运动。两物相交，一动一不动，一转一不转，不能合说为一。

“飞鸟之景（影）未尝动也。”这仍是解析运动。鸟在空中飞，影子在地上不会飞动，只是一个又一个影子连续不断，仍然是一动一不动。

“镞矢之疾，而有不行不止之时。”这是解析一物的运动。前面两个命题说的是两物，相交，相应，一动一不动。这里说一物的运动，是接着前面说飞鸟影子的。鸟飞而影不能动。箭射出去如同飞鸟，无论怎样快，也可以分析成为一些连续的点，其中有行有止，有行止转变中间的不行不止。这仅仅是推论，还是在数学力学中也有表示法，我不知道。

“目不见，指不至，全不绝。”这仍然是说运动的问题，“至”的问题。目可见物，但不是运动到物那边去，物也不向目移过来，没有见的运动。指可指物，但双方都不动，指不至物。“至不绝”大概是说接触了就不是断绝分离，不分离就目不见物，指不指物。现在看来，这些话不过是两千几百年前光学和心理学等知识缺乏时说的，可是提出眼怎样看东西的问题可以引起科学研究。不提问题，知识怎么增加，思想怎么前进？名家的贡献正在于他们穷究万物之理，有了科学研究的起点，可惜惠施的五车书和辩者的著作以及他们不停辩论的记录都失落了，仅仅传下来零章断句。他们没有传人，反而长期作为笑柄。庄子说："由天地之道观惠施之能，其犹一蚊一虻之劳者也。"恐怕就是因为看不起这一蚊之能的思想太普遍了，所以中国才没有出现和名家差不多同时代的欧几里得、阿基米德吧？

其他一些怪说，有些话明白可讲，有些不明白，我们不便强作解人，但是还可以说些意见。

三是关于语言符号和有无的问题。

"犬可以为羊。""狗非犬。"若把犬、羊、狗都当作语言符号，脱离所指的实物，当然可以互换，也可以互相否定。可以指鹿为马。古语说犬，口语说狗，所指实物虽同，语言符号不一样，不能同时用两个。

"卵有毛。""马有卵。""丁子（蛙）有尾。"这好像是说，依据感觉所得以为没有的，在事实上，道理上，可以有。从卵孵出的鸟有毛，卵中自然也有毛。看到卵的表面上没有毛，就说卵无毛，不合实物的全部。驹在马腹中可以是卵形的胎，和鸟雏的胎是卵一样。蛙幼时是蝌蚪，有尾，长大后，尾巴掉了，不能说蛙无尾。这些是为了说明，凭一时感觉所得作出的判断和凭观察全部事实作出的判断不相符合，有无不能确定。语言只能说有或无，对应事实往往不确切。

"黄马骊牛三。"这好像是和公孙龙说的，"坚白石三，可乎？

曰：不可。”互相矛盾。实际上用的是同样的分析法。那里是着重分析石的属性的坚与白，不算石，是“坚白论”，所以坚与白是二。若算石，坚白属性和石仍是二。这里是分析色和形，所以黄、骊是一，马、牛是二，合而为三。也可以说，黄、骊是两种颜色，马、牛同属兽类，是一，合而为三。

“龟长于蛇。”这可能是说，龟形论大小，不论长短，蛇形论长短，不论大小，彼此不能相比。硬要比，那就怎么说都可以。或者说，龟甲的圆周比小蛇长。表明两物相比时可有种种说法。

此外的一些命题，不明白着重的是什么，可能有不同说法，不能强不知以为知了。例如：“火不热。”可以说，火本身没有热不热，热是人的感觉。也可以有别的说法。“矩不方。”矩本身是直角形，不是方。“规不可以为圆。”画圆的是拿规的手，是人，不是规自己。“凿不围枘。”榫头和榫眼不能完全密合，或说是两者各自独立。这些都可以有另外的说法。

《天下》篇中所引的一些命题明显是两类。一是惠施的话，多数可以算是他的主张或结论。例如关于“大一”、“小一”、“大同异”、“小同异”的说法。另一类是辩者的话，多数是怪说，不能说是他们的主张或结论，只能说是一种表达法。他们的意见无法用语言直接表达，只好作出怪说以引起思考。仿佛是断语，实际是疑问。他们另外自然有解说和辩论。他们的意见是不辩不明的。可惜辩论不是中国人所喜欢的习惯。《公孙龙子》里的辩论，传下来的显然有不少脱漏错误。《孟子》里记载，有人说孟子“好辩”，孟子回答，“予岂好辩哉？予不得已也”（《滕公文》）。可见他们认为辩论不是好事。古书中很多议论是各说各的，提到反对方面时往往是一句话骂倒，或者“王顾左右而言他”，很少有针锋相对的辩论。记录对话的不少，但少有柏拉图的书中苏格拉底那样的穷追不舍的对话。前汉的《盐铁论》记录双方讨论，而后汉的记录白虎观中讨论的《白虎通义》就只有一面之词的结论了。印度佛教徒的辩论之风传来中国后很快就消歇，转化为禅宗的“机锋”了。辩者的书传不下来是不足为奇的。《天下》篇引断语、怪说，不引解说，也是不足为怪的。

庄子说响应惠施的是辩者。荀子举惠施、邓析之名，但未说是名家。汉初司马谈才总论道术列举六家，称这些人为名家，但未举人名。《天下》篇开头总论道术（其中许多话不像道家之言），称“百家之学”，说到“名分”，归于《春秋》。这是《论语》里孔子说的“正名”（《子路》），也是《商君书》里商鞅说的“定分”。孔子用仁去“正”，商君用法去“定”。显然，孔子相信人性善，商君相信人性恶。《论语》中孔子说，“足食，足兵，民信之矣”（《颜渊》）。他没有说用什么手段取得人民信任，好像是认为有饭吃，有武器，这就够了。这和两千几百年以后有人说，有了粮食，有了钢铁，就什么都有了，是一种想法。商君说“农战”，以赏搬木头树立威信，用的是赏罚，表示说话算数，用法治。可见儒、法除理论依据性善、性恶不同外，还是相通的。虽用的手段不同，但还可以互相补充。古代的法，从秦法到清律（《大清律例》）都是指刑法。

汉高祖约法三章，首先是“杀人者死”。民法，规定亲属、婚姻、继承，财产分配的法是礼。《礼记》、《仪礼》详细分别“丧服”。服丧期从三年到三月，有“五服”，定亲属关系的远近。出了“五服”的人不服丧，也没有继承权了。古时执行民法兼管刑法可用私刑处死族人的法院是祠堂，裁判官是族长。城市里才打官司。乡下人见不到官。可见礼和法是并行的。外国式的民法，到二十世纪三十年代才订出来，还为没有明文规定禁止纳妾问题吵了一阵，有法难依。讲名分和法律（刑法）、礼法（民法）有关系，但是和名家所讲的名不是一回事。不过双方都要求分别确切，这是共同的。历来把名、法相连，清朝官府中有刑名师爷。荀子也讲“正名”。他说的“刑名从商”（《正名》）是说刑的名称依照商朝所定。他讲的名也和名家的语言符号的名不同。将辩者称为名家恐怕是秦汉时期的事。

名家、辩者受到的批评中，荀子说，“惠子蔽于辞而不知实”（《解蔽》），“辩而无用，多事而寡功”（《非十二子》）。这指出了他们的分析语言没有实用价值，但好像不知道庄子所说，惠子能“遍为万物说”，能回答“风雨雷霆之故”（《天下》）。庄子批评辩者的是，“能胜人之口，不能服人之心，辩者之囿也”（《天下》）。这是指出辩者所起的作用。“你的理论我驳不倒，但我不能照你那样想。”有几个人能用科学眼光看世界？我们通常是依据感觉看世界。道理讲通了，还是跟着感觉走。知道地球绕太阳，还是唱“东方红，太阳升”。不唱地球转，太阳现。宇航员也未必看到地球转。

这就是口服心不服。辩者只讲道理，说明世界，没有怎样改造世界的主张。这是不是科学，特别是数学，进行研究的态度？荀子的批评指出“蔽”，认为辩者只用语言讲道理，不讲实用，是偏于理论，不切实际，是蔽于一面，是片面，但“持之有故，言之成理”，不是错误。庄子的批评指出“囿”，认为辩者只说万物的理论，不讲大道理，是限在一个圈子里，是狭隘，但不是错误。司马谈批评名家“专决于名而失人情”（《史记·太史公自序》），这也不能算错。由此可见，至少在西汉，名家的书，辩者的议论，还在世上为人所了解，后来才完全亡了。

从以上所说看来，公孙龙、惠施、辩者、名家，是不是战国百家争鸣时代的具有客观探讨世界万物问题的科学研究倾向的一群思想家？能不能说，他们的怪说不是空谈，不是哗众取宠，而是要表达难以普通语言说明的思想？从荀子、庄子、司马谈的严肃的批评看，他们已经不是开始发现和探讨问题，而是有了一些理论，可能还未形成系统，就由于秦朝一统天下后说客消亡而中断了。他们仅仅是提出问题，还没有来得及解决问题。惠施和辩者们所探讨的问题和初步形成的一些思想是独特的，不能大众化的，因此没有传人，非常可惜。

哲学思想，从古到今，外国（欧洲、亚洲）的往往囿于宗教，离不开所谓存在、永恒、绝对、精神、物质等等的正反面的问题。中国的则往往囿于政治，离不开人情、人事、实用。双方思想的核心问题不同，虽有交叉重叠，但是不能互相套用公式术语。例如

“存在”一词在汉语中就是新词，没有现成的旧语。“存”是时间上继续，“在”是空间中定点，相加仍不能完全等于欧洲语原词的兼有“是”的普通意义，只能作为新词。印度语的“法”（达摩）有很多歧义。例如说“佛法”，不是中国的法，也不等于宗教。宗教也是新词，不能完全相当于原来用于具体教派的教字。中国一般人不容易懂得外国人的宗教感情。外国人不容易懂得中国人的政治意识。一个用宗教眼光看政治，一个用政治眼光看宗教。从十七世纪到二十世纪，外国哲学大有发展，我们大可借鉴和采纳，但不便硬搬。移植很难，接枝不易。对于术语和习惯用语更要注意，因为双方传统不同，往往形似而实异。吸收必然会转化。佛教已有先例。思想由语言而传。对于不同语言必须仔细推敲，斤斤计较。可惜这在中国传统中是较弱的一环。像辩者那样以语言为符号，不顾人情而客观考察万物，揭露矛盾以启动思考，提出同异、无限、运动、语言符号之类问题进行分析，要求确切，可以说是科学思想的起步，不幸失传两千年以上。我们能不能再注意这个失传学说，来补救我们的思想弱点？好像是伽利略说过，大自然用数学语言说话。事实上人类也是用数学语言和大自然对话（此外双方还用艺术语言对话）。数学语言是全世界通用的符号语言，是科学的通用语，是要求确切的语言。我们的思想历来不注意要求确切，不喜欢分析。名家则不同。说“白马非马”，离坚白，是着重分析，要求确切。他们所谓名是指名义。这本来是歧义多的模糊词，所以必须分析。例如“以革命的名义”，“以自由的名义”，同样名义下可以有种种不同的行动。齐桓公和曹操“挟天子以令诸侯”，就是自己不做皇帝而用傀儡皇帝的名义统治天下。名家析名说物，不是外国所谓逻辑，也没有建立哲学体系，不过是有数学语言那样的科学起点，科学态度。起点是非常重要的。为了学术发展，我们是不是要给名家恢复名誉，不把辩者的怪说当作诡辩？他们的思想倾向和思想方法是不是可取？

值得注意的是，《天下》篇中引惠施的话说，“无厚，不可积也，其大千里”。这只能是几何学中的面。无厚，无论重叠堆积多少，还只是一个面。他接着说，“天与地卑。山与泽平”（“卑”字，据孙诒让说，与“比”通，引《荀子》“山渊平，天地比”为证）。更是只能指没有厚的面。天和地各自都有一个平面。山的表面高低不平，湖的表面波浪重叠，但都有一个无厚的表面。面，揭不下来，却实际存在。他说，“至小无内，谓之小一”。这个没有面的点只能是几何学中的点。他说，“至大无外，谓之大一”。这当然是指空间的无限。这些话都表明他很注意研究空间。那么，他说“连环可解也”，很可能是说，连环之间有空隙，相套的两环可以互相脱离，互不接触，但是有一个限度，到了限度又会接触。限度随环的大小而定。这难道不是说圆的性质，说圆面有圆周和直径吗？辩者说，“郢有天下”（郢是楚国的都城，这位辩者大概是楚人）。这也只能是说地的表面。从郢在地上的这一点看，天下的地的表面全联在一起。这显然是辩者响应惠施关于面的理论。庄子引这方面的话较多，可能是因为讲空间容易和他的“逍遥”、“齐物”理论联系。

但惠子的话应当是“历物之意”，说的是物的形，就是几何学，若作为哲学，岂不是诡辩？惠子能想到并说出抽象的点和面以及无限，得到辩者们的响应，真了不起。若是发展下去，岂非中国早就可能有几何学，出现自己的中国式的欧几里得，而不是仅仅讲勾股方圆测量技术？不过几何学在欧洲也是停滞甚至断绝一千几百年后才有突飞猛进发展的。

人类生活在三维的空间中，但是对于平面的两维容易认识，而对于构成立体的第三维的认识就相当难。庄子所引的惠施就没有解说厚。我们的感觉不能同时接触四面八方。耳听声，鼻闻香，舌辨味，没有立体感。身，皮肤所接触的只是表面。眼见立体，实际在网膜上映出的是平面，像电视屏幕上的光影图像。我们从婴儿时起习惯于依照经验知道看见的是立体，但估计距离常犯错误。两眼又只能见一方，不能同时兼看大范围的上下左右，见前不能见后，不能看到对象的背面，看不见自己的背后，不见自己的眼、脸，只能见在镜子中反映的平面形象。佛教徒把这五种感觉叫作五识，说另外有第六识叫作“意”识，才是能认识“法”的。“法”就是感觉不能直接认识的对象，如观念、情感等等。我们时时和立体打交道，思想上却不注意分析立体，不把物，还有事，当作多面体，不重视平面和平面以外的有关的线面的关系。我们不能直接感觉立体空间，只可以认识，知道。不过这是模糊的出于习惯的认识，是一个概念，为了作为行动的依据。我们永远见前不见后，不能同时看见和感觉到立体的所有方方面面。知道空间，但是说不出空间是什么。身在三维中，思想常常不出二维。我们会左思右想，心中七上八下，总是瞻前就不能顾后。我们习惯于线性的和平面的思维方式，不习惯或不会作多面的即立体的思维方式。我们常说思想是螺旋上升前进的。螺旋是线，不是面，更不是立体。螺旋构成的立体是圆锥或圆柱。我们的思想是不是仅仅线性的？上升，前进，是运动。运动只有在空间之中。一般对于空间的认识是模糊的认识。分明的确切的认识，只能是几何学的数学的科学的理解。要求确切，只有用符号。语言文字符号仍不能确切，必须分析。数学是运用符号的科学。人类用数学语言和自然界对话。惠施、公孙龙等辩者、名家开始分析语言文字符号，要求确切，开始从万物的形分别认识出点、线、面，再从物的立体分别认识出运动、空间、无限，这应当算是数学、科学思想的开始，也许可以说是有了空间时间概念的三维甚至多维认识的立体思维、符号思维的开始。他们是在和自然界对话，探讨宇宙的奥秘。他们的学说不是“无用”、“寡功”，而是可以有大用，有大功，不过不是直接的、眼前的而已。例如，“鸡三足”可能是从鸡的跳跃旋转看出在两足行走之外的运动能力，用第三足作为符号表示，以怪说引起关于运动的思考。这就不是寻常的、简单的、习惯性的思考了。如果这样说不错，那么，公孙龙、惠施、辩者之群可以算是战国时代百家之中开始进行未与技术结合的科学思考的思想家了。科学思想发展的道路是崎岖而危险的。这些思想家仅仅留下了名家、辩者的称号，不受重视。中国的技术发明成就极其辉煌，相形之下，科学，尤其是科学思想，在历史上就前进得非常艰难困苦。然而，辩者们的早早出现可以证明中国人的抽象思维、科学思想能力是决不后人的，只是长期缺乏有利的氛围而多不利的因素而已。以上说法不够确切，只是一种想法，也许可以供人参考。

魂兮归来，公孙龙！惠施！辩者！

一九九七年十月

范蠡商鞅：两套速效经济软件

——读《史记·货殖列传》

两只老虎，两只老虎，

跑得快，跑得快。

一只没有尾巴，一只没有脑袋，

真奇怪，真奇怪。

——儿歌

○：怎么你忽然看起《史记·货殖列传》来？对于经济感到兴趣了吗？

□：中国古时说“经济”是指政治，是“经国济民”。“货殖”指经商，只是现在所说的经济的一部分。现在的“经济”这个词是输出到日本又返销回来的新词，意义变了。我感到兴趣的只是一些空道理，可以勉强说是文化或则哲学。不过这两个词现在都没有公认的确切意义范围，不便引用。用个新词作比方，就说是“软件”吧。有些问题不妨彼此问答，进行一番思考。书中说的话算是第三者的，要我们译解。当然还可以有别的译法。

○：先提问题吧，没有问题，怎么思考？

□：好。太史公司马迁在《史记》的最后才编写一篇《货殖列传》，以下便是《太史公自序》了。《自序》中说《货殖列传》是讲的“布衣匹夫之人”的事，放在“游侠”、“佞幸”、“滑稽”、“日者”、“龟策”各列传之后。这是由于汉代抑商吧？“货殖”一词是出于《论语》中“赐（子贡）不受命，而货殖焉”。在这篇列传中，子贡名列第二，说是子贡经商发了财，他所到之处“国君无不分庭与之抗礼。夫使孔子名布扬于天下者，子贡先后之也”。可见这和“儒”是大有关系的。孔子出名还有点靠了学生的经济地位哩。可是司马迁在这篇文章一开头就引一段《老子》，这是为什么？是由于汉初崇黄老么？他又把子贡列为“榜眼”或“亚军”。是不是司马迁以为孔、老原来是，或者应当是一家呢？孔子、老子都不重商。司马迁这样做是为了“贴金”还是确有所见呢？《货殖列传》未必是司马迁的定稿，但是格局和意见以及大部分文章还应算在他的名下吧？

○：这不但是经济思想史，又追溯到哲学思想上去了。我想还是另起思路吧。就《货殖列传》说，司马迁排的名次是：第一名范蠡，第二名子贡，第三名白圭。这三位是既有实践又有理论的，从猗顿到巴寡妇便是单纯致富的工商业者了。“汉兴”以下才是论当代经济。为什么范蠡第一、子贡第二，这是政治经济合一么？

□：子贡在《论语》中地位不低，是“言语”科的代表，外交家。（见《史记·仲尼弟子列传》：“子贡一出，存鲁、乱齐、破吴、强晋而霸越。”）他到处得到国君分庭抗礼的接见，不是只凭讲话，还仗恃财力作外交后盾吧？虽然司马迁没有记他的经济理论，但他是孔门大弟子，他的思想大概不会离孔子本人的儒家学说太远吧？孔子在《论语》中曾批评弟子冉有（冉求）为鲁国大夫季孙氏“聚敛”财富，却只轻描淡写说子贡一句“赐不受命”，还夸他做生意“亿则屡中”。可见孔子并不是一般地反对“货殖”，他反对的只是“聚敛”，即搜括老百姓。至于子贡做个体生意，又藉经济力量见国君活动政治，并为老师做宣传，孔子是不曾反对的。孔子还说过：“富而可求也，虽执鞭之士，吾亦为之。”可见他不反对发财。这是只依据《论语》一部书，不是出于各家书中不同说法，所以应当是合理的。

○：子贡本人的经济理论既然没有说出来，不便以各种各样的儒家理论去揣测，那还是先考察一下“状元”或则“冠军”范蠡吧。

□：我想不如先看看第三名白圭说些什么。他说：“吾治生产，犹伊尹、吕尚之谋，孙、吴用兵，商鞅行法是也。”司马迁总结说：“盖天下言治生，祖白圭。”原来这位第三名“探花”还是讲经济学的祖师爷。太史公把他和李克（李悝）对比说：“李克务尽地力，而白圭乐观时变。”这明显是两种经济思想。李克是给魏文侯致国家富强的。伊尹、吕尚（姜太公）是商、周开国的大政治家。孙膑、吴起是战国的大军事家。商鞅是使秦国变法富强的。白圭竟然以这些人自比，而且提出：智、勇、仁、强四者水平不够的人“虽欲学吾术，终不告之矣”。录取学生的标准还很高。为什么这位祖师名列第三，而李克、商鞅不列入这一篇里呢？

○：听听你的解说。

□：司马迁在引《老子》的语录以后发了一段议论作为引言。其中首先引姜太公（吕尚）如何发展齐国的经济，齐国衰落时又有管仲发展经济，使齐桓公当上霸主，“九合诸侯，一匡天下”。这以下才排列传记，照《自序》说的，只列“布衣匹夫”。以范蠡居首，是说他在使越国称霸以后化名鸱夷子皮和陶朱公经商致富，是商人身份。子贡居次，也只算他是大商人。白圭第三，他是缺事迹而有理论的平民。叙述范蠡时引了他的老师计然的理论。接着说范蠡成功以后“喟然叹曰：计然之策七（《汉书》作‘十’），越用其五而得意。既已施于国，吾欲用之家。乃乘扁舟，泛于江湖，变名易姓”。这正好和白圭的话互相照应：治国家经济，使国家富强，和个人发家致富是一个道理；治国、用兵、行法，是一个道理。道理的原则是计然、白圭说的，来源则是篇首引的《老子》。值得注意的是，这一段不是现在通行的《老子》的摘录，甚至可以说是和通行本中的话大不相同。其中末尾两句之下便是“太史公曰”，可见这两句仍然是《老子》的。至少是司马迁所解说的《老子》的。照这段话看，《老子》虽然说“老死不相往来”是“至治之极”，但末两句话说，在“晚近”（即当时）是“几无行矣”，即行不通了。由此才有“太史公曰：夫神农以前吾不知已，至若《诗》、《书》所述，虞夏以来……”工商业是不可废的。接下专讲计然、白圭的理论，范蠡、子贡的实践，以至当时（汉代）“都会”（商业大城市）和富人（工商业者）的情况，都顺理成章了。

○：可是这样一来，范蠡的一生便被割裂了。一半是治国，在《赵王勾践世家》里，一半是治家，在《货殖列传》里。前一部分中又有治家的一个故事，还是要合起来看才能通气。前半是传，后半仿佛是专题提要。合起来就不必再查对《国语》、《吴越春秋》、《越绝书》了。至于范蠡、鸱夷子皮、陶朱公是不是一个人，是真事，或则是传说，若不考证历史，那也无关紧要。这是个理想人物，是军事家、政治家、外交家，又会经商，是个交游广阔，到处为家，又不露面的大商人。这不是和《老子》以至《庄子》中的“人”的理想相似而且也同孔子门徒子贡仿佛么？可惜现在有的电影、电视剧描写吴越之争，强调西施美人计，把范蠡变成另一种人了。也不知是美化还是丑化，总之是“大变活人”，换了一个。怎么才能宣传一下古文献中的（不一定是历史事实的）范蠡呢？看来他是张良、诸葛亮之前的一个文武全才又能进能退的理想人物，是中国传统文化中的一个重要标本。（爱国商人弦高也属这一类，见《左传》。）

□：我以为最重要的是把会做生意的平民范蠡“陶朱公”和振兴越国的大政治家范蠡大将军合起来。我看这好像是解开中国传统文化中读书和做官的文人思想的一把钥匙，同时也可以说是解开中国一些帝王以及官吏直到平民的共同思想交会点的钥匙。文人带兵是中国的传统。行伍出身的“无文”的军人中，大将多而统帅少。

传说中的关羽是读《春秋》的。岳飞是能文能武的。《水浒》中三家村学究吴用也能当军师。范蠡对越王说："兵甲之事，种（文种）不如蠡。"可见他是武人。商鞅也是武人，曾带兵打胜仗。宋朝诗人陆游还念念不忘"塞上长城空自许"。不仅兵书战策为文人所必读，而且史书、子书、经书往往和兵书通气。只是明朝盛行可称为"八股文化"的令人窒息的精巧玩艺，又有锦衣卫、"东厂"等等，才削减了这一传统。但是从王守仁、黄宗羲、王夫之等到林则徐、龚自珍，以至石达开、曾国藩、左宗棠、李鸿章等，没有一个不是才兼文武的。孙中山也当过大元帅。军阀吴佩孚是个秀才。传统文化中的这一层大概知道的人很多。不仅治国和治家相通，文武相通，而且政治和经济相通。"君子固穷"，并不是不懂致富之道，只是不屑于去做，所谓"自命清高"；若真的不懂，那便叫作十足的书呆子，为孔、孟、老、庄所不取。至于真懂、假懂，能不能实践，会不会成功，那倒不一定。不过一定要树立这一点为理想。孔子也学射箭，据说还是大力士，说门人子路"好勇过我（孔子自称）"。他虽不讲经济，他的门人冉有、子贡都精通此道。讲到和尚，那只要举一个为明朝永乐皇帝打天下的军师姚广孝就够了。道士则有远赴西域见成吉思汗的长春真人邱处机。少林寺的和尚、武当山的道士是武术的两大宗派。这个文化传统是不依教派等招牌而分别的。欧洲就不然。凯撒、拿破仑有战纪、回忆录，亚历山大、奥古斯都、威灵顿、纳尔逊就不以文学名家了。他们重专业不重兼通，不以文武双全为理想。著《远征记》、《万人退军记》的色诺芬那样的人不多。

○：照这样，我看不妨考察一下范蠡和商鞅，着重在治国和经济一方面，看他们怎么使越国和秦国骤然强起来的。

□：这两人不过用了一二十年时间就使两个落后的穷国一跃而成强国。吴灭越在公元前四九四年，越灭吴在公元前四七三年，刚好二十二年，正合上伍子胥的预言："十年生聚，十年教训。"秦孝公用商鞅变法在公元前三五六年，商鞅死在公元前三三八年，不到二十年。从范蠡、商鞅的实践搜寻他们的思想原则，可以得出这种速效的经济"软件"吧？搜寻的方法，用当代欧美人常用的行话，是不是可以说是用一点现象学的和诠释学（解说学）的方法？其实这也是土法。

○：我们不用术语和公式好不好？我想，要考察怎么由弱变强，由穷变富，就得先看当时的形势。各国对比才有贫富强弱之分，自己看自己总是可以"知足常乐"的。从春秋到战国，转变年代照旧说是韩、赵、魏三家分晋得周王承认的公元前四〇三年，司马光的《资治通鉴》由此开始。越国称霸在其前七十年。秦国变法在其后不到五十年。可见这一百多年正是一个大转变时期。形势上有什么一般不大重视而值得一提的？

□：我想提出两点，是从全中国范围和整个历史着眼的。一是外强而内向，二是落后入先进。

○：此话怎讲？

□：公元前七七〇年周平王东迁是东周或春秋的开始。他是避西戎从陕西逃到河南的，也就是离开了周的发祥地到了殷商后代的集中地区。殷周文化的这个中心地区里，除了号称“共主”实际只是招牌的周王以外，还有一些小国，而最大的统率别国的霸主，先是用了管仲做宰相的齐桓公，后是晋文公，两人是五霸的头两名。齐是在山东半岛的被征服的东夷之国。晋是北方戎狄杂居之国。后来在南方强大起来的楚是以苗为基础的南蛮之国。西方的秦更是西戎之国。东南兴起较晚的吴是并了淮夷、徐夷的。越更是落后。前几个强国还是周王封了贵族带人去统治的。吴号称由周的祖宗泰伯算起，越号称由禹算起，实际都是文化落后地区。本来是“断发文身”，连帽子衣裳都没有的。司马迁写的是《越王勾践世家》，连上世的年代人物都说不清。由此可见，中原地区虽有悠久的殷、周传统文化，又有“天子”政权，但是没有力量发展，物产不丰，人力四散。强大起来的是四周的边区。中原的炎帝、黄帝嫡系子孙在上层，但无力复兴，靠血统难以维持，而四外的许多落后种族互相结合，发展很快。我说的“外强而内向”指的是地区。外部边区强了，但不是分裂出去，而是合并进来。内部中心弱了，不能打出去扩展，而是“外来户”进来压倒了“本地人”。我说的“落后入先进”指的是种族。落后的小的族（还不成为近代的欧洲的所谓“民族”，因此不能构成近代意义的“民族国家”）迅速发达成为先进。这些族中有的能像海绵一样吸收并且能融合非本身的力量化为己有。这两句实是指一个总的情况。这现象开始于春秋战国，但没有停止于秦汉。陈寅恪在论李唐氏族时曾说盖以塞外新鲜之血液注入中原孱弱之躯，以此解说唐代之盛，实际也影射清朝前期之盛。他所谓注入血液虽重在指种族混合，但也兼指广义文化的扩展。不过他重视上层统治阶级，也没有明指“注入”是“内向”的扩展。我说的主要指中下层阶级的民众文化和国力，而且着眼于中国之所以成为大国以及能长久维持独立历史的要点。这一情况大概可以说是中国的特点，和欧洲及其他处的向外扩张以及不断分裂的情况很不相同。这是事实，不见得是坏事，不必讳言，否则会走上外国的向外扩张及分裂的路子，反而不利。我觉得先要承认（认识和解说）事实；至于为什么会这样，追索原因，那是另一层问题，是世界史而不仅是中国史的问题了。

○：由此我想到楚文化的研究极其重要。为什么楚国以苗族为基点发展起来，而能合成那样大的疆域？除巴蜀入秦外，长江流域东至吴越，西至滇黔，南达珠江流域，能合为一国，形成了由巫文化发展起来的楚文化，出现了和《诗经》并立的《楚辞》以及最初的“个体”大诗人屈原、宋玉和演员优孟、优旃。尽管国王不争气，国被秦灭，但是灭秦的还是楚人项羽、刘邦，由楚地起兵，真是“亡秦必楚”。楚文化和南亚及东南亚文化看来也大有关系，从古代来源到近代脉络都不容易划界分清，说明轨迹。这也不仅是中国文化问题。

□：说得太远了。还是回到范蠡、商鞅这里来吧。

○：商鞅是卫国人为秦所用。秦穆公曾从戎人那里用五张羊皮赎来一个百里奚作丞相，由弱小而强大。秦孝公用商鞅变法，主要是耕、战二字。有了粮食，有了兵（兵器和士兵），加上以军法部勒，就什么都有了。这个“软件”或“模式”容易看出来。简单说，秦始皇墓的兵马俑便是象征符号。这也许可以叫作兵马俑文化吧？这是个“系统工程”吧。见效很快。商鞅领兵打仗几乎战无不胜，可是最后自己逃不出自己设的法网，也打不过自己练出来的兵，惨遭车裂。这种模式是稳固的，但不是发展的。像兵马俑的阵势那样，很有力量，可以指挥如意，但本身不会生长，或则生长得很慢。要发展只有向外扩张，抢别人的。可是遇到更强的外敌，或则内部出了裂缝，那就很危险。结成一个阵，存则强，破则瓦解。秦国的兴衰就是这样。兵马俑中出现了陈胜、吴广这样的活人，阵便破了。不仅中国，外国也有，最近的便是胸前挂满纳粹勋章的戈林。

□：别又说远了。还是讲范蠡吧。值得注意的是，助吴国兴起的是伍子胥（伍员），助越国强大的是文种、范蠡，这三个人都是楚人。吴国的宰相伯嚭也是楚人。伍员、伯嚭是贵族，文种、范蠡是平民。秦国用的百里奚是奴隶，商鞅是贵族。

○：商鞅挨了两千多年的骂，现代又受表扬，他的那一套一直未断。大家比较知道他的理论和实践，便于概括。直到现在，范蠡还是被当作一个行权术的人，只会出计策，而陶朱公又只算是一个会投机做买卖的人。《史记》说越王用范蠡、计然，引计然的话。据说他是范蠡的老师，可是没有事迹流传。经商历来称为计然、白圭之术，陶朱、子贡之能，但不容易将理论和实践结合起来。很难像商鞅的“耕战”思想那样，可以用“兵马俑文化”一词概括。

□：其实也不是很难。范蠡的一套在民间势力很大，但在上层总是处于下风。《史记》说：“李克务尽地力，而白圭乐观时变。故人弃我取，人取我与。”“计然曰：知斗则修备，时用则知物。二者形则万货之情可得而观已……无敢居贵……贵出如粪土，贱取如珠玉。财币欲其行如流水。”白圭、计然、范蠡三人的思想是一样的。原则虽有几条，但归结起来只是“时变”二字。《史记》说陶朱公“以为陶天下之中，诸侯四通，货物所交易也。乃治产积居与时逐而不责于人。故善治生者能择人而任时”。说白圭“能薄饮食，忍嗜欲，节衣服，与用事僮仆同苦乐，趋时若猛兽挚鸟之发”。知时和知人是中国古今（社会主义阶段以前）做生意的秘诀。范蠡知时，所以既能治国，又能发家。他能全身而退，不像文种那样为越王所杀。他在致文种信里说：“飞鸟尽，良弓藏；狡兔死，走狗烹。”这就是知时。他在齐国发了大财，又被用为宰相，便说“久受尊名不祥。乃归相印，尽散其财”，又改姓名到了陶。这也是知时。他的知人，一是知赵王勾践，不为所杀。二是知自己的儿子。两者都记在《勾践世家》中。关于他的三个儿子的故事是古今传诵的。明朝冯梦龙还收进他所编的《智囊补》里。故事说来话长，有书为证，就不必多讲了。

○：你的概括很不错，但我觉得漏了一个重要的中心点。说是说了，但没有着重，因此还没有指出李克和白圭的根本分歧。这也是商鞅和范蠡的根本分歧。历来讲做生意的也往往会忽视，或则在重要时刻忘记这一点。因为这是常识中的常识，所以好像不成问题，不必提，但恰恰这是根本。这就是计然所说的：“积著之理，务完物，无息币……财币欲其行如流水。”白圭所说的是“积著率（律）”。这就是“时变”。知时就是知变。不变化还能有什么时间？时间就是变化，就是流水。所以双方分歧在于一是兵马俑，一是流水。一个不动，一个不停。

□：你也玄虚起来了。不过由你所说，我想司马迁讲“货殖”一开头引《老子》的那段话也是这个意思。邻国相望，鸡狗之声相闻，各各自给自足，老死不相往来；那是“至治”，不是现实，在“晚近”是行不通的。《老子》、《庄子》经常这样说话。这就是所谓“寓言十九”。他们的“言”是符号（不是象征）的一种，寓意在外，另有所指。讲的是不通，不往来，指的是通，是流通。没有末两句话也是一样。那意思是：不通好是好，但是行不了，结果还只得是通的好。末一句就不讲出来了，要意会，“意在言外”。《庄子》常说“悲夫”之类的话，也是将肯定否定合在一起的。做生意见价钱好就快卖，“贵出如粪土”。看准了要贵起来的便宜货，要“贱取如珠玉”。若不是珠玉，也就谈不上“贱”了。最重要的是计然说的最末一句：“财币欲其行如流水。”埋在地下的钱没有价值。李克和商鞅的“务尽地力”，是用尽物力和人力的办法，是着眼于生产组织。白圭、计然和范蠡的“乐观时变”，是使物力和人力永远用不尽的办法，是着眼于流通过程。这是两条根本不同的原理。一个拼命消耗，一个不断循环。孙中山说的国家富强的四条件是：“人尽其才，地尽其利，物尽其用，货畅其流。”他想把双方合起来。前面三个“尽”字要看怎么理解。若照李克、商鞅的解说，都用尽了，连潜在的都挖尽了，那还有什么？不是完了吗？树砍光了，还有木材吗？鱼捕光了，水会自己生出鱼子吗？埋藏和劫掠自然界现成财富是直线不变式。“无息币”是经常变化，“生生不已”，循环不息，那就完不了。所以叫作“生意”，是曲线流动式。物要“完”，完整，完备，完好，质量高，才有用。废物无用就不算货物。堆在那里不能用便是废物。兵马俑埋在地下有什么用？能打仗吗？范蠡看重水陆交通，这是流水文化。设长城关闭不如修运河流通。这是兵马俑和流水的区别吧？“货畅其流”，不但要流，还要畅，不拦截。

〇：你这番“通”论很好。但是不停的“通”也不行吧？古时交通不便，信息不畅通，所以只讲“通”不要紧。当前世界上就怕“通”得太快了。要出另一方面的问题。物和人也还是要在流通中有停顿的。“积著”中也有“积”的一面。长城堵，但有关口可通，运河通，但也要设闸，都有两面。计然的话的开头一句是“知斗则修备”。所谓“有备无患”。“备”什么？备斗，即战备。治国和做生意是一样，和种地不大一样。但“备”也不是堆在那里不动，像兵马俑那样埋起来，或则只供参观之用。物和人都不是只供参观的。供参观也要更新，人看厌了就不再看了。计然的第二句话是“时用则知物”。“时”可不作别解。能应时而用的才是“物”。“物”是从“用”而来的。“用”指其功能。物有名称，好比符号。符号指示功能。功能不具备便失去本来意义，变成另一种“物”。兵马俑本是殉葬用的，是备死者用的。挖出来成为展览品，就不是为死者而是供生者用了。名同实异的符号有的是。“物”和“人”都一样。

□：我想还是不要用符号学的语言吧。正在生长中的学问的术语的用法和意义还不能都得到一致理解，译名不一，歧义难免。所谓“难懂”或者“误解”往往是出于歧义。我们还是用普通人的话说吧。我们的方法本来是“土洋结合”的。计然和白圭都重视一个“时”字。范蠡的一生行事全是随“时”而“变”。不过知“时”很难。“趋时若猛兽挚鸟之发。”看准了时机，行动就要快。范蠡做生意是“积居与时逐”。计然的“积著之理”，白圭的“积著率”，也是指这一点。“积著”即“积居”。子贡“废著”，《史记集解》说即“废居”。计然说“无敢居贵”。大商人吕不韦说“奇货可居”。这个“居”字是古代做生意的一个要诀，不能只解作囤积。“居”是待“时”，是为卖而买，着眼在卖。“居”这个动词是很有文章可作的。经商不能不“投机”，即抓准时机。“守株待兔”不是经商。不能“见机而作”即不知“时”，不能经商。货存腐败了，不能卖了，就不是货了。

○：另提一个问题。白圭把“治生产”、做生意比作孙、吴用兵，范蠡自称长于“兵甲”，还当了大将军。对这一点怎么解说？范蠡是怎么打仗的？

□：这还用说？打仗更要看时机。宋襄公那样的迂夫子怎么能打仗？用兵和经商都不能死板。老实并不等于死心眼。据鲁史《春秋》记载，二四二年里，列国的军事行动有四百八十三次，朝聘盟会有四百五十次。战国时当更多。无怪乎那时的“士”和所著的书都离不开军事、外交，也就是和“经济”之道相通了。范蠡会打仗，会办外交，又会经商，是毫不足奇的。他知时机又行动快，自然无往而不利。据说日本人学《三国演义》中的打仗方法去经商，这是很自然的。《孙子》兵法和《老子》哲学都是沟通军事、外交、经济的，是春秋战国经验总结。那时的“士”各国奔走，见多识广，各有一套，自然有高才加以总结，并且会有人“批阅”和“增删”的。秦汉以来再没有这种“百家争鸣”情况了。十六国、十国时期都赶不上。一个原因是春秋战国时关卡没有后来厉害。就当时交通条件说，流通很方便，信息和货物和人才都流动得很快。背景是各国不断打仗和盟会，信息不灵就判断错误，抓不住时机就失败灭亡。秦汉统一天下后，一方面是交通更便利，另一方面是关卡更严密。利、害，得、失总是分不开的。有时又要通，有时又怕通。用计然、白圭、范蠡的思路观察就很清楚。若说范蠡的打仗要诀，当然首先还是知时。越王见吴国内部虚弱，以为可打，范蠡说还不到时候。等到吴王志得意满率精兵北上时（据说是信了子贡的别有用意的话），范才说“可矣”。乘虚而入。这叫作“批亢捣虚”。其次是兵力配备得当，不是摆阵势。（士卒拼命可另外算。）《史记》说是“发习流二千，教士四万人，君子六千人，诸御千人，伐吴”。用现在话说就是：精通水性的水军二千，经过训练的战士四万，可靠的亲信近卫军六千，非战斗人员（包括后勤）一千。这个配备的比例是很有意思的。这明显是过太湖北上的水陆两用战术。这是北方所缺的。北方是用战车，讲“千乘”、“万乘”。吴、越先后横行于江、淮一带。吴、越后来归楚。楚亡以前还东退到淮南，即吴地。项羽、刘邦起兵也在东南。这都不是偶然的。

○：说得太远了。我还有一点不大明白。我看商鞅和范蠡这两套“软件”，一是长城、兵马俑式，有坚固的阵势，却不灵活，因而同时又脆弱。另一是运河、流水式，或有江有湖式，很灵活，善投机，但缺少实力，若看错时机又很危险。所以秦和越的国家政权都不长久。反而楚国松松垮垮倒能维持很大地区而且拖得很久。这是为什么？秦和越都重实效而不大讲道德。商鞅残忍，范蠡狡猾，怎么又能和孔、孟、老、庄、伊尹、吕尚连在一起？这不是阳刚、阴柔，象棋、围棋，农业、商业，政治、经济，都混在一起了吗？

□：不仅如此。虚实相生，方圆并用，只用其一便难长久。但断而又续，绵绵不绝。和中国历史相比，东、西罗马帝国的热闹就显得逊色了。吴越地区就统治者说是短命，就国力和民间说却不然。三国时只吴国最为稳定。中原的袁绍、董卓、曹操、司马懿不停换班，兵戈不息。刘备只是夺了本家刘表、刘璋的地盘，也不如孙权长久。吴国大都督周瑜、鲁肃、吕蒙、陆逊继任没有出问题。南朝、南宋在此地偏安。明初经营东南。大运河是为使南方财富北上。江、淮、太湖的水、地、人力长期没有耗尽。这也不是偶然的。说流水文化不如说江湖文化，有江还得有湖，才是“积居”。

又通，又存，不填塞，不挖尽，有节奏，是音乐，不是噪声。

○：你又扯远了。就我们谈的题目说，两套经济软件的思路不同。一个认为积聚的才是财富而流通的不是财富。一个认为流通的才是财富而积聚的不是财富。前者是长城、兵马俑文化，后者是运河、江湖、流水文化。不积聚便少大古董遗留下来。用现在经济常识的话说，一个着眼于生产和分配，舍不得在流通上用力量。一个着眼于流通，而把生产和分配附属在交换上。用简单含糊的话说，可以算是自然经济和商品经济，但这是抽象说法，实际上两者是并存的。欧洲人的划格子思路不大合用。这样说，不知道对不对？

□：照你这样说，那么，大战前的德国和日本是用商鞅软件而英国、美国是用范蠡软件了？

○：也不尽然。两套程序是可变的。战后的联邦德国和日本就改用范蠡软件了，仿佛是打了败仗的越国。两套程序都可以快速见效，但效果不一样。日耳曼、德意志，名称很古，但成为现代国家是从一八七一年普鲁士邦将其他一些邦统一起来才开始的。二次大战后分立民主德国和联邦德国。联邦德国从一九四八年起整个换了战前程序。日本虽然有称为“万世一系”的天皇，但成为现代国家，尊王抑幕府，有了中央集权政府，是从一八六八年明治维新开始的。战后也改变了程序。就两国的民族和文化传统说，都是古国，但就现代意义说，都是新兴国家，采用两套程序的时间都很短，见效都很快。两国都是轮换采用两套软件。能不能同时应用？有些第三世界国家试来试去，总是来回摇摆，很少见效。为什么？

英国患了衰老病，还赶不上它原有而现在独立的有的殖民地。美国患鼓胀病，天天想减肥而不见效。北欧所谓福利国家也有些消化不良，循环阻滞。可见单一程序未必有长效。为什么？

□：这个问题不好简单化。两套软件虽可说是一实一虚，似乎可以虚实并用，实际却不然。范蠡是不断转移阵地的。他总是能白手起家，散了又聚，由实而虚又由虚而实。那时没有金融信贷，他凭什么能使"财币行如流水"？日本的流通加速发展到全世界，担心流通不畅，近来有再乞灵于商鞅的迹象，但还是学习陶朱公。日本人爱好围棋，应当明白虚实相生之理。日本处于西欧、北美和东欧、亚洲之间，仿佛是陶朱公所说的陶，又先后兼用过商鞅、范蠡两套软件，所以现在的动向为全世界所注目。

○：不要再空谈天下大势了。说到围棋，我们不妨在三百六十一个交叉点上用黑子、白子做实地试验吧。这是争先又争空的，是以虚为实又以实为虚的。范蠡和商鞅若下棋定是国手，和清代的范西屏、施襄夏一样，也是两种风格。

□：孟子说孔子是"圣之时者也"。老子说"不为天下先"。我们且到棋盘上去争时、争先吧。

一九八九年

我是谁

我是谁？——这是金庸的一些小说的一个（不是唯一）主题（theme），或不如说是“母题”（motif）。石破天在《侠客行》的末尾提出这个问题。他不知道自己的父母就在眼前。“西毒”欧阳锋在《神雕侠侣》中也提出这个问题。他一心钻研武艺入了魔，忘了我，不认识自己，不知是什么身份了。武艺也是艺术。艺术会使人入魔，例如画家梵·高，还有诗人李白投水捞月的传说。《天龙八部》里的乔峰或萧峰为知道自己的身世，是汉人还是契丹人，闹出多少事。同一书中，先是和尚后成道士终于当驸马的虚竹一直不知道自己的出身，忽然被认出来了，原来是一个被遗弃的私生子。父母就在眼前，一是高僧，一是大恶人，立刻父母都自杀了。一出现就灭迹，他还是没有父母。《飞狐外传》里的胡斐，《神雕侠侣》里的杨过，都没见过父亲，但一心要确定杀父的人以便报仇却又临时犹疑。这些人问的是“我”，实际上全是查考自己的上一代，也就是要弄明白本身所得到的遗传基因，生理的、心理的、社会的（即种族、阶级、阶层、行帮、等级、地位之类的面貌，例如“政治面貌”）身份，种种不能由自己选择而要由自己负责的从出生就接受下来的基因。这类基因，个人有，民族、国家、帮会等比较巩固的集体也有，那就叫作传统。传统比个人基因更难认识，因为心理的、精神的成分更多。好比集体的潜意识，在许多人的行为上表现出来时，大家认为当然，一般不予追究，不以为意。不认识自己传统，仿佛不能直接看见自己的后脑，没有人会大惊小怪。想全面深入分析和理解集体传统很不容易。文献不足，思想难抓，看法各异，方法无定，于是往往是“言人人殊”，对于本身传统只好含糊了事或者争论不休了。可是“我是谁”还是得问，因为传统来自过去，存于现在，影响未来，多少明白一点也比糊涂好。但必须从提问开始，不同问题有不同答法。古希腊哲人说过，“要知道你自己”。这句话里的“知道”不是指知识、评价，是说要理解。真正有“自知之明”，谈何容易！

从世界看中国，这是一个大帝国，有两三千年历史，奇怪的是能够“合久必分，分久必合”，延续下来。清朝以后没有皇帝了，大小军阀混战，列强瓜分，各划势力范围，一个紧邻强国干脆出兵占领人口稠密的区域的大部分。经过世界大战以后又打内战，可是在外敌环视之下居然能迅速站了起来，依然是一个统一大国。全世界正对这个奇迹刮目相看，不料又不断内部自起风波，滔滔不绝。许多人正在叹息老大帝国不容易返老还童，忽然出现了新面貌，再一次要与强国试比高了。问题不断，乱子不少，就是不倒。分而又合，衰而复兴，外伤累累，内力无穷，使观者眼花缭乱，仿佛一谜而难破谜底。从古以来大帝国不少，在历史长河中多半是一去不复返。罗马帝国几百年就分裂。东罗马帝国（拜占庭）虽有一千几百年历史，亡国后即踪迹不见。奥斯曼帝国横跨欧亚，蒙古人的几大汗国赫赫一时，大英帝国几乎想包罗世界，也都一一退位了。日本帝国是岛国，有“万世一系”的天皇，基本一统的大和民族，长久存在似乎不足为奇，和中国不同。人口数居世界第一的中国怎么走过几千年能江山依旧？这对于怎么再走下去是紧密相连不能割断的。这个传统之谜，巨大的“我是谁”，不能不问。

答问很难，谈话容易，何妨在大题之下钻探一个小点试试。

不知有汉

我们自称汉族，说的是汉语，可是对于公元前后四百多年的两个汉朝（前汉、后汉或西汉、东汉）知道多少？陶渊明的《桃花源记》里说，那里的人“不知有汉，无论魏晋”，现在有些人恐怕也和他们差不多了。汉代是帝国，帝是什么，先得问一问。

古时中国不自称帝国而说是天下，皇帝本来叫作天子，秦始皇在公元前二二一年兼并六国，统一天下，自认为超过了三皇五帝。

又是皇，又是帝，就自封为始皇帝。也就是第一个皇帝。在他以前的周朝天子，在西周时还是封贵族为诸侯各自建国的主持封建的共主，到东周进入春秋、战国时代，就仅存虚名，靠“五霸”等一些诸侯维持不倒了。公元前二五六年，最后一个周天子结束了历时约有八百年的前后两个周朝。这时离秦灭六国统一天下还有三十多年，仅有称王的诸侯，没有天子或皇帝，秦国独霸天下以后，取消分封建国的诸侯制度，划天下为郡县，由皇帝直接统治，派官员管理，原来的一些板块合并成一整块。皇帝周围设立丞相等等官职，分担任务协助皇帝。朝廷以下有层层官吏，全国形成一座官僚金字塔。皇帝孤家寡人独立在尖顶上好不威风。不料仅仅过了十几年，第一代皇帝一死，第二世皇帝就不争气了。陈胜、吴广两个小兵造反，接着没落贵族项梁、项羽，最底层的小官吏刘邦、萧何也起兵反秦，亡国余孽纷纷起兵复国，秦朝就灭亡了。可见这位高高在上的皇帝真是孤独的“寡人”，秦朝官僚金字塔的建筑材料不是石头而是泥沙。毛病首先出在皇帝独断专行，缺少由他控制的可以经常运转的有力的枢轴以推动整个帝国的官僚大结构，丞相等等只是谋士、办事员，不是主持人，以致他突然死在京外路上，小儿子就可以乘机不发消息而假传圣旨，害死长子和大将，自己继承帝位，再消灭丞相，实际成为更加孤独的“独夫”，于是亡国了。由此看来，皇帝是个虚衔、一个名、位，至高无上，但不一定等于统治全国的实际权力。好比数学上的零，本身什么也没有，不过是表示一个不可缺少的位。但在前面有数字再加上表示乘方的指数时就有了意义。可以达到无限大，一个零点可以显出数轴上的正、负，零发挥作用时力量无穷，失去作用时什么也不是。秦始皇开创了帝国的规模，但没有创造成功帝国运转的机制。要再过六十多年，经过汉朝的文帝、景帝到汉武帝时才建立起一个有力的帝制运行中枢，从此时断时续，皇帝有时掌握最高权力，有时只是名、位、傀儡，一直到两千多年以后不再有皇帝了，中枢体制才变了样。

秦始皇不仅创立了帝国规模，还建设了帝国的基础条件。主要的，在经济方面，是全国统一市场。在文化方面，是全国统一文字。这就是所谓“车同轨，书同文”。没有这两个条件，大帝国不能持久，有了以后，政权可以换主持人，帝国照旧，还会扩大，分裂不论多久，还能再合并、统一，尽管元首会改换种族，例如蒙古人主宰元朝，汉族人主宰明朝，满族人主宰清朝，像走马灯旋转一样轮流，还有南北朝的北朝也不是汉族称王称霸。世界历史上的大帝国能维持长久的都缺不了这两条。例如，英帝国属地曾经遍于全世界，这是在水陆交通发达正要形成世界统一市场的十九世纪，而且帝国推行英语作为属地的文化上层的共同语言。英国女王取消东印度公司，自兼印度女皇时，立即办两件大事：一是兴建纵横全国的铁路干线；二是成立东、西、南三方三所大学用英语教学，培养为帝国所需要的人才，还从中国学去一些古老办法，例如文官考试制度，这样就统治了比本国大了多少倍的属地将近一个世纪。

历史本身不管功罪、善恶，只认识发生事件的功能、效果。且看秦始皇在统一天下之后十二年间做了什么大事。

修建万里长城。这件事名声很大，但就其原来目的而言，可以说是功能，效果几乎等于零，没有能阻止北方匈奴族的南下，而且封锁对方的同时也封锁了自己。本来秦曾打败匈奴，占了大片土地，随即修筑长城。匈奴北去后内部发生变化，有了秦始皇式的领袖，东西征服邻近强族，又南下收复失地。而中国正在楚汉相争，茫然不以为意，也顾不上。到汉高祖即位第七年，匈奴又要南下，才亲自带兵去打，又信息不灵，不知敌人已有准备，皇帝差一点做了俘虏。这是后话。长城工程浩大也只是在北方各国已有的基础上加工。但是总体设计和烧砖、运输、砌墙、堆土、调遣劳力、支配供应等工作证明当时以手工劳动为主的工业技术和经营能力的强大。

修建首都阿房宫和地下宫（陵墓）。项羽烧秦宫室的大火比两千年后英法联军烧圆明园的火可能更大，史书说是烧了三个月，毁灭的艰难证明建设的宏伟和内藏的丰富，说明工业能力的强大，秦陵兵马俑的出现成为实物证明。

修建全国性的驰道，可以说是当时的高速公路。一条是由西向东，从陕西到山东的大路干线。再从干线分出由北向南的三条干线。由干线分连各地的支线。这和两千多年后出现的铁路格局相仿。二十世纪前期，连接北京和上海、杭州的一条，加上连接北京和汉口、广州的一条，共两条南北线，还有连接陕西、江苏的和河北、山西、山东的几条东西线，纵横全国。

疏通航道，开凿运河。大规模地连接可以通航的黄河、淮河两大水系的鸿沟的疏导工程，打通了战国时期的国界隔绝。特别是秦始皇派大军南下经略岭南时命令史禄（监禄、监御史禄）管运粮水道。这位水利专家修建了通连湘江和漓江使长江和珠江两大水系相会的运河，开山凿渠用斗门上下水位以便航船升降来去。这一伟大工程到后来汉、唐、宋、明续修，叫作灵渠，对于航运和灌溉发挥了巨大作用，加快沟通了南北。

统一并简化文字。废除六国互有歧义的文字，改用秦篆写官方文件，并以刻石代替铸鼎。民间通行了写简化的隶书，奠定了通行到现在的汉字基本形式。编定规范简化字的读本。文字简化又统一，便利了书写简帛，流通信息。

统一度（长短尺寸）量（升斗）衡（秤），所用工具必须由政府制造。规定田亩大小。规定车宽以便通行全国道路。

统一币制。规定上币黄金和下币铜钱的重量。

值得注意的有一件事。因为度量衡上必须刻规定的诏书，陶制量器就在泥胎上用刻了字的木印十个字一组印上四十字的全文。这可以说是以后活字印刷的原始想法。

设置博士官职，任用少数读书识字的儒生，可以收弟子传授学业。“坑儒”杀死的是全国儒生中的一部分。官学以外禁止私学。愿学政法律令的人要向官吏学习。有“挟书律”，禁止私家藏书，技术、占卜之类除外。这就是说，文化教育由政府统一掌握。

移民。那时国土广大，人口大概还不到一亿。一统天下以后就调拨人口，把十二万户豪富连家族、家奴搬迁到首都和地广人稀的地方，打败匈奴后，在占领的河套区域建几十个县，迁移内地罪人去居住，发动几十万人去南方，在岭南同当地人杂居。这样大规模在全国范围内调配人口显示帝国政府的威力，消除原先六国间的障碍，使区域财富重新分配，发展生产，融合民俗。若不是交通便利，政令统一，是办不到的。

以上这些措施都是统一天下后的十二年里做的。当然在战国时期有些事已经开始，灭六国的一段时期内有的事已逐步推行，可是秦始皇在位总共只有三十六年，这样短的时间里，在这样广阔的国土上，做这样多的大事，决不是匆忙想出的，而是经过长期研究考虑的。由此可见，秦始皇在着手消灭六国以前就清楚知道，他不是从周天子手里夺取一个现成的帝国政权，接管天下后可以为所欲为，或者像以后的皇帝那样仿效前朝，“以其人之道反治其人之身”，或者有什么样板可以照搬，他是要并吞六国，合原先七国为一个统一的内部没有国界隔绝的新的天下，不是要做旧天子，是要做新皇帝，要创立一个真正“史无前例”的新国家。因此他必须设计蓝图，从事创建。创作的主题只有一个，就是统一，消除境内一切造成隔绝的人为的或自然的障碍、界限。这位始皇帝做到了这一点，可是缺少为长期巩固统一所必需的政权中枢的有效运行机制。这要等几十年后经过汉朝几个皇帝才形成逐渐稳定的基本格式。从那时起，一个能长期持续，断而又续，变形不变性的大帝国就建构起来了。

再看这一切措施的实际主要受益者是谁。那就是商品，商品的运输、贸易、流通，商品的载体即商人。汉高祖即位第八年就命令

"贾人（商人）不得衣锦绣"毛绒、驾车、骑马、持兵器，当作另一类人，可见商人不但富起来而且有势力足以惊动皇帝了。

为什么秦国自从商鞅立下以耕战为主的基本政策，理论上也是以农为本，以工商为末，重本轻末，可是工商业一直发展，富人越来越多，发财越来越大呢？很明显，有本就有末，上帝不能创造只有一头的棍子。有生产就有消费、有交换，财富分配不断转移，连锁反应，经济发展。若横加阻挠，整个社会的经济生活就要出乱子。耕需要农具，战需要兵器，没有工业，工具从哪里来？盐、铁等大工业可以官营，小工业、奢侈品制造业只好民营。官可以主持专卖品的商业，小商品不能不民营。由空间差获利的转运，由时间差获利的囤积，禁止不了。经济发展必然同时发展贫富差别，具有自己的不道德的道德标准。货币出现后自然会有一切向钱看的人心所向。那时的战争不是现代的全面战争。离战场远的地方照样做生意，还可能有利用战争发财的人，古今一样。何况秦始皇的相国吕不韦就是大商人，这位皇帝还表扬过四川大富人巴寡妇清，于是汉高祖出来限制商人了，以后的统治者也一再压抑商人，官和民都看不起并痛恨官府里和民间的奸商，但仍然少不了奢侈浪费摆阔，给商人供给财源。人人是思想反对，心里羡慕，行为促进，于是商业就不能不在挨骂受气遭迫害中发展了。历史好像也正是在这样明一套暗一套的两面里前进。例如高利贷，历来被人当作罪恶的标本，但毛病是一个高字，若单说信贷，它正是钱庄的灵魂，银行的业务，也就是越来越要主宰世界的金融行业。贷款都有利息，无息贷款恐怕类似所谓无私援助，不是没有回报的。不赚钱还是什么生意？商品的集散结成市场，聚为城市，可是同时，商君的耕战为本，强本抑末思想，也就是孔子的“足食、足兵”和现代的高产粮食，大炼钢铁，以粮、钢为纲，都不是白说的空话。这类思想像循环小数一样，和厌恶商人、富人、市场、城市罪恶的心理、情绪，在历史上过一段时期就起大作用，产生大变化。

这样看起来，我们的帝国就是从周天子脱胎到秦汉几个皇帝建构的。可是在以后的发展中怎么老是重复，到不了工商帝国再向金融帝国前进呢？

功能函数

汉高祖即位第一年不过是汉王，到第五年消灭了西楚霸王项羽，才正式登基成为皇帝。随后在宫中设酒宴招待群臣，问了一句话，要求回答：“吾所以有天下者何？项氏之所以失天下者何？”

刘邦真不愧是中国历史上第一个平民皇帝。刚打完八年仗，他胜利了，就要总结自己和敌人的成功和失败的原因（所以者何？导致胜利、失败的原因是什么）。败者要找败因以免再犯，可以理解。胜者忙着找原因的很少。胜利已经证明自己正确、高明，何必再问？君问臣，臣也不过是歌颂成功的，批评失败的，还能说什么？可是刘邦问了，还要求讲真话。有人答了。他不满意，说：“公知其一，未知其二。”另给出他自己的答案。可见他是自己先考虑过，是郑重其事的，不是偶然想到的。没过几年，因为他说诗书无用，陆贾对他说，“居马上”得天下，不能“以马上治之”，用军事手段可以得天下，不能用军事手段治理天下，并且举历史事实为证。他知道自己错了，“有惭色”，便向陆贾提出一个更高层的问题，要求他说明“秦所以失天下，吾所以得之者，及古成败之国”。这问题太大了，是问政权的理论和实际了。作为答复，陆贾一连交上十二篇文章。皇帝对每篇文章都说好（称善），“左右呼万岁”，场面很壮观。这些文章合成一本书，叫作《新语》，也就是“新的理论”。现代人说“枪杆子里面出政权”，也有人说，夺取政权和巩固政权靠“两杆子”，就是枪杆子和笔杆子，甚至说“政权就是镇压之权”。可见这个问题至今也没有一致的答复。重要的是提出问题。刘邦是提出关于政权的深浅两层问题的第一个，也许是唯一的一个皇帝。以后贾谊的《过秦论》（论秦的过失）就是答复后一问题的一部分。不过这个问题太大，实在不能算是问题，只是个题目，可以作文章，不能求答案，好比数学里的无理数。还是刘、项得失问题比较具体可以谈谈。

值得注意的是刘邦自己的答案。但是最好先了解项羽的答案。他做西楚霸王是有本领的，有充分的自信，在失败自杀前，他对跟随他的残余的二十八人说，打了八年仗，经过七十多次战斗，从没有败过，现在失败是“天亡我，非战之罪也”。为了证明，他当时就去敌阵中杀了一个汉将。本想东渡乌江，觉得没脸见江东父老，自杀了。项羽的答案简单，他有本领战胜，但是天不要他胜，所以败了，根本不服刘邦、张良、韩信的十面埋伏，更不会认为这是对方预计的在淮河流域打最后决战的歼灭战，是古代的淮海战役。他不知“谁笑到最后才笑得最好”，不懂战争不是单打独斗，不是摔跤比赛，更想不到得政权以后该干什么。他失败了，还不知道怎么败的。刘邦和项羽完全不同。他对比双方，承认自己的本领并不出色，谋略不如张良，安定百姓、办理后勤不如萧何，指挥作战不如韩信，可是这三位“人杰”为他所用，他会用他们。项羽仅有一个范增是人才，还不能用。因此一胜一败了。这一段话里有很多意思。一是要有人才而且知道是什么才，二是人才要能充分发挥作用，作用要对己有利，对敌不利。话里还显示，用人才有先决条件。一是明确知己知彼。刘邦清楚知道自己在哪一方面不如哪一个人，包括敌人。他初拜韩信为大将谈论对敌战略时，韩信第一句话就问他自认为比项羽如何。刘邦承认不如项羽。然后韩信才对比双方说出自己的意见。两人随即决定攻楚的部署。他知道别人的长短，同时知道自己的长短，而且是客观的、现实的。二是以能达到目的的功能、效率为标准，不顾其他。这要求能克制自己的本性、习惯和感情。例如，韩信攻下齐国要自立为齐王时，刘邦大怒，刚骂出口，张良、陈平立刻踩他的脚。他马上明白过来，改口派张良送印去加封。这一套制胜法宝，他的儿子汉文帝学去了，按照另一种形势做另一种安排。到他的曾孙汉武帝更能发挥，不过由于地位已经稳定，做得未免露骨，心也太狠。以后的各代皇帝，会这样做的，成功；不会这样做的，失败。历史毫不客气。

其实，刘、项胜败的关键早在秦灭亡时，也就是鸿门宴前后，就定下了，正好证明刘邦的这一段话。那时项羽正在和秦军作主力决战。刘邦从另一路不攻打、不抢掠，只招降，直达京城。又赶上秦二世被赵高所杀，赵高又被秦孺子婴所杀，秦王投降不打了。刘邦的大军一进城，将官们都去抢财物，唯有萧何先入城“收丞相府图籍藏之”。他首先掌握了天下各地的地形、出产、户口等全面情况。刘邦一见秦宫的豪华，马上想住进去。樊哙劝他回军，不要住宫中，他不听。张良又劝。他才听从，回军，召集“诸县父老豪杰”，宣布约法三章。项羽打败并收降秦军随后赶来，听到消息，大怒。项军比刘军多了几倍。范增对项羽说，刘邦本来贪财好色，现在入关后什么也不要，是有大志，快打。于是有了鸿门宴。刘邦带着张良、樊哙等一百多人到鸿门见项羽。刘说自己也没想到能先入关破秦，劝项不要听小人挑拨。项告诉刘，是刘的部下某人说的，露出了底，把自己的内线帮手送给对方杀了。范增叫项庄舞剑要杀刘邦。张良叫樊哙带剑盾闯进来，一副拼命的样子。张良说，这是刘邦的随从。这当然吓不倒项羽。项赏樊哙酒肉。樊哙拔剑在盾上切肉，说：死都不怕，还怕酒？接着说了一番话。也许项羽只听进了一句：刘邦先破秦，入京，“毫毛不敢有所近”，还军霸上等候项羽。项羽先听范增说过，又听樊哙说，相信刘邦没抢财物，放心了。他本是为得财宝来的，说过“彼可取而代也”，是想当秦始皇第二的，没有解放人民建立新国家的打算，于是把民心又送给刘邦了。刘邦借故出来，带樊哙等四个人逃回本营。张良估计他快到了，就向项羽、范增各献玉器，报告刘邦已经回宫。范增把玉器扔在地上，说，夺项家天下的必是姓刘的了。可是项看不起刘，不以为意。他带兵“西屠咸阳，杀秦降王（孺）子婴，烧秦宫室，火三月不灭，收其货宝妇女而东。秦民大失望”。这个鸿门宴故事，司马迁在《史记》里写得有声有色，传诵千古。当时除项羽自己外，这几人里连范增都知道项不是刘的对手必败无疑了。关键人物正是刘邦说的三杰。只是韩信还没从楚军逃到汉军来，暂时是樊哙起作用。韩信一到，由萧何推荐，刘邦接受，这个政权核心结构便由四人组成了。

单就功能说，一个虚位的零对经济、政治、军事构成的三角形起控制作用。这个三是数学的群，不是组织、集体，是核心，不是单指顶尖。三角的三边互为函数。三个三角平面构成一个金字塔。顶上是一个零，空无所有，但零下构成的角度对三边都起作用。这些全是只管功能、效果，不问人是张三、李四。所谓“有德者居之。无德者失之”。德应当是指作用，不是指随标准变化的道德。秦始皇布置天下而没有建立这样的核心。李斯孤立而失败。项羽仅有一个范增，还不起作用，等于没有。他们不知道，刘邦不取秦宫财富，萧何却取了秦的最大的财富，统治天下的依据，全部图籍、档案，发挥了最大的作用。张良定计先据汉中，韩信筹划攻楚战略。三方全起作用，尚未得天下而已有取天下和治理天下的准备了。刘邦虽是零，无才无德，高居坚实的金字塔之上，就代表整个金字塔了。这个小金字塔高踞全国王、侯、太守等组成的官吏巨大金字塔之上，统治天下，难得的是他清楚知道这个奥妙，而且宣布出来，巩固下来，成为模式。例如一千多年后，李自成进北京，过了皇帝瘾，赶回西方老家去享福，是依照项羽的模式。多尔衮使范文程、洪承畴、吴三桂各自发挥作用，以汉制汉，入关得天下，是依照刘邦的模式。当然这些全不是他们有意抄袭的，是历史遵循自己的公式，不随任何个人意志为转移的。

从争天下到治理天下，一贯起主要作用的是萧何。他怎么能有这样的见识？因为他是县吏，是行政基层组织中的一员，留意并熟悉行政运作，知道文献是工作的保留依据，他又能看得懂，所以一举就得其要领。刘邦本是亭长，是行政基层组织的细胞，所以也明白这一套。连小说《水浒》里的宋江也是县吏。晁盖是保正，也是相当于刘邦的职位，行政细胞。吴用出谋划策，相当于张良。加上武将林冲，如同韩信。这个组合甚至身份都符合汉初模式。历史不会开玩笑，面孔冷冰冰，该怎么样就怎么样。谁想命令它变脸，办不到。它只看功能，不看人脸色。可是这个模式好像只适合夺取天下，对于长期安定治理天下不大管用。于是汉高祖死后，吕后闪电似的掌了权。陈平、周勃推翻吕氏，迎来二十三岁的刘恒做皇帝，就是汉文帝。在他的手里，政权最高层的小金字塔变成了另一种隐形运行枢轴。

不由人算

汉文帝在位二十三年，只活了四十六岁。他可是历史上承先启后的皇帝，不但在前后两个汉朝，而且在有皇帝的时期，都少不了他所经历并处理过的问题。看史书里的记载，他仿佛没有做过什么大事。有几年竟好像什么事也没做。据说他的指导思想是所谓黄、老思想，讲究无为，其实也就是孔子在《论语》里说的大舜的“无为而治”。儒者司马光显然不看重他。《资治通鉴》没记他多少功绩。不过那三卷多书倒像是一部很有趣的政治小说的提纲。他用轻松的方式应付严重的问题，不像他的孙子汉武帝那样喜欢铺张、夸耀、“好大喜功”。一开始关于去不去京城做皇帝的一幕就是生动的戏剧性场面。他一登基就派带来的两个亲信掌握要害部门，可是这二人以后没有飞黄腾达，他避免了任用私人的嫌疑，第一年他迅速动手对付两位功臣元老，陈平和周勃。这可不仅是对付两个不好对付的人，而是改变前辈创业的核心结构，一点不动声色就形成大权独揽。然后他一步一步解决军事、外交、内政、经济的重大问题，使秦始皇留下的摊子大大发挥作用，同时也给后世留下了不断出现的几个难解问题。

汉文帝任命新大臣，批准陈平的意见，让周勃为第一首相（右丞相），陈平为第二首相（左丞相）。随后向全国发布第一道诏书，废除家属连坐法，有罪只处罚本人。臣下请立太子，他又再三谦让，说出一些道理，最后才依从建议立太子刘启（汉景帝）。“母以子贵”，立太子母窦氏为皇后。这位也是信黄、老的。她有两个弟弟，小时被卖，这时出来认姐姐。大臣怕又出吕后，找可靠的人陪他们住。他们也没做官。接着下诏书，救济穷苦人，八十岁、九十岁以上老人也得到赏赐。有人献千里马，皇帝不受，下诏书说，他不受任何献礼。于是他显出一副不会独断专行任用亲信的老好人形象。大臣放心了，百姓高兴了，他的地位稳了，需要权来巩固地位了。

无为不是无所作为。皇帝熟悉情况以后就动手了。有一天，他问首相，天下的司法和国家的财政情况。周勃一无所知，急得出汗。他又问陈平。这位本是很有心计的谋士，先听到问题时心中已有准备，立刻回答：司法由廷尉管，财政由治粟内史管，请陛下问他们。皇帝毫不客气，追问：事情都有人管，你管什么？陈平不慌不忙回答说：陛下命我做宰相，是要求我协助天子，上理阴阳，下遂万物，外抚四夷，内亲百姓，使各官尽职。皇帝说，很好。这个“很好”不仅是说答得好，而且是说，问题就这样解决了。既然一个说不知道，一个说管不着，大权只能由皇帝独自掌握了。三言两语，取得全权。果然，周勃听人劝告，交上相印。无人接替，只剩下挂名宰相的陈平了。从此三公成为名誉职位，后来竟像替罪羊，往往下狱自杀（规定宰相不上刑场），以至有人知道要做宰相就连忙再三辞谢不敢当了。第一次黄、老思想显示出高效率。刘邦创立的三角形的直线变曲线，角没有了，成为圆圈，是零的符号代表皇帝了。

第二件大事随着来，新皇帝更显出他的才干。秦始皇平定南方时，设桂林、象郡，由史禄开通湘桂运河，便利来往。北方人赵佗在那里任官。秦亡，赵兼并各郡，自立为南越（粤）王。汉高祖派陆贾去加封，说服他称臣作藩属。吕后断绝贸易，不给牲畜、铁器。赵佗宣布独立称帝。这时常攻打长沙等地。汉文帝决定给赵修祖坟，找来并优待他的本家兄弟，仍派陆贾做使者带一封信去，信中一开头就说："朕，高皇帝侧室之子也。"一句话就和吕后划清了界限，说自己是封赵佗为王的汉高祖的儿子，与吕后无关，而且自称为朕，是派赵佗去南方的秦始皇规定的皇帝自称，表明身份。信里说明已经优待他的兄弟（实际是作为人质），也不愿开战，因为以大攻小，"得王之地，不足以为大，得王之财，小足以为富"，死许多人是"得一亡十"（表示战则必胜）。现在允许南越自治。可是一国有了两个皇帝，所以派使者去，但愿双方"分弃前恶"，一切照旧。话说得非常谦卑，又不失皇帝身份，给足了对方面子。含义是，摆出情况，是战，是和，你瞧着办吧，就看你的了。重要的是，使者正是上次封他为王，让他知道不能与汉为敌的辩士陆贾。因此陆贾一到，"南越王恐，顿首谢罪"，宣布取消皇帝称号，回信开头自称"蛮夷大长老夫臣佗"，地位降低，只剩下"倚老卖老"了。信中声明过去是不得已，"今陛下幸哀怜"，从此"改号不敢为帝"了。南越照旧是中国的一部分。不用兵戈，得到统一，黄、老思想又一次显示出高效率。一封不像皇帝口气的表面温和的信，不提任何要求条件，竟能使对方害怕服输，仿佛是最后通牒，成为名文流传，足见古时文章的难懂的妙处，意在言外。当然必须有许多条件配合，才能强而示之以弱，用谦逊掩盖高傲，使对方不敢"敬酒不吃吃罚酒"，才得成功，不会成为笑柄。

显然，指导汉文帝行为的黄、老思想里含有效率观念，重视功能，喜功而不好大，务实而不求名，少投入而多回报。这正是司马迁的父亲司马谈总结道德家时所说的“事少而功多”，也是《论语》里的孔子所重视的“举一反三”和“闻一知十”，是从价值交换中得来的计算盈亏、本利的考虑，是孔子门徒精通货殖的子贡所擅长的经营要点。它的对立面是“不谋其利”、“不计其功”，不惜用一切代价，不懂劳动价值，滥用人力资源，憎恶“奇技淫巧”，喜欢包装、排场、大屋顶、肥皂泡。

这些（还有对内，例如周勃、淮南王。对外，例如匈奴）巩固政权、皇权的大事的处理成功不必多说，需要提出的是由汉文帝开始直到后代多少年也难以解决的大问题。

第一就是如何选用人才，发挥功能，使皇帝轴心有效运行。汉文帝试行几项办法。他亲自提拔有能干名声的官吏，由他们的推荐招来平民做官。第一位这样出身的名人是二十来岁的年轻人贾谊，既有文才，又有见识，可惜有的建议难实行。将这一方式制度化便是要求天下各地官员举“贤良方正”到朝廷来量才录用。后来这成为一项可用可不用的措施，到清朝初期还变名为“博学鸿词”实行过。从汉武帝起，皇帝对举荐上来的人进行考试（策问），后代演变为科举，最后和皇帝制度一同终结。还有“上书”向皇帝提意见一条路。上书人多半是官，汉武帝时也有些出身微贱的平民上书奏事而做大官。可是这些还没有解决真正难题。“孤家、寡人”需要亲近助手，实际是隐形的稳定核心。能干的皇帝如文帝、武帝会灵活运用周围的起这类作用的人，无能的就不行了，非有不可。于是他身边能干的人自然会发挥有效功能了。首先是后妃。无人可信，只得用妻妾了。汉文帝的皇后窦氏在儿子汉景帝时就出面干预政治了。后妃中起非常大的作用的前有汉朝吕后，后有唐朝武则天，清朝慈禧太后。女的不出面，她的家里人会出来，就是所谓外戚。汉文帝时还不显眼，汉武帝时就露头了，外戚王莽出来掌权篡位，前汉亡了。另一类近侍是太监，他们在后汉公然出面，结束了刘家的王朝。明朝的几位太监更出名。清末也有。这个隐形的核心很厉害，能使天下官民逃不出网罗。最著名的太监是明朝的魏忠贤。他的工具是操生杀大权的东厂、锦衣卫。秦二世皇帝用的赵高也是宦官，即太监。这核心是皇帝权力的支柱，又是一个王朝的送终者。皇帝换了家族，这一套戏剧迟早要重演。这个坚强稳固的权力核心像不倒翁一样维持中国的帝王专制长期不变。核心散而复聚，天下分久必合。历史是只管功能不问善恶的。这个核心是个常数。但里面的人是变量。

第二大问题是在经济方面，即农业和商业的矛盾。农业（种植、畜牧）是食物的来源，商业是工业的延长，当时叫作本与末。从商鞅起，政策是重本轻末，但做的事往往是压抑本而为末开路。种地的越来越穷，活不下去，跟人造反。做生意的挨骂，社会地位低，可是发财，生活好。贵族、官僚、地主、阔人少不了他们的奢侈品供应，双方通气甚至互兼。汉文帝时，贾谊建议重农，积粮，说，“今背本而趋末者甚众”，非常危险，应当使民归农，“使天下

（人）各食其力”。皇帝采纳了，就在即位第二年春下诏“开籍田”，皇帝“亲耕”，象征他是第一个种地的。这个有名无实的表演传下来，到清朝末年北京还有“先农坛”，只怕皇帝从来没到过，更不用说耕地了。当年秋天文帝又下诏劝农，“赐天下民今年田租之半”，以后还屡有减租的事。可见皇帝确实想广积粮，备战、备荒，可是仍不见效，历史是只管功能，不问意图的。到第十二年，晁错提出意见，对比说农民和商贾的贫和富情况极明白动人。

> 农夫五口之家，其服役者不下二人，其能耕者不过百亩。百亩之收不过百石……勤苦如此尚复被水旱之灾，急政暴赋，赋敛不时，朝令而暮改。……于是有卖田宅、鬻妻子以偿责（债）者矣。而商贾……无农夫之苦，有阡陌之得，因其富厚，交通（来往、勾结）王侯。……此商人所以兼并农人，农人所以流亡者也。

他提的“使民务农”的办法是“贵粟”，就是富人纳粟可得官爵、免罪，贫民可减赋税，“损有余，补不足”。他又补充说明：先得的粟可供边防军粮，军粮够支五年时就纳粟交郡县，归地方用。郡县够用一年以上时“可时赦，勿收农民租”。这就是说，要钱找富人，别找穷人。皇帝听从他，下诏劝农，又“赐农民今年租税之半”。可是效果仍旧不大。大概是富人有法使要出的钱转嫁到穷人那里去。农业上不去不能说是农业技术问题。从文献、文物看，那时技术已有进步。但是那标准的五口之家，吃不饱还能投资养耕牛、换工具？能源只靠人力，就多生男劳力。人口加，地不加，更穷。好技术节约劳力，多余的人得往外跑，成为流民。他们想不出合作、联营，想到也做不到，做到也做不久。能用新技术的只能是兼并小农的豪强。他们的土地规模大，能投资，能雇人，但要纳粟得官名，需要花钱交结官府，而且人力资源无穷尽，比畜力好使又便宜，由于种种原因，看来富商、官商对推广新技术未必有兴趣，不肯多投入。而且经济生活里总有一个可说是边际效用限制，再加上超经济掠夺的因素，即使对象是古代经济也不容易简单理解。汉文帝在去世前几年又下诏说，连年粮荒，民食不足，列出许多原因、问题，要群臣、首相、列侯、地方官、博士，大家讨论，提建议。总而言之，这个问题，两千年前汉文帝解决不了，后代也看不出有谁解决得好。从秦、汉起，农业在长吁短叹哭泣中前进。商品、市场、城市在挨打受骂中发展。历史不管人的道德、感情，走的道路好像是种种圆锥曲线，要想了解恐怕需要数学，但不知是什么方程式。

第三大问题是工业问题，又是金融问题，还有不知道是什么的问题。从秦起，盐、铁、铜钱都是官办的，但实际上由于需要越来越大，产地越来越广等情况，成为官员管理，民间承包，仿佛是特殊的公私合营事业，出现无数大小弊病。直到清朝末年，盐官、盐商还有钱有势。炼铁业类似。汉武帝的儿子昭帝时有一次关于经济政策的大辩论，记录的书名叫《盐铁论》。铜钱即货币，一开始就具备价值尺度、交换中介、流通工具、储存手段等功能，是财富的标志，当然应归公家即政府掌握。秦始皇统一币制，通用半两钱。汉高祖嫌重（实际是需要钱），改为五分钱（可以少用铜多铸钱）。钱太轻，太多，马上通货膨胀，“物价腾涌，米至（一）石（米要价一）万钱”。汉文帝五年改造为四铢钱，“除盗铸钱令，使民得自铸”。贾谊、贾山反对，皇帝不听。结果是，得宠的大夫邓通受赐铜山铸钱，吴王的国境内有铜山铸钱，又有海水煮盐，两人都成了大富翁。“于是吴、邓钱布天下”。原来所谓民营仍是官营，不过不是政府而是个人。货币量扩大表示市场需要增加，市场扩大表示商品的交换、流通兴旺，消费和生产互相促进，是良性循环。但是这对农业生产好像关系不大，本末颠倒。不过对于城市和王朝的兴衰，市场是否景气有决定性的作用。这要看商品、货币的功能能不能得到发挥。《汉书》说，汉初朝廷穷，压抑商人，吕后时才松弛。这说明秦始皇的有利于商品流通的各项建设起了作用，商人不穷。到文、景时有七十多年，“府库余资财，京师之钱累巨万，贯朽而不可校（没法数）。太仓之粟陈陈相因，充溢露积于外，至腐败不可食”。富足了，可是问题来了。钱、粮堆在仓库里，不能发挥功能，等于废物。必须使市场交换正常运转，消费和生产互相促进。于是汉武帝时豪华、铺张、高消费，而且对外扩张，派张骞去中亚探路，又打通西南夷，还开拓由番禺（广州）南下的海道，使对外贸易热闹非凡，这些都不仅是可能而且有必要了。汉文帝节约，汉武帝奢侈，是必然的，前人积蓄给后人浪费，向来如此。这样虽然能维持繁荣，但农业不能同步发展，内外市场上充斥的主要是奢侈品，出口的也是锦绣等高价工艺品，穷人买不起，内需容易萎缩，再生产不能扩大。这虽然算不上泡沫，也像大屋顶的基础不牢固，盛极而衰几乎是必然的。后来王莽以“新”为国名而复古倒退，前汉就由衰而亡了。不过问题没有解决，历史仍旧沿着由数字信息组成的种种曲线，向商品、货币、市场可以充分发挥功能（包括促进农业）的更加扩大的一统目标前进，但任何一国、一地区若企图独霸这个不可捉摸的世界市场，那是妄想。

历史确实是数学，虽是人所创造，却不知道人的感情爱憎和道德善恶，只按照自己的隐秘公式运行。历史前面挂着从前城隍庙里的一块匾，上写着四个大字：“不由人算。”

一九九九年

所谓传统就是现在中的过去，未来中的现在。

秦始皇构建了大帝国的框架，组装了硬件。汉武帝确定了大帝国的中枢运作机制，加上了软件。

并非“戏说”

弘农郡（河南灵宝）有一处地方名叫柏谷，开了一家客店。一天晚上忽然来了一群人投宿，为首的是一位十八九岁的青年，器宇轩昂，还带着兵器。店主人疑心他们是盗贼，暗地约了一些青年人，准备捕捉他们。他们要饮料也不给，说，没有水，只有尿。主妇看情形不对，对主人说，不可冒失。我看这不是平常人。为首的人相貌和神气都很特别，又有兵器准备，你不要闯祸。主人不听，主妇把他灌醉了捆起来。约来的人都散了，主妇杀鸡做饭待客又道歉。第二天，客人走了。没过多少天，官府来人带这一对夫妇到京城见朝廷，他们才知道，那为首的青年客人是当今皇帝。

皇帝下诏：店主妇，奖赏黄金千斤。店主人，用做羽林郎，在近卫军里效力。

皇帝的赏罚是树威立信，不必说理由。说到做到，不讲空话，更没有谎话。若是说了不算，言行不一致，那就是“不信则不威”。威权、权威，没有信，少了威，权也要成为问题了。重要的不是道理，是效果，是对以后的影响。

这皇帝不是清朝的康熙、乾隆，是两千多年前的汉武帝。这故事也不是小说、电视剧，是历史，记在号称从不说谎的宋朝司马光亲手主编的《资治通鉴》里。从汉到宋约一千年，从宋到现在又差不多一千年，两千年了，还像新鲜故事，像是什么《施公案》或者新武侠小说，或者竟是关于什么大官深入民间考察的报道。到了“天高皇帝远”的时候，主要人物换成清官、侠客，皇帝私访成为“戏说”了，不过模式没变。这里面的社会心理可不就是传统？中国老百姓一心盼的是天下太平，出现好皇帝、清官、侠客来打抱不平，为民除害，几千年不变。由此可见，历来社会上公平很少，强暴居多。人民求的是平，公。

汉武帝刘彻十六岁继承帝位，以后将他登基那一年定为建元元年（公元前一四〇年）。从此各朝代皇帝都有了年号，一直到清朝末代皇帝溥仪的宣统三年（一九一一年）。上面说的是刘彻当皇帝初期的事。这可以说是他亲自直接从民间选拔人才。拥护他的人有赏，看错了，把他当作匪人，想要害他的人也用，放在军队里管起来，以观后效。可见在他初登宝座后就开始注意人才的选拔和任用了。不过这一次他的本意不是访人，只是顺带发现了民间可用之才。他常常夜间带随从出去，自称平阳侯，在田野间打猎，糟蹋庄稼，受到百姓号呼辱骂。有一次还几乎被地方官抓去，由于显示御用物品，表明是特殊人物，才没出事。他常常这样在民间惹事，觉得不方便，于是沿路修行宫，后来扩大建立占广大土地的上林苑，引起一位奇人东方朔自称“罪当万死”，说这样做有三不可。皇帝就派他做太中大夫，赏赐黄金百斤，留他侍候在身边。皇帝打猎喜欢亲自追逐猛兽，又引出文人司马相如劝他不要冒险。皇帝也说好，夸奖他。可是照旧修上林苑，打猎，还让司马相如作《上林赋》。这两位都是皇帝登基不久就“招选天下文学材智之士”时，从上书论时事得失的“以千数”的人中选出来的。他们的任务就是写文章，陪皇帝谈话，还得提不同意见，甚至说皇帝有错，就是所谓“讽谏”。皇帝对他们“以俳优蓄之”，作为艺人，有赏赐，但是“不任以事”，很少任用。有的人有职有权了，多半没有好下场。例如那位打柴，读书，休妻，做官，又被写进戏曲演到现在的朱买臣就是一个。史官司马迁为投降敌人的李陵说话求情而受刑还保留官职著述，又是一个。他自己也说是“主上所戏弄，倡优所蓄，而流俗之所轻也”。文人受流俗轻视，有流传下来的名文可证：楚国宋玉的《答楚王问》、西汉东方朔的《答客难》、扬雄的《解嘲》、东汉班固的《答宾戏》（俱见《文选》）、唐韩愈的《进学解》（见《古文观止》）。韩愈“不顾流俗”，“收召后学”，当老师，作《师说》，结果是“犯笑侮”，“得狂名”，因为“今之世不闻有师。有，辄哗笑之，以为狂人”。（见柳宗元《答韦中立论师道书》，选入王力主编的《古代汉语》。）二十世纪六七十年代的反老师，反“师道尊严”不是“史无前例”，破“四旧”，反传统，恰恰相反，正是继承千余年以上的旧传统。

命令地方官举荐“贤良”是从汉文帝时（公元前一七八年）开始的。到汉武帝即位头一年就下诏要求“举贤良方正直言极谏之士”。皇帝亲自“策问”，要求“对策”。问的题目是“古今治道”。原先就是博士的董仲舒作长篇大论答题，最后归结到“《春秋》大一统（以一统为大，尊一统）”，提议“诸不在六艺之科、孔子之术者，皆绝其道，勿使并进”。丞相卫绾上奏章说，所举的“贤良”中有讲申（不害）、商（鞅）、韩（非）、苏（秦）、张（仪）学说（后来所谓法家、纵横家）“乱国政者”，“请皆罢”，一律斥退。有学者讲理论，又有大官提建议，皇帝批准了。可是这不过是以后的“贤良”作应考文章都得引孔子语录作为指导而已。所谓儒术，意义模糊，皇帝喜欢的儒恐怕主要是尊一统，尊天子，定尊卑的言论。丞相只否定论实际政治的法家、纵横家，不提“黄（帝）、老（子）”，也还是得罪了爱好“黄、老”的朝廷，其中就有太皇太后。丞相卫绾随即被罢免。升官的又是几个好讲儒的。有个赵绾建议修“明堂”，还推荐他的老师申公。皇帝便派使者，备礼物和车马去迎接他。他到京城见天子时，天子问他“治乱之事”。他答：为治不在多言，只看“力行”。皇帝正在爱好文辞，听了便不作声，看他已有八十多岁，请来了，只好给个官做，让他去议论“明堂”、“巡狩”之类的事。哪知他的这位学生儒者赵绾胆大，讲忠不讲孝，竟敢去管不悦儒术的太皇太后，请皇帝不要事事请示这位老祖母太后，落得自己下狱自杀还连累别人。丞相、太尉同被罢免，申公也回家去了。这样的事在一千几百年后的清朝末年，康有为又照样演了一次，让光绪皇帝得罪慈禧太后，闹出政变，闯了大祸。汉朝的少年登基的刘彻可精明得多，不犯这类错误。那位崇尚老子的太皇太后认为“儒者文多质少”，也就是言多行少，要用“不言而躬行的”。这倒好像是和儒者申公的话相仿。可见那时对儒、老的了解和后来的不全相同。不过儒生往往爱谈论时务，又不识时务，这倒是古今相通的。

汉武帝即位时离汉高祖建国（公元前二〇六年）已有六十五年。经过吕后、文帝、景帝的统治，需要巩固大帝国的政权，治国者要有周朝初年周公制礼那样的创新精神和才能。秦始皇用武力统一六国，创下大帝国的规模和政权，建立了金字塔式的，由最高的皇帝层层控制到最下层郡县的政权统治的结构，但是缺少可持续的运行机制。事实证明，用武力可以夺取政权，单凭武力不能长期巩固政权。陈胜就是军人，在军中起义推翻秦朝。由汉文帝、景帝的历史经验，可知政权的力量出于人。人是活的，制度是死的，由人而变化。必须有一套选人用人的机制。文帝开始了选（拔）举（荐）、策问（考试）的试验。武帝大加发扬。地方官举荐，本人自己也可以上书皇帝，都由皇帝亲自面试、选用。元朔元年下诏说，地方官不举荐“贤良”的有罪。举荐的不合格，或是举了坏人，当然也有罪。这样的选拔、举荐、征召、考试、上书献策自荐，然后由最高峰皇帝钦定去取，从汉武帝开始，到孙中山主张设考试院，形式虽有变化，制度模式早已成为传统。十九世纪英国统治印度时居然学习中国，设立印度文官（I. C. S.）考试制度。其目的就是培养代理人。据说当时英国议员麦考莱说过对殖民地任用当地官员的理想要求：人不是英国人，但是思想、言论、行为都是英国式。不过英国仿效的仅仅是那种统一塑造人才的模式。汉武帝的这一创举，集合了周文王访姜尚以来的成功和失败的历史经验，又经过他几十年的亲自实验，包含着很多内容，决不仅仅是科举考试。后来的统治者也不是个个完全懂得和运用其中的种种奥妙。他们也有适应新情况的新形式，但精神照旧。例如：秦设博士官，汉继续，收博士弟子办太学，一直传到清朝的国子监，但这些虽有时繁荣，学生多，仍不能算是培养人才的机构，而是特殊衙门，博士是官。办教育从来就不是政府的职能。政府的任务是定方向引导、管理、监督，以及主持考试定去取。至于选拔、任用文武官吏也不是只靠科举这一条“正途”。做官的道路多得很，朝廷用人的方式复杂多变，状元宰相很少。

得到官府选拔，朝廷征召，照说是好事，可是也不一定。有名文《陈情表》为例。作者李密，西晋人，曾在蜀汉做官。到晋朝又被推荐、征召。他不去，上了这一篇“表”，讲道理，带感情，用的是古时的大白话，不是骈偶体，成为流传下来的名篇。唐太宗主编的《晋书》将此文收在李密的传里。《文选》、《古文观止》、《古代汉语》都选了。现引其中叙述举荐、征召的一段如下：

前太守臣逵，察臣孝廉。后刺史臣，荣举臣秀才。臣以供养无主，辞不赴命。诏书特下，拜臣郎中。寻蒙国恩，除臣洗马。猥以微贱，当侍东宫，非臣陨首所能上报。臣具以表闻，辞不就职。诏书切峻，责臣逋慢。郡县逼迫，催臣上道。州司临门，急于星火。臣欲奉诏奔驰，则刘（祖母）病日笃；欲苟顺私情，则告诉不许。臣之进退，实为狼狈。

这哪里是请客？分明是抓人。地方官举荐，可以辞。皇帝要人，赏官做，又怕嫌官小，随即升官，要去侍候太子。还能抗拒吗？实在是狼狈。于是作出了这一篇《表》。先扣大帽子。“伏惟圣朝以孝治天下”。晋朝篡魏，不能提倡忠，只能号召孝。说自己是为了尽孝，离不开祖母。而且“臣密今年四十有四。祖母刘今年九十有六”。还有，“刘日薄西山，气息奄奄，人命危浅，朝不虑夕”。祖母活不久了。再说，“臣少事伪朝，历职郎署，本图宦达，不矜名节。今臣亡国贱俘，至微至陋……”声明自己知道身份是俘虏，不讲守节，赏官一定去做。请皇帝放心。这一番话竟使朝廷放过了他。皇帝说他孝。《晋书》把他列入“孝友”一类。现在看来，他的真心也许是怕这时自己名气太大，朝廷希望过高，侍候太子实在太危险，过些时，火候低了，再说。果然，他在祖母死后去就职，就不那么受重视，不久便离开太子去做地方官，再以后因有人揭发他口出怨言，被免职回家了。西晋终于由于“八王之乱”争王位而亡国。大文豪陆机只因被一王重用做大官，以后被处死。他为司马王朝殉葬，实在冤枉、可惜。李密仿佛是有先见之明。这《表》不仅文章好，效果更好，成为名篇并非偶然。

这样，在科举、考试以外，加上推荐、征召，真好像是要网罗人才，一个不漏了。可是漏网的大有人在。从汉朝征“贤良”、“孝廉”、“秀才”到清朝征“博学鸿词”，总有逃避不肯应征的。这些人到哪里去了？远自传说中的许由和《论语》里记的孔子时代的隐士起，到清乾隆时作《儒林外史》的吴敬梓不应征“博学鸿词”，连秀才也不做了，跑到南京去挨饿，受穷，有各种各样的人物。有逃名的，当然也有像姜太公、诸葛亮那样终于被请出来做大官的。还有考不取的人才，如作《聊斋志异》的蒲松龄，另有各种出路。出格的就作了吴用，帮助宋江造反。这里讲的都是文人，武将另案办理，情况不同。总而言之，要想把真正人才一网打尽，好难哪。

秦始皇建造了有阶梯的官僚金字塔。汉武帝布下了搜尽天下士的大网。合成为周朝比不上的大帝国的稳固结构，历时两千多年，断裂后还能重建。这是世界历史上称得上大帝国的国家都比不起的。不过这个塔和网所用的材料不是砖石，是人，而且从成分到整体都是随时有变化的。操作者是“孤家”、“寡人”，独一无二的皇帝，加上不可信赖又不得不信赖的后妃、太监、外戚、同族本家、大臣。如何使机构运转对帝、对国有利，是不好说、不可说、不便说、不能说甚至是说不出的。这叫作“运用之妙、存乎一心”。用得好，国兴。用不好，国亡。当然这是从帝一方面看国的。换一个参照系、价值观，例如从各种阶层的老百姓方面看，评价就不一样了。讲理论，很难。中国人讲道理的习惯不是几何证题式，而像代数方程式，常用比喻作为理由，有种种花样。还是把行为当作语言来观察、印证，由事见人，由语言见思想，比较方便。现在看汉武帝的中枢机制，谈谈那时的三位大臣。

三人行

有个汲黯，上辈世代做官，武帝即位时，他已是在皇帝身边供差遣的官，是崇尚黄、老而不喜儒的人。皇帝派他出差。他回来后报告：远处相攻是当地习俗，不必天子派人过问，所以他走了一半路，了解情况后就回来了。近处失火也不是大事，不必忧虑。可是路上看到有一万多家遭灾荒，出现了人吃人，这才是大事。来不及请示，就“持节”（节是皇帝给使者的信物）传旨开仓放粮救济贫民。现在上缴回“节”，请治罪。皇帝认为他做得对，免罪，派做地方官。他学黄、老，清静，无为，着重选用人才和处理大事，不苟求小节。过一年多，地方大治。于是召回，官列于“九卿”。他不拘礼，当面指责人，对皇帝也一样，“犯主之颜色”。东方朔也“直谏”，但“观上（皇帝）颜色”，所以不得罪。皇帝招纳儒者，又说“吾欲”这样、那样。汲黯说：“陛下内多欲而外施仁义，奈何欲效唐（尧）虞（舜）之治乎。”这等于说皇帝学儒做不到或者是假的。于是“上怒，变色而罢朝”。真生气了，可是并没有降罪。后来还说，古时有“社稷之臣”（能保天下安定的大臣），像汲黯这样也就差不多了。皇帝对别的大臣不讲礼貌，对汲黯是不戴帽子不见，来不及戴就躲进帷中，叫人去传旨照准。汲黯说儒是“怀诈饰智”讨好“人主”，说讲法的“刀笔吏”是“深文巧诋”陷害人。皇帝不喜欢他，终于罢了官。几年以后又用他做地方官。他想留在朝廷，说自己有病，不能办地方上事务。皇帝说，那地方难治理，你可以“卧而治之”。过十年，他死在任上。到后代，他的名字成为直言敢谏的大臣的代号。唐朝杜甫有诗句：“今日朝廷须汲黯。”其实，有汲黯而没有汉武帝，恐怕也不会有好结果。

同时又有个公孙弘，年过四十才学《春秋》杂说，算是儒生。汉武帝初即位招贤良文学时，他已经六十岁，被征为博士。派他到匈奴去当使者。他回来报告不合皇帝的心意，被认为无能。他便辞职回家了。过一些年，又一次招贤良文学。地方上又举他，他不肯再去。地方上的人很坚决，他勉强去应考对策。题目很大，问天文、地理、人事，如何达到上古时的“至治”。他的答卷开头就说，后来不如上古是因为“末世”“其上不正，遇民不信”，随后说了一条条治道。对策的有一百多人。评卷的将他列为下等。可是皇帝一看考卷，提拔做第一名，当面见他“容貌甚丽”，又“拜为博士”。他上奏说，周公治天下一年变，三年化，五年定。皇帝问他自认为才能比周公谁贤。他说，不敢比，但是一年变，他觉得还是慢。朝廷会议时，他只讲个起头，“使人主自择，不肯面折庭争”。他早年做过狱吏，所以熟悉“文、法、吏事”，而又“缘饰以儒术”，很快升官。和汲黯一同见皇帝时，他总是让汲黯先说意见，自己随后讲（不用说是已经看出了皇帝的脸色），常得到听从。大官商量好共同提意见，到皇帝面前以后，他顺着皇帝意思就背约反了原来的提议。汲黯当面质问他，本来是共同的建议，他现在背约，“不忠”（不守信）。皇帝问他，是不是这样。他说：“知臣者以臣为忠。不知臣者以臣为不忠。”皇帝认为他说得对。因为他说的意思是，他只对皇帝一人忠，对别人就不必忠。汲黯说：公孙弘“位在三公”，做了高官，“俸禄甚多”，而家里用布被，这是欺诈。皇帝问他。他说，“确是这样。在‘九卿’中跟我最好的是汲黯。今天他当着朝廷问我这话，真是‘中弘之病’，说得很对，这是钓名。不过我听说，管仲在齐国当宰相，很奢侈，齐国称霸。晏婴也当齐国宰相，很俭朴，齐国也强了。我现在的情况是这样。若没有汲黯忠心，陛下怎么听得到这样的话？”皇帝听了更认为他好。他不但很快当上宰相，而且破例封侯。他做宰相到八十岁逝世。《史记》说他是“外宽内深”，对于得罪他的人，他表面上仍旧和好，以后有机会就报复。杀主父偃，贬董仲舒，都是他的力量。

还有一个张汤，本是小吏出身，一直升官到司法部门（廷尉）。这时，皇帝重视“文学（文章、经典的学问）”。他“决大狱，欲傅（附会）古义”，就请“博士弟子”一起研究《尚书》、《春秋》。看出犯人是皇帝想要定罪的，他就派严厉的人去审问，是皇帝想要释放的，他就派宽厚的人去审问。他治狱虽严而对待宾客和朋友好，又“依于文学之士”，所以丞相公孙弘屡次称赞他。后来他的下属“三长史”联合告发他泄露朝廷机密，使商人囤积货物从中获利与他分享。于是皇帝派人审问他。他不服。又派他的同事去对他说：“你治人罪，害死多少人了？天子是要你自己处理。你还辩什么？”他便上奏说是“三长史”陷害他，然后自杀。随后查他家产，所值“不过五百金”，证明他是酷吏，但不是贪官，正像清朝末年刘鹗的小说《老残游记》里所描写的清官那样。和他同时代的司马迁也是把他写入《酷吏列传》。他死后，家属打算厚葬。但他的母亲不肯，说他是大臣，被人说坏话害死了，还要厚葬干什么？于是薄葬，像穷人一样。这话传到皇帝耳边。皇帝说“非此母不生此子”，有这样的母亲才有这样的儿子。于是杀了那三个长史，连丞相也自杀了。又用他的儿子张安世做官。这个儿子很能干，官越做越大，封侯，连下一代也做官。以后代代是侯，做高官，直到王莽灭西汉后还保留爵位。到东汉光武帝时，张汤的后代仍做到大官而且另封侯。张家被称为汉朝显赫门第，世家。

以上说了汉武帝的三个大臣，不是筛选出来的，是随机取样得来的，资料也不过出于《史记》、《通鉴》、《汉书》，但由此可以窥探汉武帝怎么主持朝廷中枢机制的运转。至于地方官僚机制和武将的任免，那就比较复杂而且汉武帝时还没有来得及立下传统模式，不能涉及了。

先看这三人怎么做上朝廷大官的，也就是他们的出身、经历。

汲黯是世代在朝为官，仿佛贵族或专业传家。张汤是父亲为吏，他也本来是小吏，由大官推荐，凭能力升官的。公孙弘是早年为吏，四十岁以后改学《春秋》为儒，六十岁得到地方官荐举，应召对策当博士，不中皇帝的意而辞官回家，过十年又重复一次，被推举去报考，忽然得到皇帝赏识做上高官。这三人的三条道路恰好是后来两千年一直存在的：家传、提升、特选。这和秦以前主要靠血统、游说、推荐不大一样，到后代已成为模式，留下轨迹了。

再看他们做大官的结果。汲黯不断对皇帝发出不中听的言论，惹得皇帝生气，甚至当时退朝，虽未降罪，最后仍因小罪免官当了几年老百姓。皇帝由于民间私铸伪钱币不好办又想到他，找他来，派他去做地方官。他不去，说是有病，愿意留在朝廷。皇帝大概知道他是想继续对皇帝提意见，就说，地方的事难治理，有病可以“卧而治之”。他做了十年太守，死在任上。他死后，皇帝让他的弟弟、儿子、外甥都做了高官。张汤自杀后子孙代代为官，成为一大家族。公孙弘的儿子做官得罪被免去官爵。到朝廷封功臣后代时才有后人得封“关内侯”。看来三人的结果都还算好，不过只能代表一方面。另一方面，抄家灭族的高官可能更多。汲黯谏过武帝，说他又好求贤，又好杀人才。皇帝笑他是傻瓜，不知道人才是杀不完的。

再看他们的政治思想来源和派别，真实的和标榜的都算。汲黯是学“黄、老”的。这是当时的风气。汉武帝好神仙，求长生，也许就是学黄帝。说他尊儒不过是指定考试用的经典、学说和太学的教本。汉初，书很少，古书多尚未写成定本，只有儒生各派传授自己的经典。他们在齐、鲁的传统没断。鲁儒读古书以外还讲《礼》，靠言传身教（见《史记·孔子世家》中“太史公曰”，参看《儒林列传》，孔子后代抱礼器找起义的陈胜）。那时习惯把这一类叫作“文、学”，是讲究文章、书本、字句的学问。另有当时习惯叫作“文、法”的，是指修订、解释律令文字和审判、定罪的学问。有这类本领的官吏被叫作“刀笔吏”。张汤学的是这一种，他参加制定律令。不过他也请博士讲《春秋》，利用古义，因为朝廷（皇帝）正在重视“文、学”。公孙弘本来做过狱吏，因罪免职。后来学儒，一再受推荐成为博士，得到皇帝赏识。汲黯极力反对这两人，可见他是依据“黄、老”的政治思想处在对立面。那时的“老”不等于后来所谓道家和道教的《老子》。“儒”也和宋、元及以后说的不大一样。朱熹在他的《四书集注》末尾引程颐说程颢的话，“千载无真儒”，把汉儒都赶出门外，公孙弘当然不免要算是伪儒了。《论语》里一再说“无为”。例如：“无为而治者，其舜也欤！”（《卫灵公》章）又多次称赞“隐者”、“逸民”（《微子》章中最多）。孔、老在前汉初似乎还是“通家”，到后汉末年，孔融这样说就成为“典故”流传了（见《后汉书·孔融传》）。除《老子》外，现在没有“黄、老”的经典。从汲黯的言行看，不像后来所谓道家，和同时期的司马谈（司马迁的父亲）所说的六家学说里的“道德”一家也不很相同（见《史记·太史公自序》）。笼统说，外国哲学不离神学，中国哲学不离政治思想，而中国的政治是很难明白讲出来的，所以对于这三人的思想还是少说为妙，说也说不清楚，连他们自己也不见得了了。古代中国不像外国。欧洲、印度和中亚的哲学多与宗教相关，有教会、教派背景，壁垒森严。中国若说有宗教，那就是“皇帝教”，一统天下的教，天下太平的教，只能有一不能有二的教。这是从朝廷到民间的，渗透各方面的，普遍思想信仰。这一思想仿佛是起源于孔子作《春秋》，在实践中创始的是秦始皇，建立并完成的是汉武帝，一直传下来，成为帝国的精神支柱。这是不是“黄、老”的“黄”，“黄帝教”？也就是齐国公羊高传下来的《春秋》大义？难说。

再看这三个人在朝廷中枢里所起的作用，也就是在汉武帝指挥运转枢轴的机制中的职能。汲黯的特色是在朝廷上公开讲“怪话”，批评大臣甚至皇帝，居然真是“言者无罪”。有一次皇帝生气竟当场退朝也没有给他治罪。起先曾经派他做地方官，他不去。调任中枢，他才就职。后来还是出去做地方官，然后再次入朝廷。到末尾，他被免职居家以后，又派他去做地方官。他说有病，想不到能再见皇帝，愿意留在皇帝身边，明显是仍想继续尽原来的职责，发表不同意见。可是皇帝不让他留下。他治理地方很有成绩，只掌握大权，管大事不管小事，可见他的抱负。皇帝和他一样，大事自己拿主意，不能由他做主，所以只让他说话，不让他决策。这便开创了一个发言提意见而不负责任的职能和官位，就是谏官，也叫“言官”。官名常变。后代称为御史或是“拾遗”、“补阙”（缺），找遗漏，补缺陷，负责监察官吏，直到对皇帝提意见。历史上真向皇帝进谏的官很少而且往往得罪，惹祸，所以汲黯就成为稀罕的标本了。《史记》作者司马迁和他属于同一时期。《史记》（《汉书》同）里记的他的发言都是在朝廷公开说的，最后一次也是传到皇帝那里发表了的，可以相信为档案材料。他是名副其实的“言官”。

张汤是管刑事律法有贡献的。中国的法律是刑法，着重的是前例。清朝的法典是《大清律例》。《红楼梦》中贾探春代管大观园时也必须依照王熙凤定下的先例办事。说“史无前例”，那就等于说可以为所欲为了。

公孙弘当宰相好像无所建树，因为他只照皇帝的意志办事，于是成为“言听计从”。仅在外事和边防方面他有一点不同意见，不过头一次碰钉子罢官，以后就不表示意见了。公孙弘当宰相，名为总管，实是遵照皇帝旨意的最高级办事员。这三位参与中枢最高决策的大官的职能，用现代话说，正好是监察、司法、行政。十八世纪法国孟德斯鸠所主张的三权都有了，只是缺少议院的立法权，也管不住帝王的钱口袋，仅仅有议员的发言权。汲黯不过是英国下议院中的“国王（女王）陛下的反对党”的议员。无论执政党或者反对党都属于帝王。反对党是国王（或说是选民）派来监督执政党的，职能是挑政策的毛病，提对立的政见和监察官吏。史书记载的汲黯的发言就是这样。

古代中国有没有立法权？当然有，不过只能属于圣人。古圣人是孔子，立的法是《春秋·公羊传》，条文和案例俱全。当今圣人是天子，圣旨就是法律，“言出法随”。《汉书·食货志》里说：“自公孙弘以《春秋》之义绳臣下，取汉相，张汤以峻文决理为廷尉，于是见、知之法生而废、格、沮、诽、穷治之狱用矣。”这里明白说是这两人合作定下了法，礼法、刑法。“知、见”是说，知道、见到犯罪的而不举报就有罪，沮（阻止）以至于诽（谤）命令的都要“穷治”，就是一查到底，一个也不放过。接着说，“其明年”淮南王和衡山王谋反的大狱的结果是受连累“死者数万人”。由此可见，近代的三权那时虽然具备两个半，但汲黯的小半权起不了多少作用。可是究竟立下了有监察职能的官断断续续一直到清朝。这个职能若是消亡，那个王朝也就离结束不远了。西汉在武帝以后就是例证。这样的中枢机制是历史上其他帝国少有的，也许是从秦、汉起的这个大帝国能够独存两千年的因素之一吧。汉武帝不喜欢汲黯在身边，可是从不降罪，显然是保留一个“言官”，给他发言的权利，但不给他实行他的意见的权力，有宽容之名而无采纳之实，有利无弊。这当然不是说，汉武帝已经能明确分别权利和权力，有了比现在有的人更好的对于权的二重性的超前认识，只是说他有远见，能在最高中枢决策机制里设立监察职能而已。

再从指导思想方面看这三人。用后代说法，公孙弘是儒家，张汤是法家，汲黯是“黄、老”即道家。不过《汉书·食货志》是从经济论到政治的大文章，其中明显是把标榜儒和法的二人，公孙弘和张汤，合说的，意思是，汉高祖宣布“父老苦秦苛法”因而只立“约法三章”，从这二人起又有苛法酷刑了。两人本来是吏，利用儒作为门面。可是他们利用的《春秋》是史，怎么又是法呢？其实孟子早已说过了。“孔子成《春秋》而乱臣贼子惧”，又说，“《春秋》

天子之事也”（俱见《滕文公》章）。可见他们和孟子同样是把《春秋》作为立法加案例的书。这是西汉的注重经典字句以外的“公羊学”。董仲舒讲“灾异”，夹杂阴阳家，是另一种“公羊学”。公孙弘用以“取（得到）汉相”的“《春秋》大义”主要是尊天子，攘夷狄，“尊王攘夷”，也就是严君臣之分，重内外之别，严办内、外的反、叛。可是王莽以后出了问题。从东汉末年起，可能是由于土地迅速沙漠化，北边和西边的匈奴等民族或向西去，或向内地移民。于是东晋有“五胡十六国”，接下去是南北朝，非汉族统治北方。隋、唐仍民族杂居。五代十国里非汉族不仅称王而且被认为是一个朝代，其中还有“儿皇帝”。宋、辽、金、西夏时多国并立，汉族没有统一天下。元、明、清三朝是蒙、汉、满三族“轮流坐庄”。“攘夷”是汉族立场的说法，长期一直不好说，不但“公羊学”衰落，从蒙元朝起，“五经”的地位也不如“四书”，不是本本都人人必读了。清朝道光年间，龚定庵（自珍）再倡“公羊学”，那是因为有了新的“夷”，英、法、俄等国来侵，非攘不可了。至于“尊王”也有问题。《春秋》尊的王是天子。西周天子不过是“共主”，东周的更加有名无实。战国公羊高讲《春秋》传到西汉盛行，适应秦皇、汉武两位“货真价实”的皇帝的帝国需要。可是以后的天子，除唐太宗、明成祖等少数汉人外就要数蒙古族人元世祖和清王朝一代的康熙、雍正、乾隆了。所以“尊王”也不大好讲。有意思的是，公羊高虽然长期不露面，他的“阴魂”一直不散，精神不朽。例子不远，义和团的“扶清灭洋”，“五四”以后国家主义派的“内除国贼，外抗强权”，“北伐”时期唱的“打倒列强，除军阀”，一脉相承，都是尊什么和攘什么，拥护什么和打倒什么，尽管内容、形式、语言多变，而思维模式和实际指向没变。自从春秋、战国以后，秦皇、汉武以来，由汉武帝和三位大臣的实例可以看出，不管叫作什么黄、老，儒、法、道，甚至中国化了的佛（法王、空王），“万变不离其宗”，思维路数来源基本上是《春秋·公羊传》：尊王、攘夷，“拨乱世，反诸正”，“大一统”，“为尊者讳，为亲者讳，为贤者讳”，“为中国讳”，人、我，善、恶，褒、贬，界限分明。照这一种说法，汉武帝时代不仅出现了超前的政权中枢机制，而且发展了一种政治指导思想持续下来，这是世界各帝国所少有的。罗马帝国第一代奥古斯都创立的拜皇帝教不成功。几代以后帝国就分裂、瓦解。东罗马（拜占庭）帝国历时虽长，也像中国的东周、南宋，不成为大帝国了。罗马大帝国亡后没有一次又一次恢复，不像中国。

汉武帝最后还留下了托孤一幕也成为后代模式，可是接下去的是一连串的朝廷的宫廷内部的夺权斗争，帝国中枢机制变换，帝国也开始走向衰亡了。

秦始皇确实是皇，汉武帝不愧为帝，公羊高是大宗师，可是他的隔代传人没有认他为原始掌门人，《春秋·公羊传》的地位至今也不崇高，尽管其中有些话和思想我们并不陌生。

一九九九年

诸葛亮「家训」

甲：大家都承认家庭教育的重要性。何妨谈谈古人的“家训”著作。这好像是中国特有的。

乙：不到一百年前，流行的是《朱子家训》。全名是《朱柏庐治家格言》。这位“朱子”是清朝初年人。《家训》开头是“黎明即起，洒扫庭除，要使内外整洁”。中间有两句传诵很广：一粟一饭，当思来处不易。一丝一缕，应念物力维艰。全篇教训是“勤、俭”二字。这篇文不知怎么没人提了。

甲：从前还有一部著名《家训》是北朝颜之推的《颜氏家训》。周作人在北京大学教“六朝散文”时讲过这本书。颜之推是南朝人在北朝做官，处于鲜卑胡人治下，不得不委曲求全，又想保持南方传统，有难言之隐。书中说到有人学习鲜卑语“伏侍公卿，无不宠爱”，但不愿子弟去学。正当此时，日本已占东北，将占华北，这书好像是给即将处于日本统治下的中国读书人作思想准备的。

乙：这本《家训》不好谈。从前流行的一部《家训》是《曾文正公家训》，是曾国藩写给两个儿子的家信，教他们怎么读书做人。

甲：曾国藩是个政治人物，戴上的帽子很多，更不好谈了。汉朝有个伏波将军马援。他有一封信教训子侄如何做人，说有两个人可为模范。一个是忠厚老实人，一个是才华外露的聪明人。他愿意子侄学习前一个，不愿他们学习后一个。他说，学出名的聪明人，学得不好就是“画虎不成反类犬”。学当忠厚老实人，安分守己，不得罪人，学得不好也是刻天鹅刻成了野鸭子，不比画虎像狗惹人笑话。这两句话流传很广，但不像他的豪言壮语“马革裹尸”的口气。

乙：马援也是问题人物，不好谈。我想起另一位名人的教诫儿子的信，可以谈谈。写信人是诸葛亮。信见于宋朝初年的类书《太平御览》，收入《集》中，大概是真的。不过一百字吧，很容易背下来。看起来容易懂，真想懂，又觉得不容易。信中的“淡泊明志”的话，引用的人不少。可是“淡泊”怎么就能“明志”？“明”的什么“志”？

甲：原文是“非淡泊无以明志”，说是只有淡泊才能明志，很肯定。下一句是“非宁静无以致远”。上文是“静以修身，俭以养德”，下文是“夫学须静也，才须学也，非学无以广才，非志无以成学”。句句字字都有很多涵义，懂已不易，要学着做就更难了。

乙：我记得信中最后六句话：“年与时驰，意与日去，遂成枯落，多不接世，悲守穷庐，将复何及！”可见他是主张“接世”，应世，用世，而不愿守着茅庐不出山的。依我看，曾国藩的《家训》大都是诸葛亮这封家信的发挥。教的是在家立志读书，准备的是将来应世，有所作为。

甲：说到应世接世，唐初的《北堂书钞》和宋初的《太平御览》都引过诸葛亮的一句话："吾心如秤，不能为人作轻重。"这恐怕和"淡泊"、"宁静"的道理一致。秤的表示轻重是客观的、独立的、自主的，不能为人所指挥，听人说是轻就轻，听人说是重就重。

乙：孔明先生是中国的大名人。《三国演义》、《三国志》加上《注》传播了他。杜甫和李商隐都有诗赞扬他，可见在唐朝他已经是"大名垂宇宙"了。但无论怎么变化，其核心未变。他的思想见于他的著作。《三国志》和唐初、宋初两部类书中的引文已经足够。这几篇可以算在理解中国人传统特色的文献之中。奇怪的是为什么不见有人钻研。读文献在精不在多。读通几篇不容易，因为需要广泛照应其他无数篇。例如诸葛亮说宁静才能致远，就可以想到武则天出宫当尼姑是她一生的转折点。她经过五年静修"反思"，再回到宫里就变成另外一个人。她学佛，学成了皇帝，奥妙在哪里？

甲：这人是挨骂的，不要谈下去，免惹麻烦。

乙：那就还是谈诸葛亮，听你的。

甲：历史上的和传说中的诸葛亮都是中国传统一大特色。他上承张良、韩信、萧何，将三人集于一身，下开或明或暗或好或坏学他的后代。我若说，非懂诸葛亮无以懂中国，行不行？

乙：我无法回答。

试说武则天

帝王将相才子佳人在荧屏和银幕上纷纷展现了。当年赶他们下台的原是他们一伙，不过是换了姓名称号装扮。现在改装的下场，正牌的自然重新上场了。帝王又兼佳人的更为突出。不仅最早的夺汉刘邦天下的皇后吕雉急欲出台，满清开国的和导致亡国的太后，孝庄和慈禧，已经再三露面。终于她们的最辉煌的前辈武则天出来演大轴戏了。电视剧已出，不止一部电影将出，一下子又出现了几部长篇小说，可惜我还都没看到。武则天，对我可说是老朋友了。大约在十岁前后我就念了骆宾王讨她的檄文。“性非和顺，地实寒微。”出身不好。“杀姊屠兄弑君鸩母。”真是可怕。那时我又看到了一本石印的小说，《武则天外史》之类。讲的是什么，许多话我都不懂，只知道，她是个女人，是美人，又很凶，不把男人当人。

从此一别三十几年，到五十年代中，忽然郭沫若写出话剧《武则天》，田汉写出京剧《谢瑶环》。看了这两出戏，我知道这是在“古为今用”即一切为我所用的思想指导下出来的。至于用来干什么，我不知道，也不想问。

一眨眼又是三十多年过去，眼见“一代女皇”被人炒得翻来覆去，我才想起这位疏远的老朋友。我所知不多，不能也不必去查书，只是老来无事，不免闲谈一番。

武女士实在是中华民族（不止是汉族）的复杂文化心理凝结的晶体。她是古代的，又是现代的，是女的，又是男的。她一生关键是在出宫入庙当尼姑“闭关”修行时。武媚娘，武才人，成为比丘尼，从此转变为皇后，皇帝，皇太后。随着她，出现了令人惊心动魄的，宫内宫外大大小小的，爱与怨的交织，爱和死的角逐。

武媚娘，本是皇宫才人，现在剃了头发，一身尼姑装，盘膝对着佛像，手敲木鱼，口诵佛号，偶然抬起半闭的双眼望那庄严的佛面。她一心修佛法，心如明镜。镜中影像有三个。一个是眼前的佛像，现在佛。一个是过去佛，是相貌堂堂的皇帝（太宗李世民），能文能武，能逼父造反，能杀兄杀弟，能降伏大臣和百姓，又能和才人宫女调笑。这是她最佩服最羡慕也可以说是最心爱的一座偶像。另一个是未来佛，是温文尔雅，心性慈祥，缺少决断，和蔼可亲的太子（高宗李治）。这是一个可爱的形象，不是可敬和可怕的，不如他父亲。太子是人的未来理想。皇帝是人的眼前现实。现在、过去、未来，三世佛在她心中来来去去。她心如明镜，可以将三者统一映出，然而她自己的影像是女人，一个被男人看不起受男人欺负侮辱的女人。

不知不觉一炷香已焚完。她站起身来才发现，身后站着一个和她一同入寺修行的宫女，手里捧着一卷黄纸，说，“这是新译出来的经，正在传抄，还不完全。我连经名都读不下来。请才人过目。”展开来，赫然是一道长题：

大佛顶如来密因修证了义诸菩萨万行首楞严经

媚娘顿时记起，在家里听说父亲有一部《首楞严三昧经》，还曾从一位禅师修习这种“三昧”禅定。后来又听皇帝（太宗）说过，和尚修禅要修到“三昧”，修“三昧”又要修到“首楞严三昧”。她问什么是“首楞严”。皇帝说就是“英雄步伐”（健行 surangama）。皇帝还说，有个和尚叫玄奘，到西天住了许多年，取佛经回来，聪明能干，知道东西极多，虽是出家人却留心世事，深通西域国情。叫他还俗做官，他不肯，便叫他译经，还亲自给他写了一篇《圣教序》。

宫女说：大家都说这经名为《楞严经》。

才人说：不对，应当是《首楞严经》。

黄卷，青灯，木鱼声歇，武才人，比丘尼，在照例“功课”以后，展开新得经卷。想不到一读之下万念涌来，如同进入千岩万壑别有洞天。原来经中说的是摩登伽女迷惑阿难和尚，要他犯淫戒。文殊师利菩萨奉佛命救出阿难，降伏，也就是度化，摩登伽女。她把经中咒语念了又念。随即闭目凝神再打起坐来。入定之时，念念起，念念灭。

一念是，释迦佛在菩提树下金刚座上为群魔包围骚扰。自己仿佛成为一个魔女迷恋佛又尽力想使佛也迷恋自己。佛的慈眉善目，忽然放出英雄形象，耀眼光芒如利箭钢刀，自己立刻身不由己，又仿佛是才人在皇帝面前俯伏。忽然觉悟。佛已入“首楞严三昧”，自己唯有同样修行，以“英雄步伐”前进，才能接近佛。

又一念出现《妙法莲华经》中的龙女。说变就变，当场化为男身成佛。自己是龙女。

再一念是在宫中读过的维摩诘居士所说的经。这是皇帝（太宗）曾经赞美的。他说，出家与在家，和尚与居士，一样能成道。经中有散花天女讲佛法。这位天女使男女身当场互换。所以女身和男身可以同是菩萨身。皇帝可以是神仙，也可以是菩萨。当时自己梦想成为在室内散花的天女，皇宫便是维摩诘的居室。有无边法力能和这位居士对答妙道的正是救阿难降摩登伽女的文殊。

又出现了在庙中读的《大方广佛华严经》。经中的善财童子“五十三参”，参拜“善知识”，得见观世音，是由文殊得到大智慧点化。自己也曾想成为善财童子，只是何处觅文殊？自己若是摩登伽女迷惑阿难，便可得到文殊的降伏和度化。魔女、龙女、散花天女、摩登伽女、善财童子，有什么不同？都可以得到佛法度化。庙宇和皇宫，男身和女身，有什么不同？以女对男可以同于以男对女。扰乱、迷惑可以化为皈依。降伏也是度化。有凶狠才有慈悲。必须以“英雄步伐”前进，进入“首楞严三昧”。

武才人恍然大悟。她是才人，成为尼姑，也可以是皇后，成为皇帝，可以慈悲如佛，也可以凶狠如魔。一心不乱，万念俱灰，刹那生灭，不复存在。蒲团上坐的是魔女，龙女，也是天女，是女，也是男。

眼前又出现了幼年见过的各种各样胡人，“长安市上酒家胡”。胡女从西域来，黑头发，异色的眼睛，雪白而微泛黄的肤色，修长的身材，无拘无束大大方方的笑语神态。魔女从西域来，也是胡女。自己为什么不是？

她从蒲团上站起来，已是中夜。步入中庭，抬头望见一轮明月，满天星斗。入紫微垣，当令文武百官如天上众星围我旋转。不入紫微垣，也当如天上明月，光辉压倒群星。女身要胜过男身。才人可成皇后，就是皇帝，杀人，救人，只要一句话，一个字。

她默念皇帝的《圣教序》。忽然明白，皇帝的这篇序讲的是和尚，又是道士，又是宰相，又是皇帝，实在是讲他的治国平天下降伏臣民的大道理。他作的《帝范》讲皇帝之形，这里才讲到皇帝之心。做给人家看的和自己心里想的不是一回事。这就是《序》中的“有象”和“无形”。想起皇帝当时的一言一行都是教自己怎么当皇帝。太子做了皇帝（高宗李治），自己若是皇后，一定要他续写一篇《圣教序记》。太子是未来佛。未来佛是弥勒。《圣教序》中说的和尚玄奘译弥勒为慈氏。才人难道不是慈氏？（武则天曾有尊号“慈氏越古”。）

一《序》，一《记》，都由大书法家褚遂良写字，刻上石碑，永存长安。武媚娘，才人，尼姑，皇后，金轮皇帝，则天皇太后，女身，男身，魔女，龙女，天女，一一过去了。至今存在的只有一尊佛像，一天星斗，一轮明月，两块石碑。一块是刻上《圣教序》的有字碑。另一块是据说立在武则天墓前的无字碑。

俱往矣！我心中的形象也同荧屏上的一样闪过去了。可惜看得见的没有一个像我所想的。我不是阿难，自然遇不上摩登伽女，更难得见到文殊师利。

一九九三年

九方子（又名《古今对话录》）

前篇

一　楔　子

古时伯乐善相马，他还推荐九方皋。这位九方先生相马不看性别和颜色，只看能不能“日行千里，夜行八百”。他的相法大概和伯乐的不一样。伯乐传下了《相马经》。没听说九方皋著书立说收徒弟。他是怎么相马的？可惜他没有作出一部《九方子》。

相人是不是也有伯乐和九方两派？外国有选美的。看那些什么地方“小姐”和“世界小姐”的照片也看不出特殊的美来。听说选美是要把美人身体一寸一寸量过，看是不是合乎标准。原来那是一寸一寸的标准美。不管全人？若是把瘦子赵飞燕、林黛玉当标准来量胖子杨玉环、薛宝钗，或者反过来，谁美谁不美？到底谁是标准？

伯乐的相马术可能是和选美一条道，是有规格，有依据的。是科学吧？九方先生好像有点邪门歪道，凭印象，凭眼力，不讲道理。可是相人才的好像是九方的门下不比伯乐的门下少。九方祖师是怎么传授的？是有道理讲不出口只能秘传吗？

记者近来忽然有幸遇见一位高人。他具备超级特异功能，不愿透露姓名，知道我的愿望，为我安排了一次访问。这是相隔两千五百年的古今对话吧？

九方先生可能因为年纪太大，不知是不能还是不愿，总不肯正面系统答复问题。东一句，西一句，记者也只好零星杂记下来，供读者有暇一览。

正是：九方相骏马，四海访奇人。

二

记者在一间通明而不见光源的石洞里见到九方皋先生。他戴着一顶高帽子掩盖挽在头顶上的发髻，坐在一块大石头上。双目炯炯有光，银髯飘拂胸前，身披一件非丝非麻的长袍。他面前有张石桌，上面刻着一副棋盘，两旁堆着黑白棋子。一见到我，清癯的脸上微露笑意。不等我问，他先问我："你是新闻记者吧？"

我大吃一惊，结结巴巴回问："老先生怎么会说现在的话，知道现在的事？"

他面转怒容，大喝一声反问我："你以为我这两千五百年是白死的吗?”

这更使我吃惊：“您，您，您老人家不是还活着吗?”

他更生气了。

“谁说我活着？你见过活两千五百岁不死的人吗?”脸色转为和蔼：“你们常说不死不活，我就是。死了，同活着一个样。活着，同死了一个样。这叫作两个一样。”到底是两千多岁的人，不发脾气，随即问我：“你想问什么?”

“我想请问关于二十一世纪的事。”

“什么？用那生在马槽死在十字架上的人的年纪来纪年？他比我年轻好几百岁呢。你们这样‘西化’，连数目字也化成西方符号。我的这个‘九’字不许改。‘中’国也不许化成‘西’国。”

“我想问的是世界的未来大势。”

“什么未来？不是现在吗？从我活的时候说，你们的现在就是我的未来。所以我的过去也是你们的未来。”说着，他拿起一枚棋子往棋盘中心一放，说：“七国争雄，三分天下，这是我的未来，也是你们的未来。过去就是未来。”

正是：棋心立一子，鼎足话三分。

三

前文说九方先生在棋盘中心放下一枚棋子。这时我才看出棋盘纵横各十九道，共三百六十一个交叉点，是和后世一样的棋盘。这位老先生真够现代化的。我顾不得谈棋，忙问他："先生的话我不懂，请多谈几句。"

"我那时天下分为九州。你们现在有几州？"

"现在说是七大洲。"

"这不是七国吗？伯乐兄把我引出来给秦国找到一匹好马。我反而受到一顿嘲笑，赶忙躲起来。不料后来竟有冒充列子的人给我传名，闹得我再也不敢出头。这种人你们现在叫作记者。我实在怕你们。你所说的七洲都有你们这种人，无事找事，专喜欢给人传名，好名坏名也分不清。"

我不管他发牢骚，照旧提问题："请问三分是什么意思？"

"这一百年间地上连打两次大仗，还要打第三次。打出了什么？前一百年是英吉利的天下，好比齐国。两次大战把他打垮了，挥舞着胜利的旗子退下去。美利坚上来了。人家打仗，他占便宜，自以为了不起，好比楚国。真正厉害的是秦国，全国成为兵马，兵马一统天下。我若不给那位秦穆公找到好马，他能懂马，会用马，能得天下吗？"

我看话要扯开，连忙插嘴："请问现在秦国在哪里？"

"在二十一世纪。这是照你们的说法。美国有个身体。英国剩个脑袋。两个拼凑起来。一个姓邱的给一个姓罗的出主意。这叫'合纵'，对付秦国。西边有个威廉谋划先霸欧洲再打天下。东边有个明治谋划先霸亚洲再打天下。这两个娃娃不懂马。谁能成事，要看谁能找到我。"

正是：三家争骏足，一语定乾坤。

四

前文说到九方先生谈英美和德日三分天下。他今古不分，以今为古。我连忙提醒他，问他是不是说欧美亚好比齐楚秦。

“你说的什么？我那时战国七雄还未出现。天下是五大块。东齐、西秦、南楚、北晋，中间有周王和一些弱国，徒有虚名。后来晋国分裂。北方的燕、赵、韩、魏都不争气，所以成为三分。你知道那些国为什么不成气候？就是因为没找到好马。有好马也埋没了。”

我明白了。他念念不忘自己的专长和得意之作，必须随时拉他回到本题。可是拉不回来。

“好马在西北，然而有马无人。人都成了泥人，样子威武，不中用。东南缺马有人。东齐在恒公和管仲时又富又强，靠山傍海。不料出了个不肖子弟景公，爱马，收罗了几千匹。他死后又叫几百匹马跟他死。爱马而不懂马，把马当玩意儿，摆样子，装门面，从此齐国完了。没马又没人，富强长不了。楚国打不过秦国，从西往东跑，到了淮河一带，有了人。原先伍员、文种、范蠡都是楚人往东跑去吴越。这时吴越徐淮都成为楚国。照九州说是徐州。这一带出了陈胜、吴广、项羽、刘邦，一路往西打，打到西北，得到好马，天下成为楚人的。刘邦怎么得天下？有人又有马。项羽只有一匹乌骓马，只能当霸王，不能当天子。他那匹马在我眼中还算不得第一。他打了天下还自号西楚霸王，只记得楚国老家，太小气了。”

“老先生说的楚国是不是美利坚？”

“什么？美利坚？花旗？那是齐国吧？有马无人，靠外国来客。秦国逐客，留下李斯。那是一匹好马。秦二世杀他，所以亡国。刘邦这小子懂马又懂人，收下了不成材的韩信。你知道韩信跟萧何、刘邦谈的什么，让他们一下子就拜穷要饭的当大将？”

正是：一谈知国士，三角见天心。

五

两千五百岁的九方皋老人将我说得昏头昏脑，不懂他说的到底是什么。我还没有问韩信对萧何、刘邦讲什么，他接着便说：“你们喜欢讲什么诸葛亮。他对刘备讲了什么让刘备那么相信他有才干？那篇《隆中对》记录不全。里面埋伏了什么？天下三分谁看不出来？曹操、孙权互不相下，你刘备还想分一份，那当然只好三分了。马有四条腿都会跑，怎么知道跑得快慢？”

“正要请教。”

“什么叫马？什么叫人？齐国国王变了姓田的，收罗了不少名流学者去高谈阔论。不到一百年，亡国了。齐宣王聚人好比齐景公聚马。这两个宝物都不如秦穆公——”

我知道他又要提自己了，赶快打断。

“请讲讲韩信、诸葛亮讲了什么要紧的话？”

“那时没有你们现在的能偷听的玩意儿，我怎么知道？我是问你。你连这点门道都没有，还来访问我，会观神望气相马的九方皋？哈哈！”

他见我不作声，自己说了：“告诉你吧，他们讲的是马。”

我几乎不能相信自己的耳朵。是不是老先生思想不能集中？可是他不等我问，又问我：“千里马有什么用？秦穆公为什么要找千里马？伯乐为什么又举荐我？他要千里马去干什么？伯乐知道。我也知道。所以韩信也知道。诸葛亮也知道。唯有你不知道，白白过了两千多年。你还是个什么新闻记者，连旧闻都不明白。古时的马你都不懂，还想懂未来的人？未来还要看马，知道不知道？”紧接着又说：“千里马就是跑得快，懂不懂？不是跳，不是飞，是跑，一步一步脚踏实地地跑，明白吗？老实说，我不是相千里马的。可你连什么是千里马都不懂。真叫我生气。”

正是：有马行千里，无人听一言。

六

我访问九方皋。他出了一个又一个问题考我。我答不出又挨了一顿批评。这还没完，他又问：“你来访问我，我是什么人？”

“您是相马专家，胜过伯乐。”

“错了。伯乐才是你说的那种人。他的相马本领天下第一，古今第一，没有能胜过他的。我和他不是同行，所以他才举荐我。”

"您老先生不是去给秦穆公找千里马的吗?"

"你又错了。千里马是你们的说法。秦穆公要的不是那一种。他问伯乐有没有徒弟后代,说伯乐老了。伯乐懂得他的意思,回答说后人都是一般相马的,没有胜过自己的。这样他也蒙混不过去,有危险。知道吗?他年纪大了,没用了,又有人接班,还要他干什么?所以他把我推出来,让我冒这个险。他成为第二名,就不怕了。我和他是好朋友,没办法,只得出山。过了三个月,给那位王爷找到了一匹他所要的'天下之马',救了伯乐。我问你:那三个月我干些什么?为什么三个月,不多不少,就能找到?找到了,为什么我自己不牵回来,要王爷另派人去?我说的马的骊黄和牝牡都不对,去的人怎么知道是那匹马?为什么他牵马回来才试出果然是一匹所谓天下之马?这时我到哪里去了?为什么从此我无影无踪在这间石室里过了两千五百多年才见你?又为什么肯见你?还有,我一见你便看出你是新闻记者。你一见我怎么知道我是你要见的人?"

他这一连串的问题直问得我无言可对。

"好了。传说我是见所见而不见所不见。这是什么意思?是不是废话?你是相反,见所不见,不见所见。回去吧。好好学学。你能当新闻记者,不能当旧闻记者。"

我的第一次访问九方皋就此结束。是成功?是失败?能不能再去?再去还能问出什么?这就说不准了。

正是:古事多疑问,世间有解人。

后篇

一

九方皋访问记发表以后，记者以为再也不会见到他老人家了。不料有一天我正在暖融融的春季太阳下打盹，忽然发现自己又到了那间石室，又见九方老人端坐在石头上。一切照旧，只是有一样不同。九方子头上生出了两只弯弯的羊角。

这次他变得客气了。开口便说："我邀请你来采访。你认识我吗?"

"您是两千五百岁的九方皋老先生。"

"不对。我是作《公羊传》的公羊高。你不见我头上有两只角?"

我大吃一惊。他明明是长了角的九方皋，没错。

"午马年我是相马的九方。未羊年我自然是公羊了。时光真快，一转眼我年轻了不止一百岁。年纪真不饶人啊。"

他越来越年轻还叹气。马年相马，羊年成公羊，那猴年呢?

"到申猴年我当然成为孙悟空。这还用问?"他立刻知道了我的心思。

我又想，到酉鸡年、戌狗年他变什么？没问出口，他就答复。

"我不是年年变的。我没有变。九方皋、公羊高、孙悟空本是一个人。这个，你没法懂。你想不到我给秦穆公找的天下之马就是公羊高讲的大一统，也就是孙悟空保唐僧取来的真经。佛经是幌子，掩盖着真经。唐僧回国送给皇帝一本《大唐西域记》，这不是天下吗？孙悟空天宫海底南海西天都到，不比天下还大吗？”

“您讲天下三分，您也是诸葛亮？”

他忽然发怒，说：“诸葛亮算什么？他是个官迷。自比管仲、乐毅，只是称霸一方的货色。齐桓公九合诸侯不过是当各国会盟时的主席。会一散，谁也不听他的了。他算什么天下之马？更不是公羊。天下滔滔都跟着母羊走，只知见羊就拜，不分公母，还自命是九方的后代。九方相的马是天下之马。这些人连一方之马也不认识。齐国有些乌七八糟的羊叫声，你们说是百家争鸣。其实没有百家，只有两家，一是我公羊高，一是穀梁赤。我问你：马怎么变成羊？怎么分别公羊母羊？”

正是：一席谈今古，千秋论马羊。

二

公羊高，也就是九方皋，见我答不出为何马变为羊，也不生气，叹口气说：“这也难怪。你们喜欢给死人做寿，可就是不给真正的祖师爷做寿。当然这也符合他的教导，不做就是做。他算来该有二千二百二十岁了吧？那年是庚午，马年，秦始皇正当时。过了十年，他统一了天下。又过十年，他得了病。第二年，皇帝是秦二世。你们的祖师爷便把长了角的叫作马了。从此原来叫作鹿的就成为马了。你们现在还有逐鹿中原的说法。那鹿就是我给秦国找到的天下之马。以后我成为公羊高，没人找我相马了。”

我明白了，但不服气，问他为什么要把千秋唾骂的赵高说成祖师爷。

“这还用问？白马非马，传不下来。指鹿为马，千秋不断。你们的《百家姓》透露了消息。第一位赵，就是赵高。第二位钱，有钱走遍天下，无钱寸步难行。第三位孙，是孙悟空，七十二变。第四位李，是李老君。他讲一句话就可以有不知多少种说法，怎么说，怎么有理。他讲无为也就是无不为。你们像念咒一样唱赵钱孙李。那才是真经。”

“请问您老人家怎么这样重视指鹿为马？”

“这一句话奥妙无穷。你说是鹿，就是反对他。你说是马，就是说假话，可以利用，但不可信任。你说不知道，那是装糊涂，心怀鬼胎，更要不得。你不说话，必定另有想法，有阴谋，腹诽。一句话把所有的人都测出原形来了。真了不起。我问你，你知不知道马年在你们那里出了一件大事，那是什么？”

“是不是中东战火？那已经过了年了。”

“庚午年还没有过，还是马年。这一年最大的事，配得上那位祖师爷的生辰的，是三毛之死。这一生一死，马便成羊了。”

正是：鹿马羊三变，赵钱孙一家。

三

九方皋——公羊高说马年大事是三毛之死，我实在不能明白，他便自己解说："孙悟空脑后有三根救命毫毛，这就是三毛。三毛救不了命，不是大事吗？到猴年我成为孙悟空，靠什么救命呢？三毛活着和别的毛没有什么大不同，一死就轰动，从鸿毛变成泰山了。我再问你：你来采访什么？"

我觉得不是我采访他，是他采访我了。他又说："我当年讲《春秋》课，开口说大一统，末尾说拨乱世反诸正，中间讲的是内中国，外夷狄，对不对？"

"我学的正是这样。"

"你们不读我的书，不懂，多年被一个姓左的引得不停向左转。《春秋》从隐公开始，历史就是从隐开始的。秦穆公要我找天下之马。那是他的隐语。我拖延了三个月才告诉他千里马就是百里奚，卖价要五张羊皮。我说过就躲起来，怕被杀。后来秦对商鞅、李斯都是用完了就杀掉。韩非不该作书。有了他的书，还要他这个人干什么？百里胜千里，不急着为秦得天下，用处没耗尽，所以不被杀。"

"韩信和诸葛亮呢？怎么被重用的？"

"韩信给刘邦出的主意是分兵给他去抄后路消耗敌人兵力，最后合起来包围项羽。不过这很危险。韩信有兵有地就自封齐王。只有刘邦敢用他。刘邦是豁达大度。能豁出去是豁达。又非得全天下不过瘾是大度。韩信只想当个齐王，所以刘邦不怕他。诸葛亮劝刘备的是明对敌人暗算自家人。刘家的荆州、益州可以不用兵就得到。家里事外人管不着。曹兵让孙兵去对付。这些人全是赵高祖师的门下。我在讲书时给三千年以后留下两句话。你知道是哪两句?”

“不是大一统和拨乱反正吗?”

“错了。是陨石于宋五和六鹢退飞过宋都。”

正是：纵横谈五六，今古贯三千。

四

九方公羊子说他留下的两句话是，陨石于宋五和六鹢退飞。这使我大惑不解。他自然看得出来，便接下去说：“这是我和齐国同乡孙武子以及鲁国同道穀梁兄共同商定的。孙说了九天之上九地之下。我和穀梁分别解说《春秋》的五石六鸟，指出眼见和耳闻以及数字先后语言顺序。这是隐语预言。两千多年过去，你们还未全懂。战争打到九天之上，天上掉下能炸裂的石头，现在你们知道了。可不懂九地之下是：知六鸟怎么退飞。要懂，还得等些年。九地之下不是深挖洞和什么地下试验。那只算刮地皮。九天必须配上九地才灵。你们不明白，因为你们对自己还不明白。不知人怎么知天地?”

“请多多指教。”

“我已经给你指出了赵高祖师。还有两位是一千几百年来无数人的祖师，五六百年前有部真经《三国演义》传授过。曹操和诸葛亮两位祖师各留下一句要诀。”

我连忙追问。他接着说：“曹操的要诀是从周文王学来的，要实权不要虚名。一定留着汉献帝当招牌。诸葛要诀是对人宽而对己严。”

“这是不是一忠一奸？”我问。

“诸葛派关羽在华容道放走曹操。这不是对人宽吗？不放曹操，谁能对付孙权？万不可让吴国捉住曹操杀掉。诸葛一斩马谡，二杀魏延，三气周瑜，这不是对自己人严厉吗？这三个人是万万留不得的。魏延要带兵出子午谷就是当韩信。要留下司马懿制曹。对魏延非杀不可。没有周瑜，吴仍能抗魏。有个周瑜，说不定这位赤壁之战的青年统帅会挺进中原代替老头曹操。哪里还有三分天下？让他病死最好，还可充好朋友吊孝。”

他这样说法有点古怪。不等我问，他又问我：“你们喜欢讲三角形。你懂得两角形吗？”

正是：三角忽成二，一人能化多。

五

九方公羊子说到两角，我实在不懂，只好请问是不是指直线。他一伸手把头上的两只角取了下来。原来是装在帽子上的，不是头上长出来的。他重又安好角，对我说：“这样的两角可戴可摘，是帽子，不稀奇。脸上的两眼不是各有两角吗？一张嘴不是也有两角吗？”

“头上的角和眼角嘴角和三角形的角不一样吧？”

“你们不是同音就通用吗？确实方便，一个字音可以讲成各种各样。这也是赵高祖师的遗产。比如我叫皋就是九方，叫高就是公羊，可不是赵祖师高。同音又同形，可是两个人。我找你来采访就是声明我作九方作公羊都可以，就是不姓赵，不当祖师。只怕你回去一说又正好说反。这是赵祖师教导了两千三百年的。好在你们都熟悉这一套。你若说我姓赵，大家都会想到是九方公羊冒充的。赵祖师决不会认我是本家。所以九方把黑马黄马公马母马讲错，别人照样能找到。因为秦人那时已经能懂这种话，所以后来能统一天下，出祖师。公羊留下三句话：所见异词，所闻异词，所传闻异词。这是我为你们指明以后另有个叫高的会传授鹿马妙诀。将来你的两角嘴一开一合会讲出什么异词来，我也不管了。”

我回答说：“九方公羊的话和鹿马相通，您不是祖师，是太老师。您的话我一定照传不误，但不担保别人会不会听成异词再说成异词。我初见时问您的话还请答复。在两千五百岁的阁下看来，今后世界会怎样？”

他把手向外一指。我回头一看，只见洞外纷纷如同下大雪。出洞抓起一把，片片都有个什么字，好像是谎字。再回头时，洞已不见，只有峭壁。忽听山崩地裂一声，一块巨大山石带着那个字从天上向我压下来。我一惊之下闭目等死。不料一阵和煦春风吹得十分舒服。睁眼时才知仍睡在暖融融的太阳光中。

正是：漫天撒怪雨，出洞失真人。

三访九方子

近来有些恍恍惚惚。自知没有修炼，不会“走火入魔”，可能是快成为“恍惚的人”了。恍惚之间竟又到了来过两次的光明石洞，又一次拜会了两千五百岁的九方皋老先生。这次可不是有意访问。

老前辈仍旧坐在那块大石头上，高冠宽带，银须飘拂，一见到我，开口便说：

“三次见面，可算得老朋友了。尽管岁数相差两千几百年，也是忘年交。以前我拒绝你访问，这次也不接受采访。只因你想到我，我就活过来了。死人活在活人的记忆上。这句话你想必知道?”

我知道不能由他随意闲谈，立刻打断他：

“那么老先生还是不肯回答我的关于未来世界的问题了?”

“怎么？谈过两次你还没明白过来？死人当然只能谈过去，可是过去就是现在，又是未来。三世是通连的，随处可断，又是任何处也不会断。谈来谈去还是千里马。”

“现在有了喷气式飞机，千里马只能赛跑，为体育或者游艺项目之用了。”

“那是伯乐兄所相的马。我从来不是找那种马的，所以赢得他说我是相马于牝牡骊黄之外。实际上我是相马于牝牡骊黄之内。内就是外，懂吗？”

“伯乐说您观察马时注意性别和毛色以外的别的特色。您老人家说的是相马要考察性别和毛色等等外表以内的内部特性，也就是马的本身，因此是你说在内而他说在外。你们两位一说外，一说内，其实是一回事。对不对？”

“不完全对，或者说，也对也不对。我和你谈过赵高祖师爷的指鹿为马，还记得吗？”

“我把鹿说成马。你若说是马，那么你不是说谎拍马，就是傻瓜不用头脑。你若说不是马，那是当面提不同意见，给我下不去。你若说又像是马又像是鹿，那你是滑头投机不说心里话。你若说可能不是马也不是鹿，那你是不负责任，装傻或是真傻。你若是一言不发，那你心中不知在想什么，包藏祸心，腹诽。你若说出一篇道理，说马和鹿不过是符号，说是什么就是什么。那你就是日本话的‘马鹿’（傻瓜）了。”

“你果然不愧为赵祖师的隔代弟子，深通鹿马哲学，知道人人都不可信赖而只可利用。可是你知道这和千里马的关系吗？”

“不懂。”

“在我那时代，日行千里的马就算快。现在最快的马是光是电，一眨眼就是多少万里，甚至不能用里计算。现在我说的千里马，不是给秦王找的百里奚那样的人而是物，是你们叫作电子计算机或者电脑的那种东西。”

“那和赵祖师的遗训说鹿是马有什么相干?”

“大有关系。现代千里马靠的是伏羲老祖宗画的乾坤阴阳二分法，也就是零和一或无和有的算学。可是从零到一之间的路很长，有许多不明不白的中间站。这几年有人把这类东西装进了算学或者你们叫作逻辑的玩艺儿里面，叫作什么模糊数学、模糊逻辑。其实不对，这不是模糊而是让模糊变准确。这玩艺儿钻进了所谓电脑，千里马又增加了功力。可是还差一步没有大跃进，大爆炸。这一步就是要能算出内就是外，鹿是马或马是鹿，零和一可以对换。这才合乎实际。所有计算都是依靠不变，实际上一切都在不停地变。一百年来不少人分析大自宇宙小到越分越细的微粒，发现都在变，从我们那一代经过两千几百年到你们这一代，进步就在于认得变，懂得变，我说的千里马的毛色、性别和找来的马不对号。千里马变成了百里奚，马成为人，做了大臣。内是外，鹿是马，人是物，零是一，都不停地在变。说了半天，你懂不懂?”

“太深奥了，不懂。”

“你是懂了装作不懂吧？从我算到你，两千几百年，一年年，一月月，白天夜晚出了多少事？中国有编年的历史书。书里记载，讲的多是好话，做的多是坏事。骑的是马，偏叫作鹿。年年打仗，叫作太平。不懂这个，怎么懂过去那些话，那些事，那些人，又怎么懂得现在，怎么懂得未来？中国人的说法、想法最切近实际，有意把变说成不变。你们不发挥自己的这种长处，使千里马真正再大跃进一步，难道这也要让给外国人，自己只夸耀祖宗？”

我觉得他越讲越玄，便打断他说：“我斗胆提一个不同意见。说零就是一和指鹿为马不同。不如说一可以无限接近零，但永远达不到。零好像是绝对零度。零是抽象的，但不是不存在。明天的千里马就是把一变成不断变化接近零。这更接近实际，可是现在办不到。先生以为如何？”

“好！秦王要强好战，现代战争更是比赛千里马的快跑。谁能先看清对方就能先发制人。然而我能使你看错，指鹿为马，那我就能后发制人。你堆积大量破坏物不过是炸毁你自己。你把自己当作了敌人。鹿比马快，可不是马。”

“老前辈中计了。这一次我没来采访却得到了最初访问的答案。两千五百岁的人果然能知道两千年以后的事。现在离两千年只有几年了。”

九方子似点头非点头，霎时不见。

我明白，我确实成为“恍惚的人”了。

一九九六年

秋菊·戴震

《秋菊打官司》，这个电影名字我乍一见就很不舒服，因为想起了七十年前的活人秋菊。

“秋菊”，这不是大家闺秀的名字，也不是平常农村妇女的名字。一百年以前差不多只有一种女子常起春兰秋菊这样的名字。这是可以买进卖出的货物的标签。我对秋菊能有记忆时她已经不叫这名字了。现在世界上只有我一个人知道这个女人叫过这名字。这电影使她突然“名”满天下，真是不幸。什么别的名字不好取？

记忆有时真是可恶的东西，需要时不来，不需要时偏会来。七十年过去了，完全忘记了的名字忽然在面前出现。我实在不愿意见到。电影我没看过，知道决不是她，不可能有丝毫相像，但是同名也不好。早已沉淀了的记忆为什么要浮起？死人为什么要复活？

她是在一个夏天早晨突然死的。我两三天前还见到她，好好的，毫无病容，怎么会来一个“暴症”，不及请医就咽气了呢？我匆忙赶去，一口没上漆的白木棺材停在廊下，半在堂中，半在堂外。她的六岁的女儿全身白色孝服跪在旁边哀哀哭泣。我走过去对棺材作了一个揖。除她女儿外没有一个人为她戴孝，行礼。没有人为她说话。没有人来吊唁。没有人来给她上香烛。棺前只有一堆纸钱灰在小瓦盆里。停灵一天就抬出去埋葬了。这是一个没有娘家的女人。我没有去送葬，知道除工人和她的女儿以外不会有人陪伴棺材走。是不是埋在她死去的丈夫坟边也不知道。那里有空地，但没有她睡的穴位。谁给她上坟？只有那女儿，又太小。推想她死时也不过是二十五岁左右吧。我知道她只比我大十来岁。

一见到棺材，我心中不知怎么冒出一个念头：她不会是含冤死去的吧？随即不再想。大家都说是“暴症”。过了这么多年，我已经超过八十岁了，经历了不少世事，回头一想，她实在死得不明不白。她女儿太小，什么也说不出。没有一个人追问情况。不关心，也知道那问不得，问谁去？

她极少说话，好像是不会说话的人。除对我以外，她不曾对人笑过。她没有对别人笑的权利。我十几岁时到她那里去，有时在她屋里伏在放梳妆匣的桌上看书。她站在我旁边，在我耳边轻轻说：“我要是能像你这样看书有多好。你教我认字吧。”不止一次她求我教她认字。我一次都没有回答一声好或是不好，只能对她笑笑。我知道这是办不到的，不能做的。她连穿花衣系红裙的权利都没有。尽管她对我更亲近些也不要紧，不会有人认为不好。我可以住在那里，睡在她的床上，让她单独在我身边。我们彼此习惯性的“授受不亲”。她来回只会说那么几句话，总是说她能像我就好了。她不敢说，假如她的女儿是像我这样的儿子就好了。但我知道她的心思。我只能是弟弟。她从来不敢叫我弟弟。这是身份，无法改变。我那时也知道，她要求识字，顶多不过是想看看唱本，也许只要认识《日用杂字》能记账就行。我不能教她，这当然是遗憾，可是怎么能想得到，假如她会记账也许就不会那样含冤负屈有口难言了呢？不过，即使她再多活些年，又会有什么幸福生活等待她过？何况识字又有什么好？知书识字就不会受冤枉了吗？

我说不出她是哪一省人，她没有特别口音。她的低低语声，对我讲话时似愁似喜的面容，离得太近时闻得到的头发上“刨花水”气味。她的衣着行走坐卧姿态，此时竟然越过七十年的距离出现在我面前，比荧屏银幕上还真切，是活人。当时我一点不觉得有什么，现在想来，她只有我这一个可以接近谈话不必顾忌的男的，对我自然和对别人完全不一样。我茫然不觉，不知怎么会在记忆里留下。她大概也不知道自己的心。毕竟是二十世纪初期的旧家庭中不识字不见世面不懂事不受重视的青年女性啊。她活着，有若无。她死了，怎么对我又无若有了呢？

看到电影名字，我竟在头脑里演出一幕幕电影。她的略带方形的脸庞，秀长的眉毛，明亮的眼神，端正的鼻梁，很少见到的忽向上忽向下微弯的嘴角，不是我的想象，是记忆。为什么这样的记忆到老年也还未丧失干净呢？我怀着不愉快的心情上床睡觉了。忘了秋菊吧。不料没忘记“打官司”。真秋菊是不会打官司的，只能死。

受屈的人谁能指望打官司呢?

忽然间我发现自己在一所庄严的厅堂之内。面前八仙桌上整整齐齐摆着一叠旧线装书，旁边坐着一位穿着长袍马褂背后拖着辫子年约半百的老先生。他不是我幼时见过的大哥，更不是我婴儿时见过的父亲。他用手向那部书一指，对我说:“这是我的书。”我一望，书上标签是《水经注》。他是清朝打扮，不会是作者郦道元。书是殿板形式，人是安徽口音，他必定是戴震。我连忙深深一揖，口称“是东原戴老前辈吧?”他微微一笑，说:“你已年过八十，我不过五十几岁（一七二四年一月至一七七七年），还是你年长呢。”我连忙说:“不敢，不敢当，老前辈已经是二百七十岁了，晚生何敢妄攀?”他又笑了一下，随即说:“我含冤两百载，无处打官司，难得今天两心感应，想到一起，能同你相见。状子不能写，问你几句话。请坐下。”我忙说:“晚生洗耳恭听。”他便慢腾腾说出一番话来。

“两百多年前我虽薄有名声，无奈科场失意，屡次会试不利。忽然纪晓岚（昀）老大人就任四库全书馆总裁，来函促我进京入馆。我在纪家教过家馆，有宾主之谊，不算生疏，却也没想到有这样的事。我到京后，他见面就说:‘先不要问怎么入馆，先回答我。你要答应我做两件事，一是校订《算经十书》，二是校出《水经注》。第二件尤其要紧，要先做，快做。你要昼夜从事，越早成书越好，而且一定要超出各家校本之上。现在有内库所藏《永乐大典》本可供你用。至于你怎么去校，那就不管。总之是要什么有什么。成功，万事大吉。不成功，连我也担承不起。明白吗？这不是我能做主的事。四库才开馆，又补进五个人，内中有两个是举人，一个就是你。另外三位都是进士。我想来想去，只有你，既学过算术，又作过《水地记》、《水经考》，又继赵一清、余萧客之后纂修过《直隶河渠水利书》，所以斗胆保举。不料立即获得恩准。简在帝心，好自为之吧。’如此一来，我只好竭尽全力，将库藏以及各地呈进的印本写本‘獭祭’。幸而我有原来的底子，不到一年就校完誊录上交，并且遵照纪大人之意，只说是依据《大典》本，其他一概不提。本来学问之道譬如积薪，后来居上，在下面的做垫底是自然之理。我问你，纪大人是贬去过边塞效力的，我只是个小小举人，有天大的胆子，几个百口之家，敢上冒天威犯欺君大罪？校本献上不久，纪大人喜形于色，告诉我，龙颜大悦，不仅要御制诗志喜，还传旨用武英殿新刻成的木活字赶紧排印出书，颁布天下，永为定本。我问你，这是纪大人能定下的事吗？天颜咫尺，馆中岂无人议论倾轧？纪大人和我仍能上邀天眷，难道是偶然的吗？此时我再去会试，又不利。不料御赐同进士出身，随同一体殿试，于是我中了进士成为翰林院庶吉士。真是天恩浩荡啊！”说着话，他站起身来以手加额。我也只得随着站起。

他坐下接着说：“这时纪大人对我说，‘你知道不久以前也有个庶吉士，散馆时受贬，放了知县。他不到任，从此不做官。这是谁？’我说是全祖望。纪大人说：‘不错。他忘不了自己先世，还在辑前朝史事，不能上体圣心，执迷不悟，所以失意。’这时我明白了。全祖望校《水经注》，赵一清接着他校成功了。两人都是浙江人。省里呈上校本稿要入四库。这怎么能容得？非压在下面不可。《算经》也是民间有了辑本，朝廷岂可没有？康熙时有《数理精蕴》，圣代岂可有缺？纪大人和我都明白，此乃天意，非人力也。就连我的《原善》及《孟子字义疏证》和纪大人的《阅微草堂笔记》都说理学杀人，也是上合天心的。圣朝正在倡导理学，若非仰体天心，我们斗胆也不敢这样公然著书立说。后人只看诏令、实录、官书、私记等表面文章，怎知天威莫测，宦途艰险，处处有难言之隐？即如大行皇帝（雍正）御制《大义觉迷录》，谕示各衙各学俱须备置，有不备者杀无赦。今上（乾隆）初登大宝便下诏销毁。各衙各学有敢留存者杀无赦。雷霆雨露交加，天色阴晴不定啊。可叹上天盈亏有定，予于此必靳于彼。我急欲成书，又恐惧遇祸，兢兢业业，心力交瘁。虽福运降临，天眷有加，而寿算遂促。入馆不满五年便辞人世。谁知不过百年，后人读全、赵校本竟以后世目光窥测，不明前代因由，加罪于我，责我吞没。我有冤无处诉，打官司无可告之人。即令我敢诉讼，阴阳两界也都不会受理。抑郁多年，想不到今天你忽为秋菊弱女子呼冤。心灵感应，所以我们相见，使我得一吐为快，消除胸中块垒，何幸如之。你没有忘记的那位秋菊佳人听说是丰神依旧。她生前未出口呼冤，死后仍坚守沉默，无心打官司，因此不能和你相会。好在你不久即将来和我们同处一界。不过阴界并非仙界，不能随意来往会晤谈话，另有规矩。阴阳隔绝……”话未说完，戴老前辈忽然不见。

我醒来一身大汗，只见屋中微微有光，不知来源是天上月亮还是地上灯火。

一九九三年四月

孔乙己外传

引子

孔乙己，何人也？《外传》，何书也？狗尾续貂欤？抑东施效颦耶？传其归来，传其托梦，传其化身，传其友，传其情，而不知其人所终。嗟乎！窃书之冤未白，伪托之传忽来，东扯西拉，南腔北调，真真假假，实实虚虚，孔乙己夫子之幸乎？不幸乎？

辛卯小阳春即所谓二十世纪末岁杪，辑评者记。

还乡

孔乙己站在咸亨酒店大厦前面，不禁感慨万分。他不认识咸亨，咸亨也不认识他了。

他穿着一身藏青色西服，打着红色领带，腰背挺拔，面无胡须，除了满头白发没有染，哪里像一个百岁老人？腿完全好了。据说是全球名医通过网络会诊动了大手术的辉煌效果。辫子没有了。换上去的是美容师为他创造的新发式。

他望着店门口那座铜像，拖着辫子，穿着长衫，弯腰曲背跛腿，好一个落拓文人。

“这是我吗？”他想。

忽然，他旁边冒出一位白须白发的佝偻老人，满面惊奇对他望着，脱口而出一句话：

“您老是孔二爷吧？真正的不敢认了。我是给您老人家温酒端茴香豆的小伙计啊。”

故乡遇故知，孔乙己满心欢喜，连忙问道：

“你都长这么大了。老板呢？”

“唉，别提了。前些年，有人揭发他的历史问题，说他在酒里掺过水，逼酒债。先去劳改，现在只怕是在什么净罪界里作检讨呢。您老人家怎么返老还童，回老家来了？这一身打扮真够豪华时尚的。”小伙计变成了老伙计，讲的是现代话，不过绍兴口音没变。

“一言难尽。简言之，我一跤摔倒，昏了过去，人事不知。过了也不知多少年月，忽然醒来。眼前有三位洋人，两男一女。两位德先生，一位赛女士……”

“怎么会有两个德先生？”

“一分为二，德就是民主。有布尔乔亚阶级民主，有普罗阶级民主，所以是两个。”孔乙己的语言也现代化了，口音当然照旧。

“赛先生怎么只有一个，又是女的？”

“也是一分为二。人类首先是依照性别分为男女。女权运动兴起后，把难以划分阶级的赛先生抢过去，说是男权吵民主，女权要科学。不过救我的不是他们，是另外一些人，大概是医生。德先生，一是德国的康德，一是法国的孔德；赛女士是美国的赛珍珠。亏得赛女士会讲一口中国淮河流域口音的话。要不然，我怎么能和他们谈话?”

“后来呢?”

“他们见我醒来，十分欢喜。我一见洋人，手足无措，不知怎么才好。赛女士满面笑容，伸手过来和我握手，引我到一面镜子前。我才忽然觉得腰腿活动自如，精神百倍，对镜子一望，吓了我一跳。赛女士指了指头发，问我要染什么颜色。我连忙说，不染，不染。那时，我就已变成现在这种模样。两位老洋人过来和我握手，赛女士一一介绍，又说她自己生在中国，虽是美国人，却把中国认作第二故乡。这时，我才看出我们是在一间大厅里。他们请我落座，有人送茶来。我一尝，居然是西湖龙井。还没有等我开口问，赛女士就滔滔不绝将前因后果说给我听，我才明白过来。随后……”

“到底是怎么一回事?”老伙计插嘴问。

“这可说来话长了。简言之，中国有些人嚷嚷邀请德先生、赛先生，惊动了他们。可是等到他们惊醒过来，样样恢复了，不远千里而来中国，却没有人欢迎，谁也认不出来。那时，只见一片战火纷飞，日本人和中国人正在开战。好在他们已是半人半神之体，到处不受阻碍，于是游遍中国，了解官情民情，越来兴趣越大，认为中国人和他们欧美人大不相同，有另一种文化。三人碰到一起，同意找出一个人来代表中国文化，可是太复杂，不知找谁。赛女士在重庆见过一个孔二小姐，又在昆明见过一个龙三公子，孔和龙是中国文化，这两人也代表一个方面，但与老百姓无关。读书人能上能下，可官可民，亦穷亦富，知古知今，代表的方面广，最好是孔夫子的后代。于是找到了我，用尽了全世界的力量使我重新出现，再把我打扮成现在这般模样。他们对我说了前因后果，又说我需要知道他们的文化，也让他们那里的人见识我这个中国文化人。所以，我要同先祖一样周游列国，我游遍了全世界，和种种人打交道，才明白自己的孤陋寡闻。原来以为自己读圣贤书，知道得很多……”

“多乎哉？不多也。”老伙计插嘴说。

“不错，对于世界实在知道得很少。不过，经过这一番周游列国，已经大开眼界。不是只看了山水、房屋和名流，主要是了解人情，也不是只访贫问苦，是什么人都看，不管死活。我见到了拿破仑，对他谈起秦始皇。他惊叹不已，认为自己赶不上，不该东征俄国，应当筑一道万里长城封锁东方，还可以借此留下旅游点扬名后世。他说只知道罗马帝国留下了一部《罗马法》，他也留下了一部《拿破仑法典》，问我秦始皇留下了什么法。我告诉他，秦法都是刑律。中国的法历来以刑法为主，惩办罪人。什么亲属继承等等属于礼法，由族长处理。至于财产分配纠纷都照习惯老规矩解决。百姓打起官司归地方官判断。中国传统是重义轻财的，所以不必制订什么法束缚自己。他听了大惑不解。我说，不到中国不能知道中国文化的高深奥妙，中国人自己也弄不清楚。……”

“您老人家这些事以后再慢慢谈，好不好?”老伙计打断他的话，接着说，“酒店老板被打倒以后，我因为苦大仇深，接管了店。后来我也退下来，随即人事不知。过了不知多少年，忽然醒来，才知道酒店实行股份制，十分兴旺发达。老字号需要老人做招牌，起用我做总顾问，刚刚上任，就看到您老人家还乡大喜。您老现在已经名满天下，小学、中学课本里都有你。难得你又是从外国讲学归来，我想策划一个中外合资集团，由您老挂名，取名就叫孔乙己集团，立刻集资，上网宣传。您老诸事不用问，只要出面号召，一切由我办。三两句话讲不清楚，请您老先进店里去接受欢迎。”

“慢着”，孔乙己说，“我先得举行一次宴会，请一些人来各抒己见，同时答谢他们在我访问时对我的接待，也让他们见识一下我们中国”。

“那更好了。我立刻通知传媒，开记者招待会。您老开出名单，我叫人马上发电子邮件。现在，请!”

老伙计总顾问一举手，酒店的门自动打开，两人昂然走进去。

一九九七年十一月

夜谈

近来神思昏昏，忽醒忽睡，昼夜不分，恍惚之间，见有一人，微有胡须，身穿纺绸长衫，手持折扇，出现在我面前，开口便说：

“你怎么胆敢写我的外传？写了一章《还乡》，又不写了。你胡说什么德先生和赛先生救活了我，又说德先生是康德和孔德，方法是全球生命科学专家网上会诊，真是胡说八道。你忘了那位歌德，就是歌功颂德的歌德，德先生。他写的《浮士德》里的那位浮士德博士，不是中国的五经博士，也不是现在的博士前博士后，是欧洲中世纪的学者，现在叫作神学家，又是一位德先生。他精通巫术，和魔鬼订有契约，用古代克隆巫术使我复活。”

我恍然大悟，原来是孔乙己先生大驾光临，连忙说：“实在对不起。我写的名为传记，实是小说，跟我的《三访九方子》、《新镜花缘》一样，不能当真。务请多多原谅。”

孔先生：“我不和你计较这些。告诉你，浮士德博士救活了我，开口便问我：你是中国古圣人孔二先生的后代，读过《圣经》里的《传道书》没有？我说那是洋书，我怎么会读？他笑了一笑，说，那书里有一句话是，日光之下并无新事。埃及法老王的木乃伊躺在金字塔里早就知道死人能复活了。”

他接着说：“我不能让洋人看不起我们，立刻反击，说：博士老先生读过《四书》里的《大学》没有？那里面说：‘日日新，又日新。’所以后来人说‘日新又新’。其实那是汉朝人念错了古字。本来应当是：‘祖（写作且，像神主，读成了日）曰（日）辛（新），父（又）曰（日）辛（新）。’新本来是辛，是商朝帝王的名字。他们好用天干起名，有太甲、武丁、盘庚等名字。中国人早就知道什么是新了。”

我忍不住插上一句：“那么，是您老先生和《新青年》一同出世以后才有新了？才讲拥护德先生和赛先生了?”

孔先生：“《新青年》出世时在第一次世界大战开始后一年（一九一五），叫《青年杂志》，也没有新字。新是后来加上去的。主编陈独秀说是拥护德先生民主和赛先生科学。其实没过多久，俄国十月革命以后，李大钊就在那上面宣布《布尔什维主义的胜利》，拥护苏俄的无产阶级专政了。陈独秀也是同样。那刊物上也没有什么科学发明的论文。他们提倡成功的是白话文和新文学。胡适讲科学方法是大胆假设，小心求证。

“我醒来以后，赛女士，就是赛珍珠女士，主动当翻译，陪我仿效先祖周游列国，见到许多外国人。见牛顿时，他说，他不是先假设万有引力，然后去证明的。达尔文也对我说，他不是先假设进化论，然后再去找证据的。后来跟胡适博士一谈。他说是为了纠正中国人爱讲空话的缺点，才要求‘拿证据来’。又说他的那两句话的意思是，在科学研究过程中遇到问题，可以尽量设想种种解答，但是必须有充分可靠的证据证明才能下结论。他说自己没有说这就是科学方法的全部。我看胡博士的政治大大不行，可是他的《尝试集》里有些思想倒是很有意思。‘自古成功在尝试。’这有点像摸石头过河。‘努力努力往上跑’像是力争上游。还有‘我们的口号，干，干，干!’‘这棵大树很可恶，它碍着我的路’等等。这些也不是他发明的，是我们几千年的老一套，算是传统吧。他说，他的实验主义就是他的老师美国人杜威的实用主义。可是我恐怕这也还是土产，不是地道洋货。我见到杜威，听他讲他的哲学，连美国人赛珍珠女士都说听不大懂。我听赛女士的翻译，他说来说去好像尽是真理标准问题。是不是说有实用价值的才是真理，我不能断定。今年是兔年。胡博士就是属兔的。那时有所谓卯字号，他是其中之一。还有刘半农。”

我不得不再一次打断他的话：“您老人家光临寒舍必非无故。”

孔先生：“正是有一件事要你办，因为你还只是快到九十岁，比我年轻得多。我本来是一个被人打断腿的知书识字的穷叫花子，被人救得复活又出国游历，才知道一些事，也想到一些事。第一次世界大战以后，梁启超和蒋方震同游欧洲。两人原本是一文一武。回来以后，出版了《欧游心影录》。梁先生说是欧洲不行了，要用东方精神文明去救西方物质文明了。日本士官学校的高才毕业生，中国陆军学校校长，蒋百里，也就是蒋方震，写了一本《欧洲文艺复兴史》。梁给这书写序，写成一本书，想复兴清朝的所谓乾嘉之学。我环游地球，大开眼界。依我看，欧洲人说是复兴希腊，实际上是创新。中国的新文艺也不是复兴清朝而是好像要复兴明朝。

“因此，我想要你重写一本文艺复兴史，不仅讲欧洲，也讲中国的同一时期。双方有相似之处，又有很大不同。不必写全面，只写两个人和两本书。欧洲的人，写达·芬奇（一四五二至一五一九年）；书，写《莎士比亚戏剧全集》。中国的人，写王守仁，也就是王阳明（一四七二至一五二八年）；书，写《水浒全传》。达·芬奇是艺术家、科学家、工程师、哲学家。他很注意收集当时失散了的亚里士多德等人的著作抄本。他画出了《蒙娜丽莎》、《最后的晚餐》。王守仁是军事家、政治家、哲学家、文学家。《古文观止》里收了他的一篇《瘗旅文》，里面含有小说、诗歌、议论。还收了一篇《象祠记》，文中表明他对西南许多民族的重视。象是大圣人舜的弟弟，著名的恶人，但是有一些民族修他的祠堂，纪念他（据说舜封象于西南地区）。王阳明说，由此可见恶人最后可以成为善人。他的意思是，少数民族可以和汉族同样文明，显出他平等待人，没有种族偏见。这两篇文是很容易找来看的。至于他的生平和思想，为什么一直挨骂而又骂不倒，那就难说了。不多年前不是还有人说要“狠斗私心一闪念”之类的话，甚至公然改头换面引用他的心学语录吗？挑出这两位同代人合起来一看会很有意思。此外，那两部书表现了那一时代的中外社会情况。莎士比亚的戏里表演的方面多，人所共知。《水浒》里写的人物层次几乎包罗了那时的全社会，上上下下，里里外外，可说是无所不有，但注意解析这一方面的人恐怕很少。

“我提出这二人二书要你写出一本别开生面的世界史。所谓文艺复兴的‘文艺’二字是我们这里加上的。外国人用的原文只说是复兴、再生。其实这是一个新时代的开端，是货物流通兴旺、城市市场繁荣，但农村经济破产，因而思想和文艺改变面貌、原有道德标准遭破坏，要经历多少年的大时代。这种情形，中国外国一样。这是好是坏暂且不论，反正世界所有地方从此门户开放再也关不住了。开门有危险，关门要吃苦。明朝烧海船，设海禁，招来了李自成进北京，满洲兵进山海关。现在有许多问题都是从那时来的。洋人把创新叫作复古，说是重现古希腊。我们喜欢把复旧叫作革新。换个名堂，打出新招牌，新中有旧。可是旧招牌下面又出新货，老王麻子剪刀用的是不锈钢。哎呀不好，咸亨酒店为我开的招待会到时候了。我还欠店里十几文铜钱的酒债，不能不去给它做广告。”话音未完，人已不见。

我睁开眼，原来不是黑夜，已经红日满窗，不过太阳好像不在正中，但看不清是偏向东方还是偏向西方。

一九九九年一月

八俊图引

周穆王有八匹好马称为“八骏”。东汉末年有八位名士称为“八俊”，其中有靠《三国演义》留名的荆州刘表。这八个人好像没有那八匹马有名。英国小说《格利佛游记》里，马国的马在智慧方面就比人高。不过人也有智慧特别高超的。想一想，找一下，看能不能凑足八个。

我首先当然想到中国，立刻就发现老祖宗仓颉。他创造汉字，可算是第一聪明人。单是创新并不太难，难在所创的新能够不断发展，一路新下去，千百年还在继续变化，这才不像时装的新设计。汉字在世界文字中是独一无二的，所组成的语言也是特殊的，到今天还在不停地变，可是仍旧变不成用拼音文字表达传统留下来的思想感情。首创汉字者传说名叫仓颉，可能不止一位，就算他是这些聪明的开创者的代号吧。

第二个想到的是外国人，希腊人毕达哥拉斯，生于公元前六世纪。他发现了勾股定理。至今这定理还用他的名字标号。中国人也知道这定理，不过没有他那么早，还是谦虚一点让他代表吧。这定理真了不起。勾三，股四，弦五。勾方加股方等于弦方。这样定下了直角三角形，又发现了三内角之和等于二直角，一百八十度，圆周度数的一半。从此有了几何、三角，一路发展，量地，测天，用途无穷无尽。也许最初想出来的人是木工，或则是建筑有三角面的埃及金字塔的人，但作出连续抽象系统思维的无疑是希腊人。有系统著作的人名叫欧几里得，生于公元前四世纪。参加发明几何学的或许有地中海沿岸欧、亚、非三洲的人，这不必争。

第三个想到的是印度人，可是难说是谁，只能说是那个发明数码零的符号的人。零的印度原名 sunya，中国古译有两个：音译是“舜若”，意译是“空”。论空最多的是佛教的菩萨龙树。他说，空的理论就是中道。还有一些菩萨对空和有，或则说是零和一，0 对 1，议论不休。他们好像是从数码零位出发，越说越远，但没有脱离宗教所关心的问题。我们还是只讲零位吧。中国的古代筹算就是依照十进位排列筹码，零位留个空，不放筹。写出数码来也没有零位符号。古印度人也用这个方法记数，但在零位上加一个点，起个名字叫空。这个记数法传到阿拉伯人那里，转播到全世界，以后便叫作阿拉伯数字，零的符号由点改成圈。阿拉伯人又发展了代数学。欧洲人对几何图形的研究已有成绩，但在算术方面没有发展，死守用几个拉丁字母记数法不放。基督教会拒绝接受异教徒的用数码记进位的好方法，直到十三世纪以后才无法再抵抗下去。现在的数学符号在全世界是统一语言。追想当初零或空的符号及意义的发明者，看到当前电脑语言中0和1的迅速交替，好像印度菩萨说的空和有连续交替，刹那生灭（无常）一样，哪能不纪念那位首创零或空的聪明人？

第四个开创者接下去是法国人笛卡儿。他结合代数、几何创出解析几何。数学工具由此大发展，科学如虎添翼飞跃前进了。他把线看作点的集合，而且是有向运动轨迹可分正负，于是有了坐标系，代数能解几何图形，几何能证方程式。运动表示时间。图形表示空间。实际上这已经是把时间引进了空间，用数学解析运动变化，计算变量和函数了，这是近代、现代科学思想的启动，上接伽利略，下开牛顿，以数学描述世界，意义太大了。不过当时未必有什么人想到时空关系这么远。笛卡儿是十七世纪前半的人，不能完全摆脱神学思想和机械力学，最远只能走到二元论，请上帝满足于只做第一推动力而让宇宙和人自己做机械运转。他做到的比他声明自己想到的远得多。任何人都不能没有局限。不管怎么聪明的开创者也做不到和后代发展者一样。能开创就了不起。但是若没有继承发展也就没有开创了。

第五位当然是开创对空间的新认识和新理论的爱因斯坦了。一九〇五年、一九一五年，他分别发表狭义和广义的相对论，到现在还不到一百年。对空间和物质的探索，大到宇宙，小到原子核，遗传基因，发展了量子力学，种种问题和理论有大发展，但在认识空间性质方面好像还没走多远。我不懂相对论，只知道一点许多人广为宣传的说法，时空四维，空间会弯曲，光速是极限等等。假如速度超过光速，那就会像翻译的外国打油诗说的，“爱因斯坦来指点，今日出游昨夜归”。这也就仿佛是《庄子》里辩者说的“今日适越而昔至”了。现在的人可以飞越太平洋到美国，日期可以是今天出发昨天到，不过那是由于有日界限（国际日期变更线）的人为的时差结果，与光速和空间无关，正像辩者说的不是相对论一样。我们在地面上走路，顺或逆地球自转方向，向东或向西，不觉得时间增减，在飞机上做超音速飞行，或是到人造卫星上，那就要跟时间打交道或快或慢了。空间里确实有难说明的怪事，不仅是不能超越光速，不能达到绝对零度。我们是三维空间的人，可是静止时单凭感觉不能同时直接感受长宽厚三维，必须活动才能知道第三维厚度，也就是立体的远近、大小等等。活动、运动、变化就是加入了时间。绝对静止哪有时间？我们的两眼都长在前面，永远看不见自己的后脑。要看脑后就必须活动，回头转身，那时也见不到自己的脑袋而且又看不见前面了。我们看不见自己的全身，一次只能看见一部分。我们很容易看见二维的平面，但是不能同时看见全部球面，对飘浮在空中的气球也不行。球形是立体，仍旧是三维啊。地球表面是球面，任何一长段，不论怎么平坦，都是弯曲的。我们乘火车，坐飞机，都是走弧线，但我们感觉到的是走直线。中国西北高，东南低，高处的土一刻不停随水往低处流入大海。谁都知道，可是记不住。面前摆着地球仪，我们也不觉得是在迅速转动的地球的曲面上。事实上我们是处在四维空间中，但自己不知道，不觉得，连三维也不能时刻全认识。也许是因此许多人才习惯于线性思维，非左即右，非此即彼，非友即敌，只会做一次方程。做平面思维时，看到四面就不见八方。由平面几何到立体几何不是一级。认识多面体、旋转体不容易。若要加上考虑运动变化也就是时间因素的第四维就更难了。可是我们实际上是生活在有时间变化的四维空间里，所以就会时常估计错误，算不准概率，出麻烦了。这些话自然不过是闲谈。

现在该出来第六位，依时间顺序应当是到二十一世纪了，可是现在我怎么能知道？话说回来，难道我真是那么狂妄，竟敢大胆给世界级的伟人开列排行榜？不是的。我是拿自己做实验，考察一下自己的思路，想些什么，怎么想的。照前面所想，所谈，看起来，这一次我是没有脱离语言，或说是撇不下表达思维以交流思想的手段。这不外是自然语言和数学语言，也可以说是两种思维程序和方式。艺术语言需要另案办理。若再来一次实验，说不定想到排出来的是另外一些人。不见得是学者、文人，也可能是英雄、美人，甚至是武侠、侦探，好人、坏人，谁知道？

题目不改，照旧是说“八俊”，不过既没有八，也不一定人人认为俊，名本来是不必副实的。闲谈哪能那么认真？

一九九八年

平行名人传

公元初期，罗马帝国的普卢塔克用希腊文写的《希腊罗马平行名人传》，我很早就知道，后来看到英译本时忙着别的，只能匆匆翻阅，无意全读了。至今留下较深印象的是罗马大将费边用迂回拖延战术和持久消耗战略，以缓进对急进，打败入侵的汉尼拔，留下名声而被同时人讥笑。直到二十世纪英国萧伯纳等人还用他的名字组织费边社鼓吹社会主义。非洲迦太基的大将汉尼拔打进罗马纵横驰骋，终于失败回国，最后死于他乡，有点像我们战国时燕国的乐毅。这本《名人传》在欧洲文艺复兴时期走红，莎士比亚的几部罗马历史剧从中取材。作者著书原意是藉对比古人发表自己的伦理道德思想，结果是作为历史书流传，最后只被认为是文学名著。是不是文学比较能经历长久供各时代各种人欣赏不失时效？

我忽然想到这本书是由于对这种平行比较发生了兴趣。普卢塔克将一个希腊名人和一个罗马名人配对，平行写传。这成为一种体裁，在外国好像是前无古人，后少来者。但在中国史书中却是大家习以为常的体例。《史记》的列传不立栏目而往往将同类的人相连。《货殖列传》将几位有理论有实践的经济学家排在一起。以后史书都有“儒林”、“文苑”等传将历史人物分类排比，也就是平行立传。此外还有没有平行传记？

我想到这一点是由于有人向我提到《三国志》，晋朝陈寿的这部书本来不是官修史书。那是私人著史开始的时代。三国不是一个朝代。《三国志》只是一些传记，没有志、表。在这方面，陈寿倒像普卢塔克，希腊罗马不属于一个时代，名人却能排队评比。三国鼎立其实只有四十几年，从公元二二〇年曹丕建魏，汉朝灭亡，到公元二六五年司马炎灭蜀又灭吴随即称帝灭魏建晋。因此晋朝习凿齿著论文认为晋不是继魏而是承汉，如同汉不是继秦而是接着周朝。当时朝廷为了掩盖司马懿父子同曹操父子一样“挟天子以令诸侯”，有一番争论。《三国志》把后汉末期算进魏，把汉臣曹操作为魏皇帝。到唐太宗主编《晋书》时就亲自写出司马懿的传，不说是魏臣而作为晋皇帝。这样一来，《后汉书》中没有曹操、曹丕的传，《三国志》中没有司马懿、司马昭的传。人和事都有而没有独立传记，照这样，周、汉、唐三大朝代包了历史。转变和创立制度的秦、魏、隋夹在中间，还有个复古失败的“新”朝王莽，全都含糊过去，只剩挨骂了。唐朝还有个短命的“周”朝武则天也是一样。历史书总是必须符合当时朝廷需要的。后来的官修史书更不必提了，直到《清史稿》还出现这类问题。（对孙中山应当怎么提？）

不谈史书，还是谈平行传记。秦始皇、王莽、曹操、隋炀帝、武则天历来是平行并列挨骂或受捧的，只看当时需要如何而定。这且不说。曹氏父子和司马父子正好是成双成对“先后辉映”的。《晋书》里引习凿齿的论文，替司马懿说话，想表明他不当皇帝而作臣下的苦心，也就是明为臣而暗为帝。所以称帝的不算皇帝，而称臣的反倒是皇帝。唐太宗保留习凿齿的议论而亲笔给了司马懿几句不算恭维的评语，处理得绝妙，符合自己身份。

和司马懿配对，曹操不如诸葛亮。“六出祁山”，两军对峙，你不打我，我不打你，双方都是兵权在手，“将在外，君命有所不受”。只有该死的魏延要去出兵子午谷，真打，想统一天下，自己立大功。不知他安的什么心，真是有“反骨”。诸葛亮的“隆中对”早就建议刘备，明反曹操，暗袭刘表、刘璋。让吴去对付魏。自己夺汉本家的地盘，决不要真打曹操，反曹只要喊得响，调子唱得高就行。明对敌而暗对友，指东打西，这套谋略可以上溯管仲，下到曾国藩，而以诸葛、司马为魁首，连日本都学去了。第一次世界大战，日本对德国宣战，打的是中国的青岛，占去不还，以致巴黎和会引起“五四”运动。第二次世界大战，日本高唱打欧美白种人，实际上攻打、占领和奴役的是亚洲黄种人。

《三国志》本身很简单，不过是分列三国，排列出一些名人传记，表明晋朝司马氏不是篡魏而是继承汉朝，这部书经裴松之一注，加了许多花絮，再一变成《三国演义》，就大非昔比了。又有毛宗岗评点修订，再成为京戏，化为电视剧，各取所需，家喻户晓，实际结果无非是宣扬曹操、司马懿、诸葛亮的三位一体的谋略罢了。骨手里是一套平行三人传。若照普卢塔克将名人一一配对，写出平行传记，也许可以显示历史奥妙。不知有没有人尝试？曾国藩、李鸿章的传记不是已经有人写成小说了吗？两人正是诸葛、司马的继承人。但小说作者好像并没有觉察古今历史中平行人物的奥妙以及时势和名人的内心。唐太宗评司马氏可就高明多了。

也许世上名人生来就是一对一对的。前有亚历山大从欧洲打到亚洲，后有成吉思汗从亚洲打到欧洲。前有牛顿，后有爱因斯坦，有了莫扎特，就有贝多芬。至于同时的就更多了。有张三就不能没有李四。“两间余一卒”，不是太寂寞了吗？因此，既生“瑜”，必生“亮”。

一九九五年